AF600747

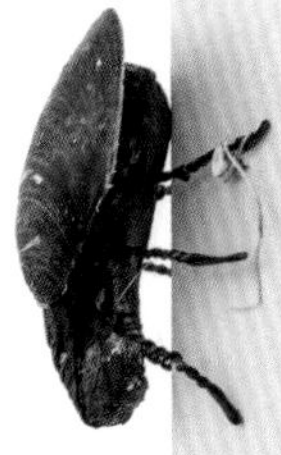

Amelie von Wulffen

Ausstellungen / Exhibitions 2018 – 2022

Kunsthalle Bern
Etablissement d'en face, Brussels

Verlag der Buchhandlung Walter und Franz König, Köln

Inhalt / Contents

Im tiefen Tal der Schuld

Valérie Knoll

Mai 2019, abendliche Sonnenstrahlen hinterlassen ein flackerndes Licht. Kaum geht die Flügeltür auf, schreiten die Ersten in die Kunsthalle. Sie haben ungeduldig auf das Holz der Tür getrommelt, wie immer kommen sie schon etwas vor dem Glockenschlag. Die rustikalen Interieurs und alpinen Kulissen fahren in die Berner Seele ein wie durch einen mit Vaseline geglätteten Schlund. Das Bildrepertoire berührt die in der Stadt so präsenten bildungsbürgerlichen Lebenswelten: Motive wie das Kind beim Klavierspiel, mit dem Vater jagen und den Großvätern in Wirtshäuser gehen oder die Mutter als machtlose Göttin in familiären Zusammenkünften kondensieren malerisch eindringlich das eigene ambivalente Einbezogensein. Sicher, in dieser Bezugnahme auf Kindheit und Jugendzeit mögen unterschwellig auch nostalgische Untertöne vernommen werden, aber Idyllen tauchen bei von Wulffen nie ungebrochen auf. Abgründe und Hintergründigkeit klaffen jedoch umso grösser auf, je näher man an sie herantritt. Ohnehin kann man ihren Bildern nicht ausweichen, sie saugen einen an, fordern auch, sich von wohligen Gefühlen zu verabschieden und dem Komplizierten, Dunklen zu begegnen. Man muss also schon ziemlich filternd schauen, um die leichte Laune obenauf schwimmen zu lassen. Aber vielleicht passte von Wulffens Ausstellung gerade deshalb so gut in die Postkartenstadt, hinter deren jahrhundertelang proper gebliebenen Gemäuern der Tod schweigend zu lauern scheint.

Mit dem Tod begann die Berner Ausstellung: in der Eingangshalle standen zwei rustikale Holzschränke süddeutsch-tirolerischen Typs, wie sie früher Töchtern als Aussteuer in die Ehe mitgegeben wurden. Hinter der geöffneten Tür des einen (*Ohne Titel*, 2018, Seiten 62–63), lagen auf den Regalen tönerne Miniaturen eines jüdischen Friedhofs. Die Bauernmalerei des zweiten Schranks (*Mädchen hinter Gittern*, 2018, Seiten 38–40) hatte die Künstlerin mit nachgemalten Vorschaubildern von Netflix erweitert. Flankiert wurden die Schränke von drei Bildern, auf denen Mädchen verschiedenen Alters in Innenräumen und Landschaften zu sehen sind. Zwar ist es nicht augenfällig, doch liegt es trotzdem nahe, dass es sich um Selbstporträts der Künstlerin handelt, eine Art der Verewigung, bei der der Tod oft über die Schulter schaut. Es sind immer wieder solche Bezüge, die von Wulffen nicht scheut, obwohl sie in der zeitgenössischen Kunst verpönt sind. Der Zusammenhang, den diese Objekte und Bilder eröffnen, zieht einen in ein Universum, das Vorstellungen wachruft wie die des Kindes, das sich angstvoll im Schrank tot stellt oder des Schrankes als Ort, an dem die schrecklichen Familiengeheimnisse wohnen. Die drei jungen Frauen auf den Bildern wirken selbst lächelnd unverbunden und von der sie umgebenden Wirklichkeit abgekapselt. Besonders deutlich wird das beim Kopf, der unter einer Glasglocke steckt, während ein bedrohlich-feuriger Expressionismus den Hintergrund bildet (*The lowest point of my childhood,* 2014, Seite 6). Das zweite Mädchen mit seiner aschgrauen Haut und den müden Glubschaugen ist als Werwölfin bereits einen menschlichen Tod gestorben (*Werewolf girl going for drinks,* 2015, Seite 6). Die Wechselwirkung zwischen den Porträts und den Schränken stellte eine morbide Anordnung her, die in der nüchternen Ausstellungshalle wiederum wie ein Fremdkörper wirkte.

Gerade durch die ins Künstliche gehobene Stilisierung gelingt es Amelie von Wulffen, nie ins Bekenntnishafte und Authentische abzugleiten. Vielmehr erlangen die Motive und Rauminszenierungen eine über sie hinausgehende Geltung, mögen die Hintergründe

der Werke noch so von persönlicher Erfahrung durchdrungen sein. Der Tod schwebt durch viele ihrer Bildwelten und bahnt den Weg zu jenen Arbeiten über die Kindheit. Eine Verbindungsmasse ist dabei häufig der Kot.
Ausscheidungen tauchten ungefähr zur selben Zeit in ihren Werken auf wie das Thema der eigenen Kindheit. Auf einem frühen Bild, *Booty dance march in the mountains* (2014, Seite 6), werfen Kinder Würste. Auslöser für das Bild war die Geschichte eines Jungen, der sich gegen fiese Nachbarskinder wehren will, indem er sie mit dem bewirft, was Kinder Kacke nennen. Am Ende trifft er sie aber nicht und hat nur selbst verschmierte Hände.
Der Kot zieht sich seitdem in seinen Variationen von wurst-, kugel- oder schmieriger Formenhaftigkeit durch die Bilder – von den zahlreichen Werken, in denen von Wulffen Brauntöne verwendet, um ganze Bildräume zu strukturieren und aufzuladen, zu solchen, in denen das Braun geformte Konturen annimmt, sich zu Kugeln und Würsten verdinglicht, die wiederum zu Stellvertretern für psychologische Dispositionen werden.
Den Höhepunkt bildete die aufrechte Haltung der Kotfigur (*Ohne Titel*, 2020, Seite 107). Sie stand in der Ausstellung in den KW Institut für zeitgenössische Kunst in Berlin und schien wie aus den Bildern in den Raum gestiegen. Die Kreatur verkauft Muschelfiguren aus dem Fundus der Künstlerin, sie arbeitet. Auch die Arbeit an sich ist nichts anderes als die Aufschiebung des Todes. In ihrer exkrementalen Symbolik scheint die Feilbietende auch die Lust am Tausch zu verkörpern, wie an der damit gekoppelten Verausgabung. Die Kreatur hatte sogar noch mehr getan. Mit ihren schmutzigen Händen hatte sie die Ausstellungswände verschmiert. Die Spuren wirken symbolisch. Man wäscht seine Hände in Unschuld oder man hat Dreck am Stecken. Der Stecken der Kotfigur hatte offensichtlich den Raum versaut.

Dieses Wesen hat eine Spur der eigenen Schuld hinterlassen. Mit Seife war da kaum noch etwas zu retten. Ohnehin hatten sich darauf bereits Muschelfliegen niedergelassen, um ihre Eier abzulegen, als wäre es Aas und keine Wandmalerei. Die Fliegen, die zur selben Welt wie die Muschelwesen gehören, schlossen damit einen Kreis, versinnbildlichten ein sich anbahnendes Unterpflügen des Menschengemachten durch die Natur. Die anthropomorphe Kot-Figur, die auch an den Prager Golem erinnert, tauchte ähnlich bereits in dem Bild *These children are extremely guilty* (2017, Seite 22) auf. Sie hält in einem Arm zwei tote oder schlafende Katzen, im anderen ein brüllendes Baby, das gleich auf den Boden zu fallen droht. Klein und eingeschüchtert sitzt links von ihr ein kleines Mädchen und malt auf seinem iPad. Rechts im Bild schreitet ein kreuztragender Jüngling von dem Golem weg. Ist das die Mutter? Wird hier Schuld übertragen? Und wieso begegnen sich hier immer wieder Tod und Kot?

Exkremente sind das, womit der Körper nichts anzufangen weiss, sie sind der Rest, woraus sich kein Leben mehr holen lässt. Das Wort Kot leitet sich aus dem althochdeutschen quât ab, was aufgeweichte Erde hieß, zu der wir nach dem Sterben, im Tod, wieder werden. Im Kindesalter sind wir von den Eltern abhängig, sie müssen uns vom Kot befreien, damit wir überleben können, im hohen Alter kann es häufig vorkommen, dass die Kinder die Eltern davon befreien müssen, ein Kreis der Abhängigkeit. Davon berichten diese Bilder, in Erzählungen, die Raum zur Identifikation liefern, auch da sie so direkt diese tabuisierten Themen zeigen. Doch schließen sich die Erzählungen und ihre Deutungen nie zu einem finalen Ganzen. Der Kreis des Sinns bleibt offen, weil er von etwas Sinnlosem erzählt, aber auch, um die Betrachter zu bedrängen, aber sie dann wiederum freizulassen. Nicht etwa, weil diese Bilder freundlich wären, sondern weil alle im Angesicht des Todes für sich allein bleiben.

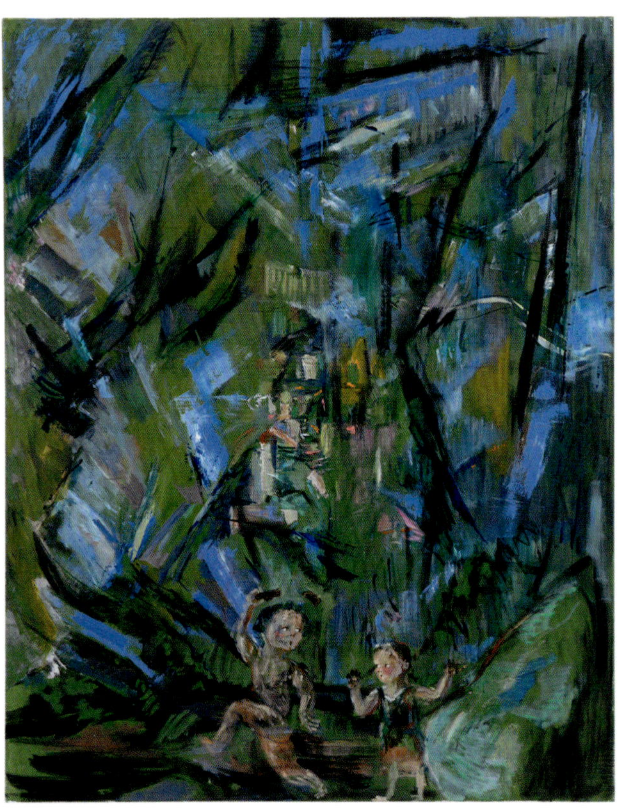

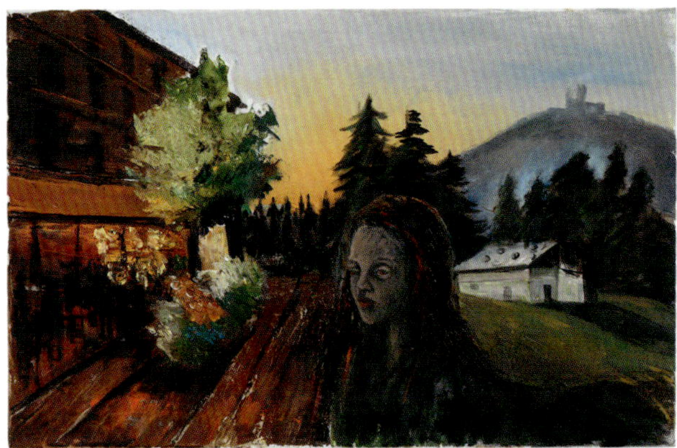

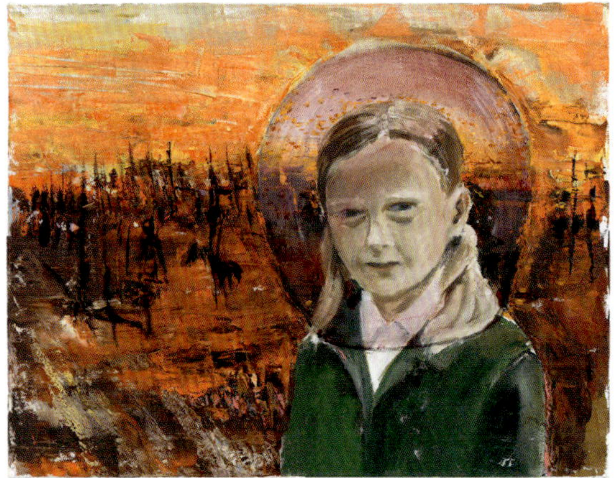

Booty dance march in the mountains
2014
Öl auf Leinwand / Oil on canvas
180 × 140 cm

Werewolf girl going for drinks, 2015
Öl auf Leinwand / Oil on canvas
50 × 70 cm

The lowest point of my childhood, 2014
Öl auf Leinwand / Oil on canvas
40 × 50 cm

Deep in the Valley of Guilt

Valérie Knoll

May 2019. Afternoon sunbeams cast a flickering light. As soon as its double doors open, the first visitors stride into the Kunsthalle. As always, they've arrived before the clock has struck, and now are knocking impatiently on the wooden doors. The rustic interiors and Alpine scenery slip down into the Bern soul like manna down a gullet greased with Vaseline. What these paintings depict touches on the lifestyles of the city's preponderantly educated middle classes. The scenes include playing the piano as a child, going hunting with one's father, visiting a country inn with one's grandparents, and attending a family gathering with one's mother as a powerless goddess. All pointedly condense in painterly form the artist's own ambivalent involvement. True, there's a certain nostalgia in these references to childhood and youth, but in von Wulffen's work there are no untainted idylls. The closer one gets to these works, the deeper the abysses seem, and the more enigmatic their mysteries prove to be. In any case, there is no avoiding her paintings: they draw you in, demanding that you abandon all comforting thoughts in a confrontation with the complex and the obscure. Those wanting to keep afloat even a superficial cheerfulness have to somewhat filter what they see. But perhaps this is precisely why von Wulffen's exhibition went down so well in the chocolate box city, whose spotless façades seem to have concealed a silently lurking death for centuries.

The Bern exhibition began with death: standing in the entrance hall were two rustic wooden wardrobes in the Tyrolean style, the kind that used to be given to newly married daughters as part of their trousseaux. The door of one of them (*Untitled,* 2018, pages 62–63) was ajar, revealing shelves covered by a miniature Jewish cemetery made of clay. The artist had embellished the decorative painting on the second wardrobe (*Mädchen hinter Gittern,* 2018, pages 38–40), with images taken from previews of Netflix films. These wardrobes were flanked by three paintings showing girls of different ages in interiors and landscapes. Although not immediately apparent, it soon became clear that these are self-portraits, a form of immortalisation in which death is often watching from the shadows. Such allusions appear repeatedly, and von Wulffen is not afraid to use them, despite their being frowned upon in contemporary art. The relations between these objects and paintings draw the viewer into a universe which evokes images of a frightened child playing dead inside a wardrobe, or the wardrobe as a place where the most terrible family secrets are kept. Despite their smiles, the three young women in the paintings appear detached and cut off from the surrounding reality. This is particularly striking in the image where one of them wears a glass bell over her head, while behind her rages a menacing Expressionist inferno (*The lowest point of my childhood,* 2014, page 6). A second girl with ashen skin and tired, protruding eyes is a werewolf who has already died a human death (*Werewolf girl going for drinks,* 2015, page 6). The resonances between the portraits and the wardrobes created a morbid atmosphere that conjured an alien presence in the sedate exhibition hall.

It is precisely by stylising her work to the point of artifice, von Wulffen saves it from lapsing into any form of confessional or 'authentic' painting. For all that the subtexts of her works are permeated by personal experience, her subjects and installations achieve a kind of transcendent authority. Death pervades many of her image worlds, and opens up a route to those of her works dealing with childhood. In this process, the material that connects the two is *Kot* – a German term which might best be translated as 'excrement'.

Excrement started appearing in her works around the same time as pictures about her own childhood. An early painting, *Booty dance march in the mountains* (2014, page 6), shows children throwing sausage-shaped objects. The catalyst for this painting was the story of a boy who tried to defend himself against the nasty children next door by throwing at them what children call 'poop'. In the end he didn't hit any of them; he just ended up getting his hands dirty.
Since then, *Kot* in all its forms has been a recurrent theme throughout the paintings – from the many works in which von Wulffen uses shades of brown to structure and saturate whole pictorial spaces, to those in which brown takes on distinct contours, objectifying itself into the forms of sausages and spheres, which in turn become emblems of psychological states. The culmination of this process came when the *Kot* composed itself into a figure that stood erect (*Untitled,* 2020, page 107). It stood in the exhibition at the KW Institute in Berlin, and seemed to have stepped out of one of the paintings in the room. The creature sells figurines made of shells from the artist's collection – in other words, it has a job. Even work amounts in essence to nothing more than a deferral of death. In its excremental symbolism, the sales assistant seems to embody the pleasure of buying and selling, as well as the related one of overspending. But the creature did not do only this. It smeared the walls of the exhibition with its dirty hands. These marks carry a symbolic meaning: either, like Pilate, one washes one's hands of things – or one gets them dirty, and leaves traces of that dirt for everyone to see. The *Kot* figure has clearly made a mess of the room.

This creature has left behind the traces of its own guilt. Soap is unlikely to shift it. In any case, flies made of shells have already landed on it to lay their eggs, as if it were carrion and not a wall painting. As such, the flies, which belong to the same world as the shell figures, symbolise how nature is always about to plough the man-made back into itself. In this way, they complete the cycle.
A similar anthropomorphic *Kot* figure, reminiscent of the Golem of Prague, already appeared in the painting *These children are extremely guilty* (2017, page 22). In one arm it holds two dead or sleeping cats, and in the other a screaming baby that seems on the verge of tumbling to the ground. To the left of it sits a young girl, small and scared, painting on her iPad. To the right, an adolescent carrying a cross strides away from the Golem. Is this the children's mother? Are we seeing guilt being passed on here? And why are death and *Kot* constantly confronting each other?

The body does not know what to do with excrement; it is the residue from which no further life can be extracted. The word *Kot* derives from the Old High German *quāt,* which means soft earth, the material we become after we die. When we are children we are dependent upon our parents; they must free us from *Kot* so that we can survive. When we get older, we must in turn often free our own parents from it, in a cycle of dependency. These paintings speak of this, in narratives that offer the viewer space to identify with them by presenting these taboo subjects so directly. And yet the narratives, and the interpretations of them, never conclude in a final whole. The cycle of meaning remains open, in part because it speaks to us of something meaningless, but in part also because it seeks to perturb the viewer before setting him or her free again. And this is not because the paintings are trying to be nice to us, but because each of us is alone in the face of death.

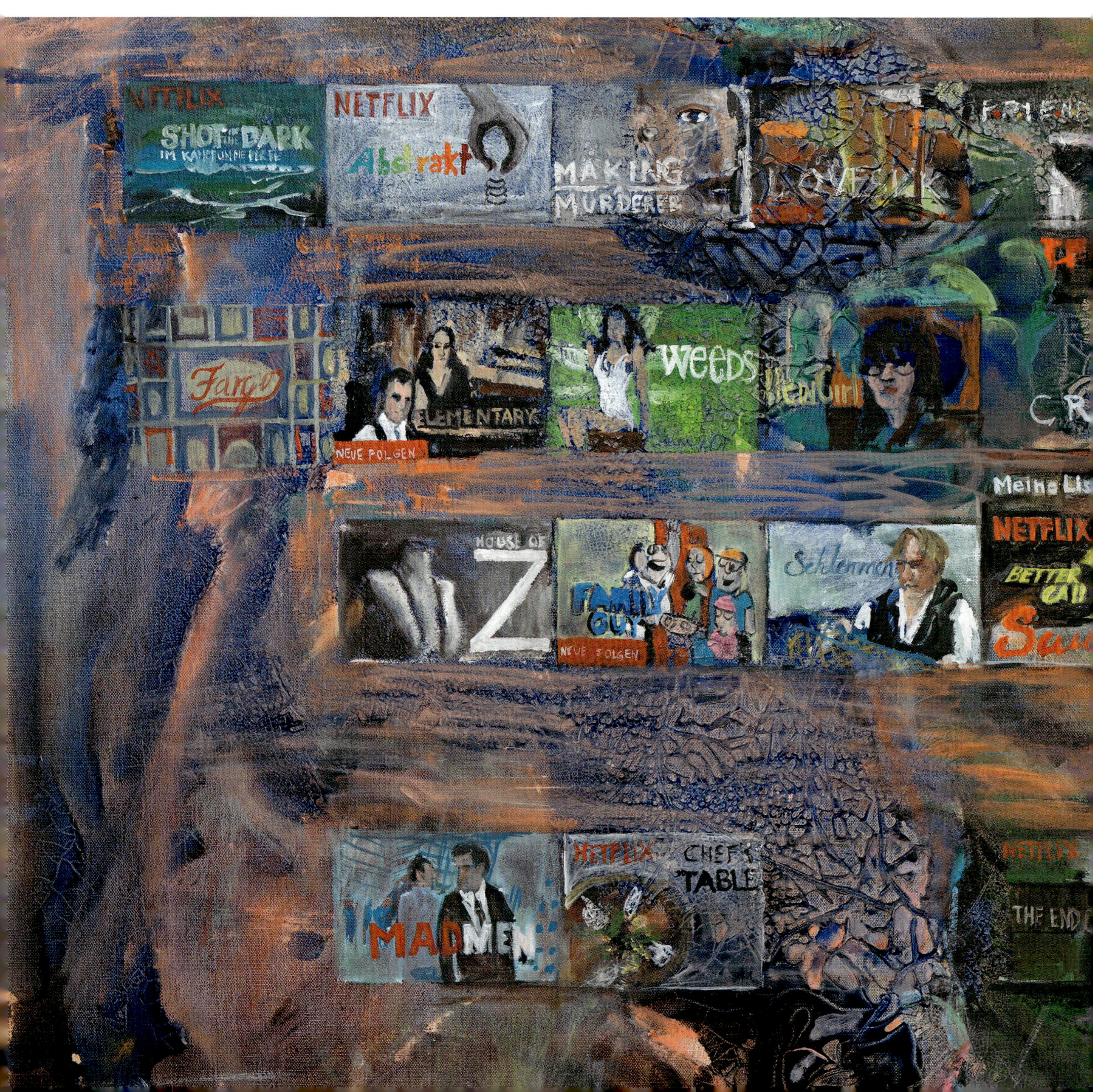
NETFLIX
NETFLIX
Abstrakt
MAKING
MURDERER
Fargo
ELEMENTARY
NEUE FOLGEN
weeds
HOUSE OF
Z
FAMILY
GUY
NEUE FOLGEN
NETFLIX
NETFLIX
CHEF'S
TABLE
NETFLIX
THE END

Hey Damsels, do you want Foxes?
Reena Spaulings Fine Art, New York
9.3.– 22.4.2018

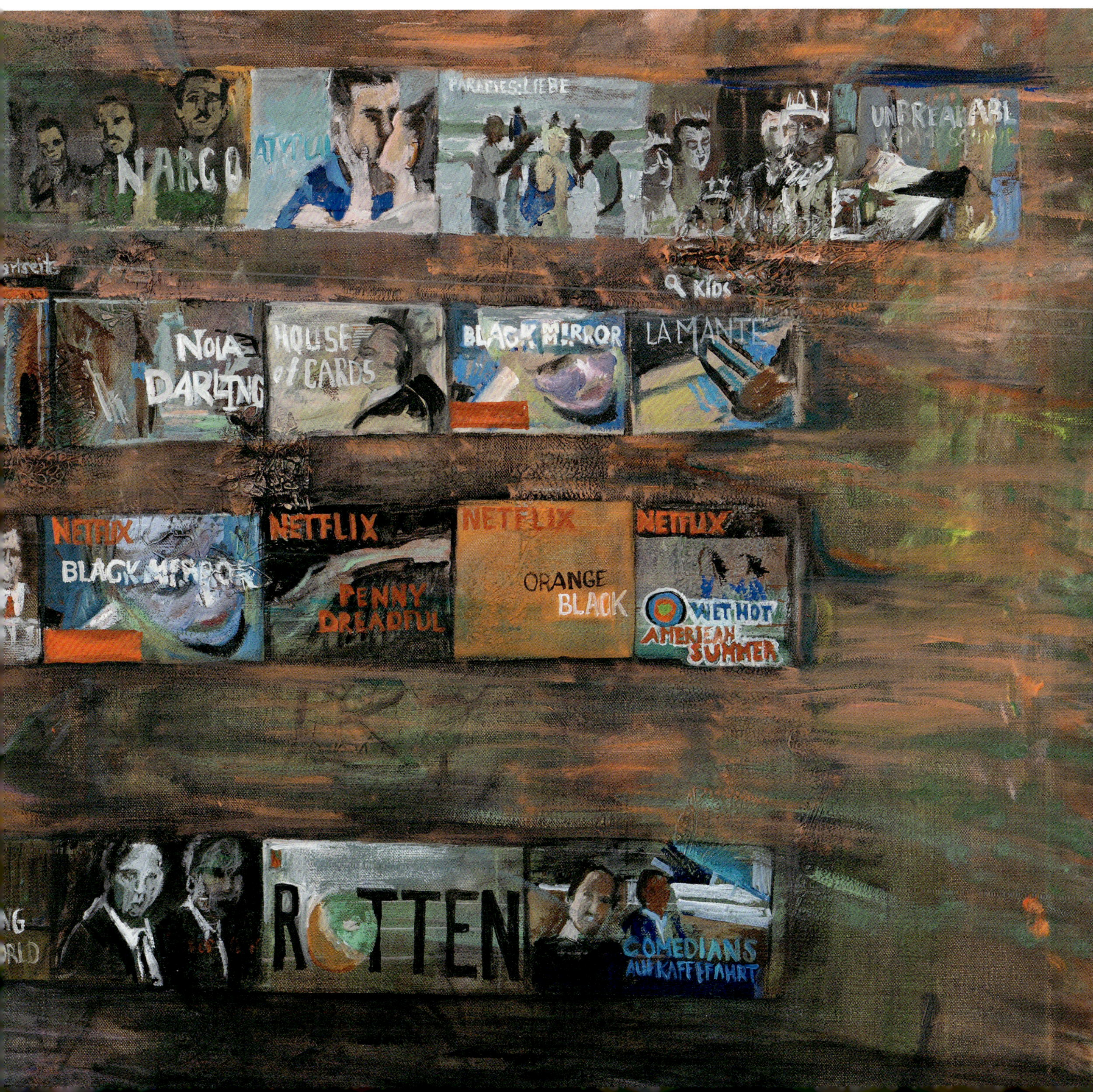

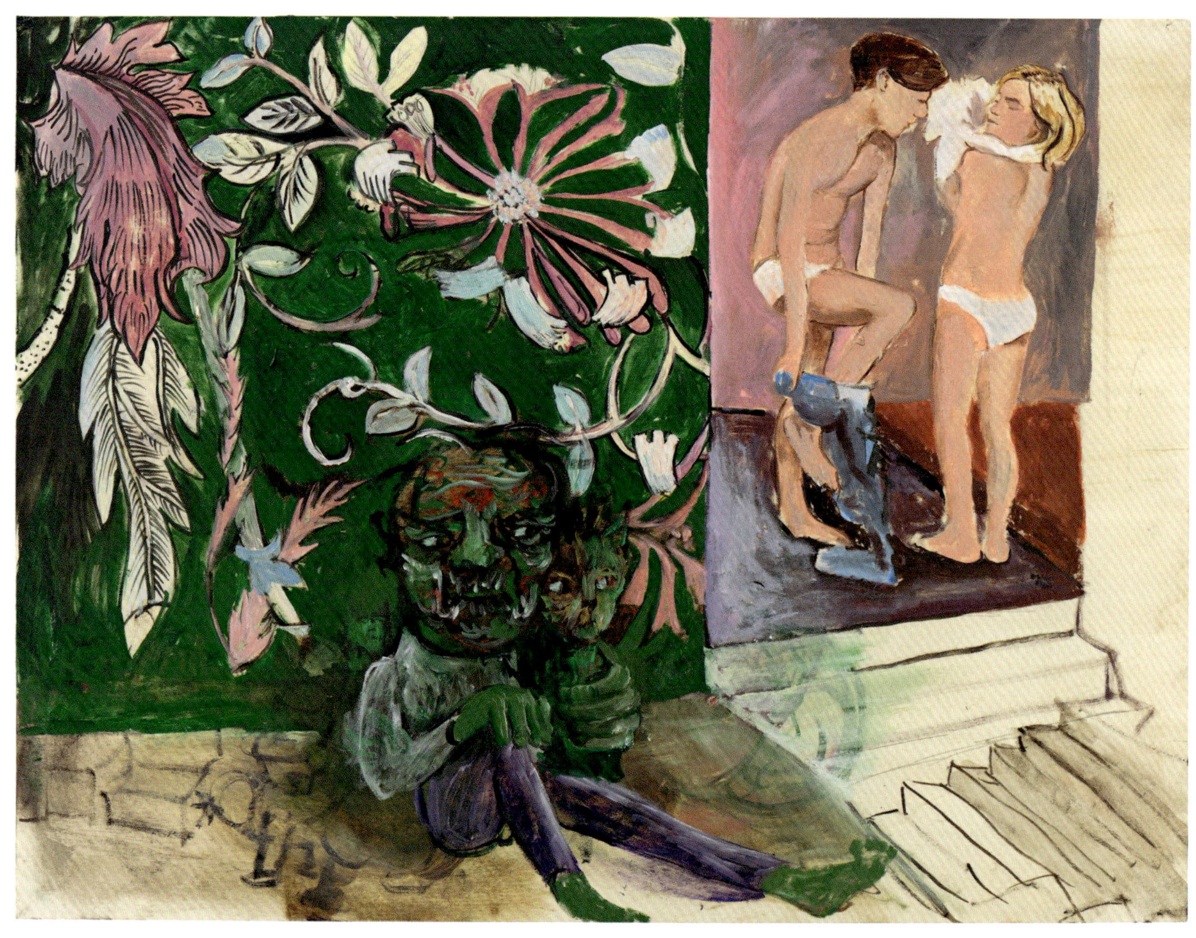

Petting 1+2, 2017
Öl auf Holz / Oil on wood
62 × 77 cm

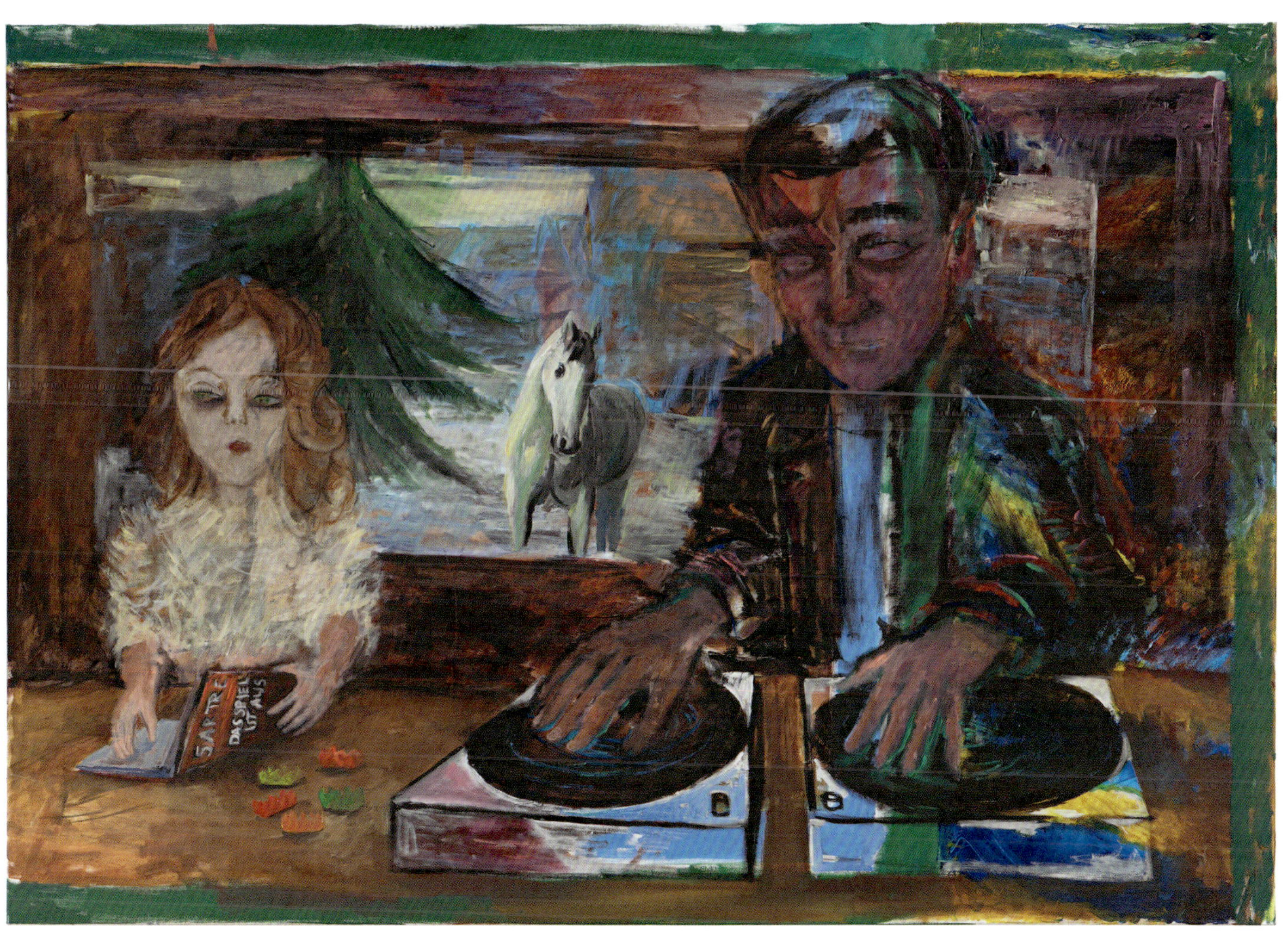

Toxic cottage, 2017
Öl auf Leinwand / Oil on canvas
100 × 120 cm

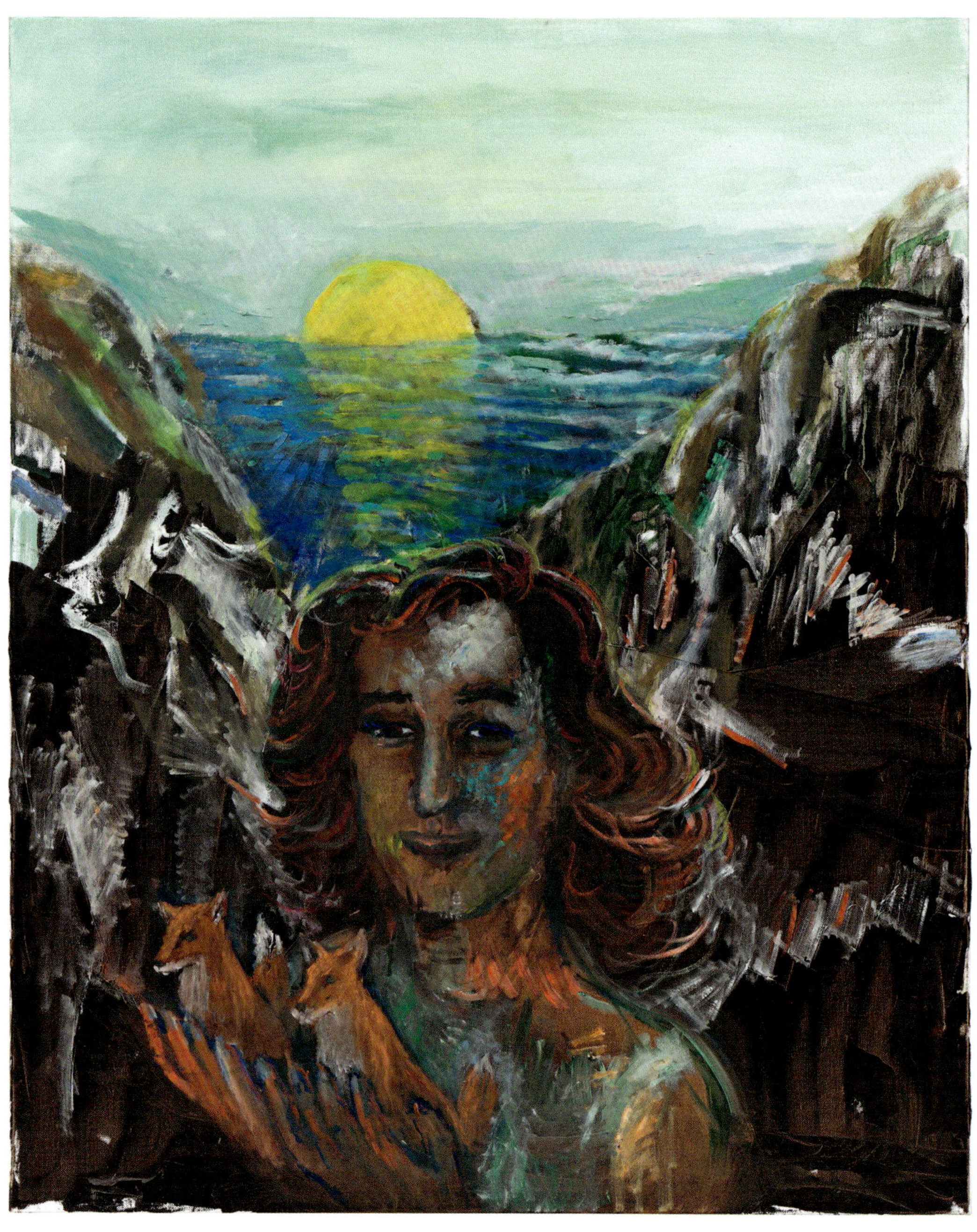

Hey damsels, do you want foxes?
2017
Öl auf Leinwand / Oil on canvas
100 × 80 cm

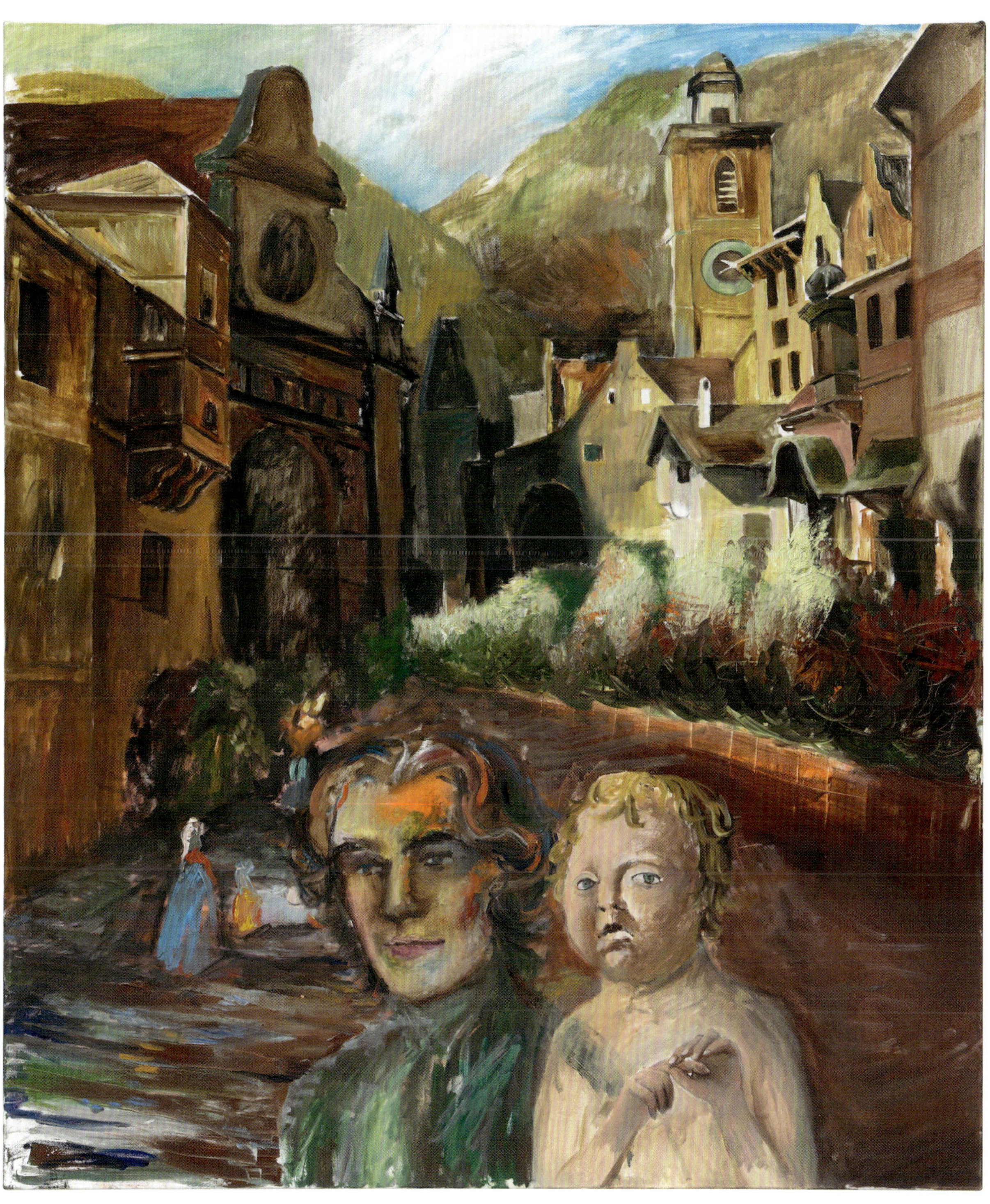

The shiny escort, 2017
Öl auf Leinwand / Oil on canvas
120 × 100 cm

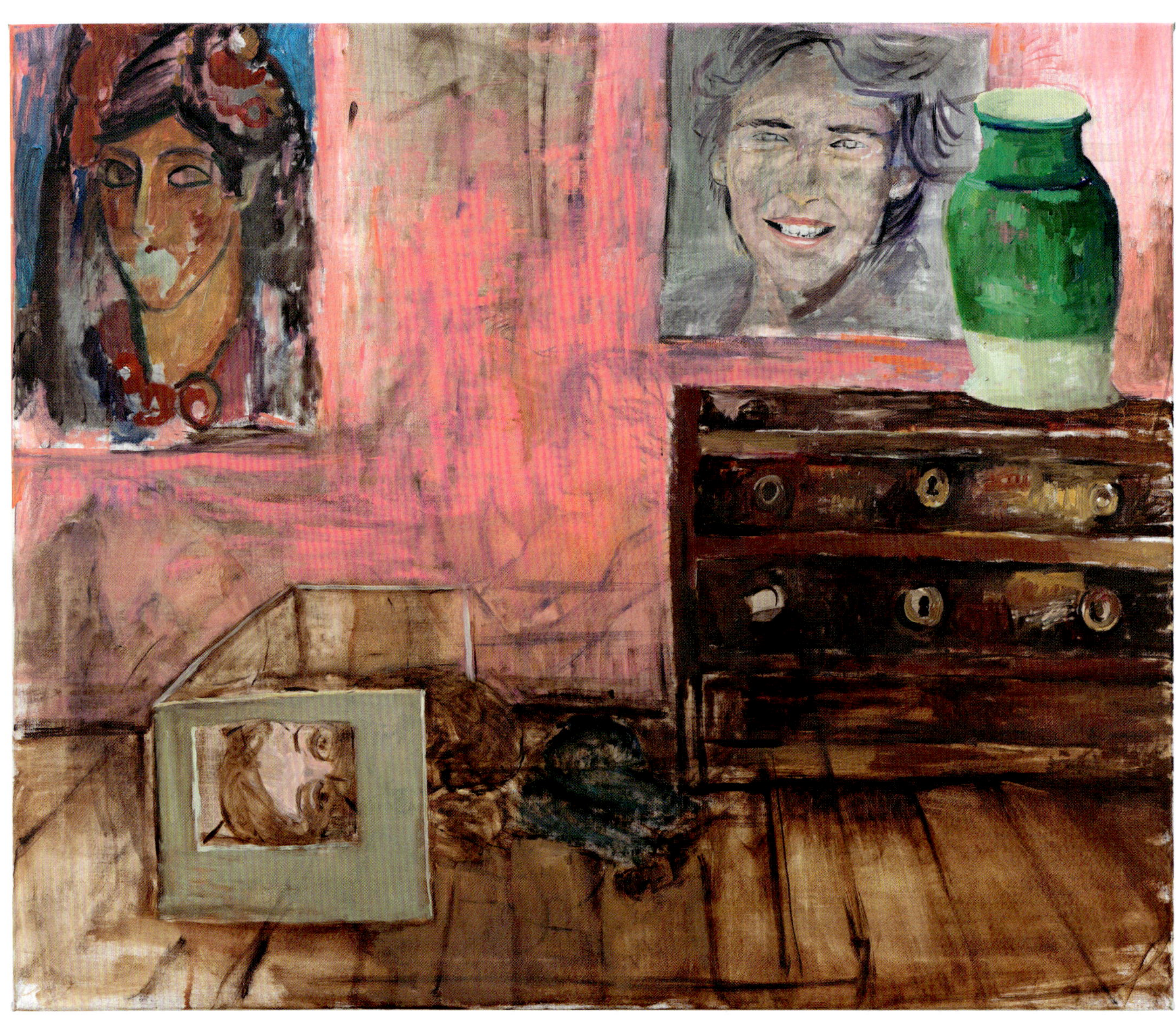

Pedigree, 2017
Öl auf Leinwand / Oil on canvas
120 × 140 cm

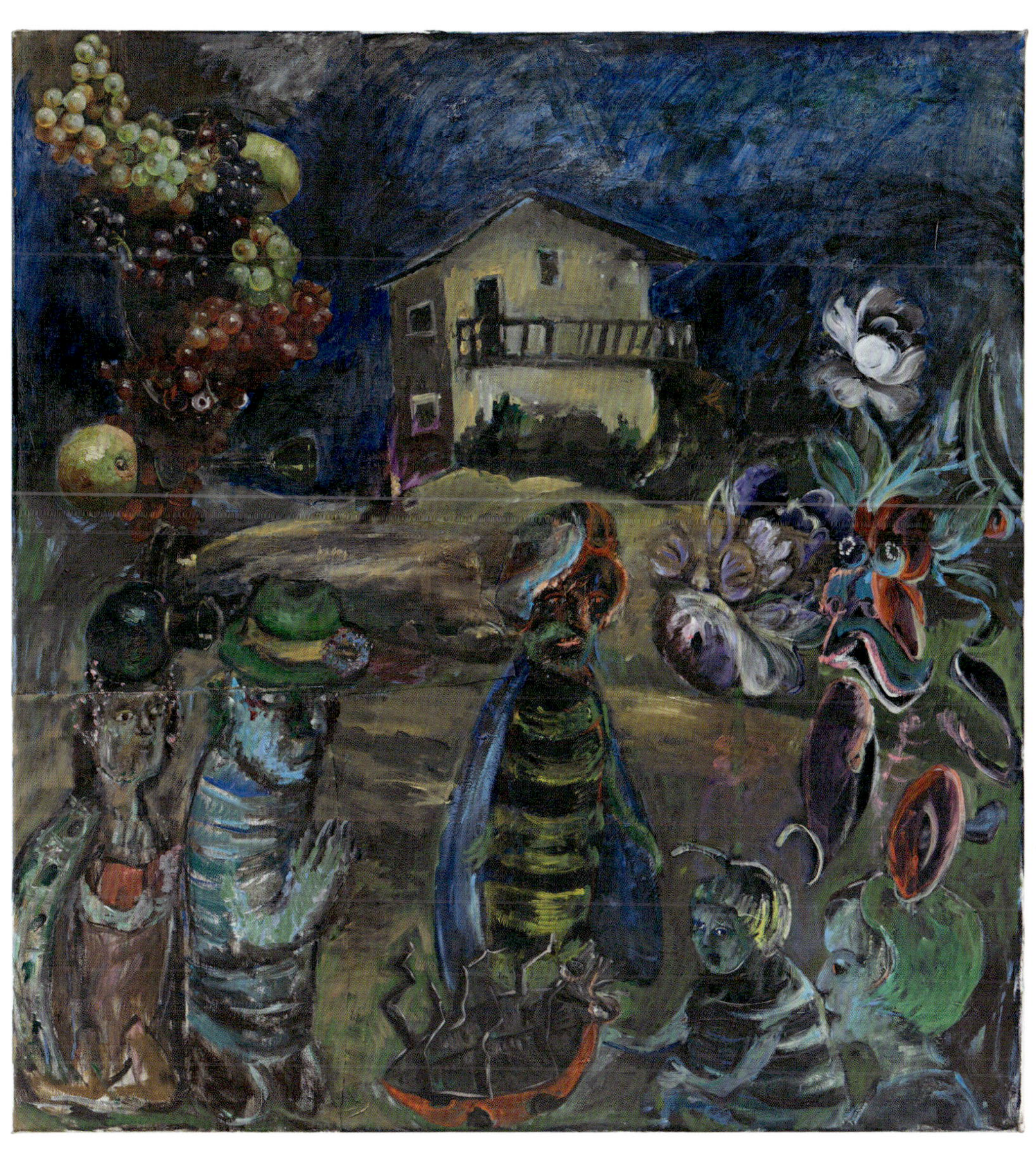

Some churchy types, 2017
Öl auf Leinwand / Oil on canvas
110 × 100 cm

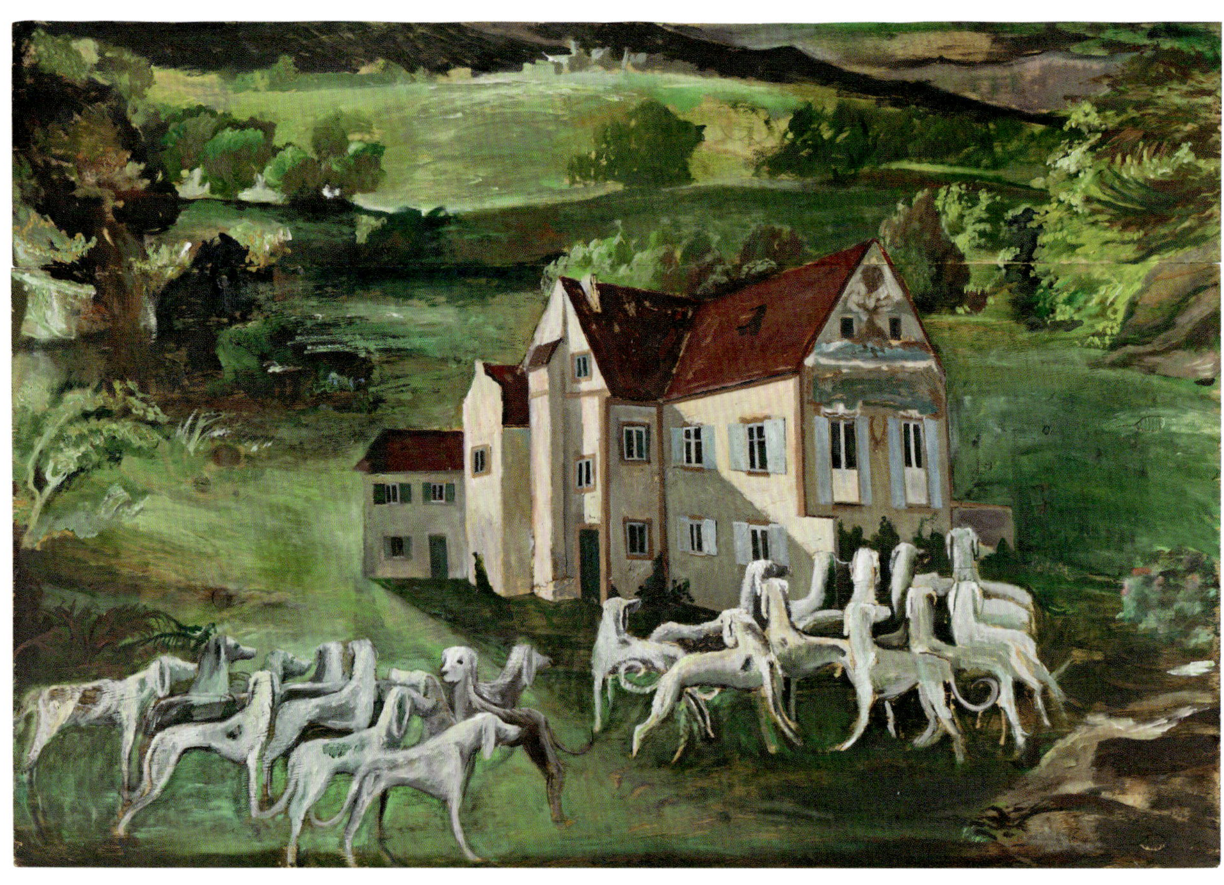

The flight of the hunter, 2017
Öl auf Holz / Oil on wood
85 × 120 cm

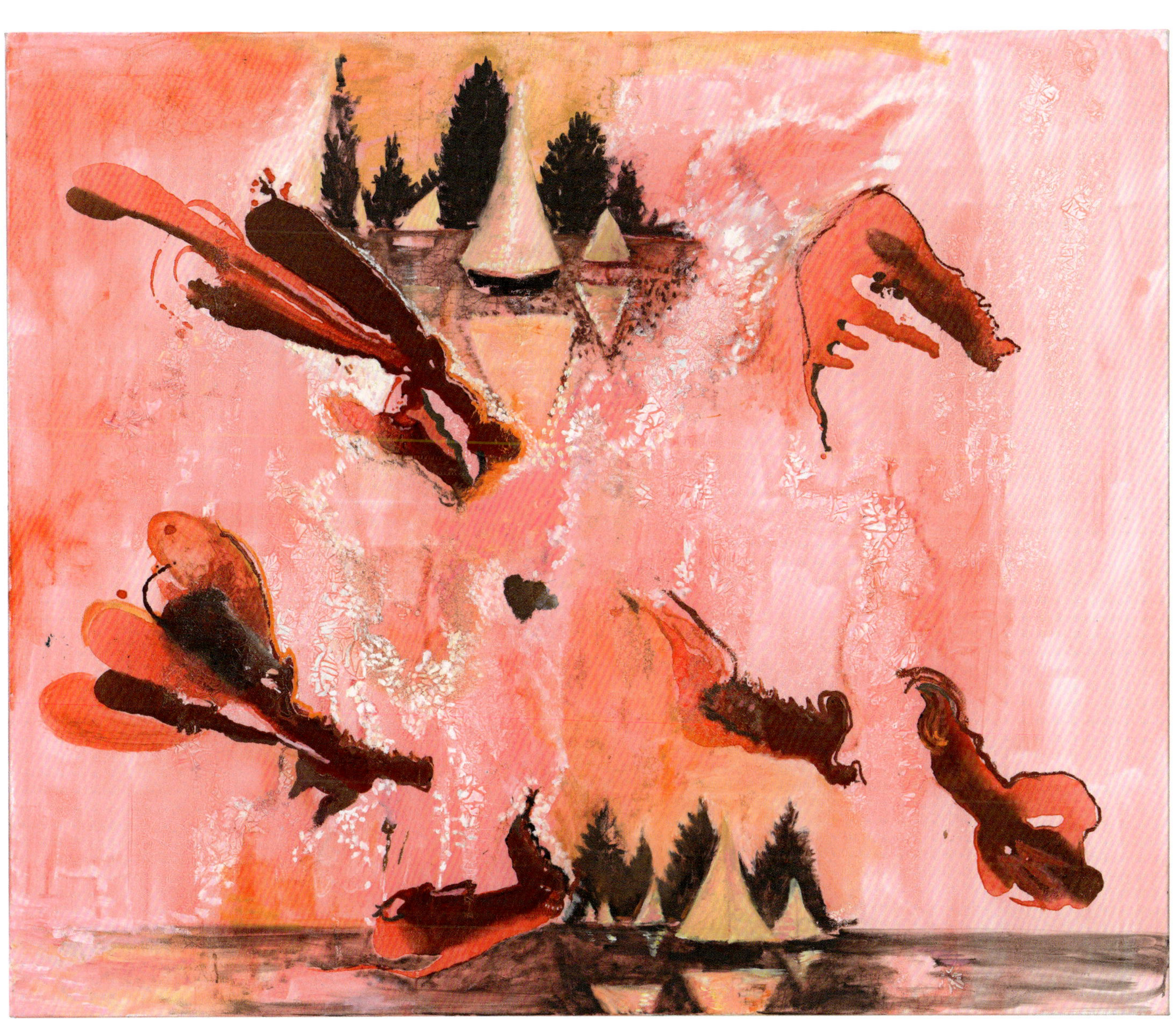

Marienthalhorst, 2017
Öl auf Leinwand / Oil on canvas
140 × 160 cm

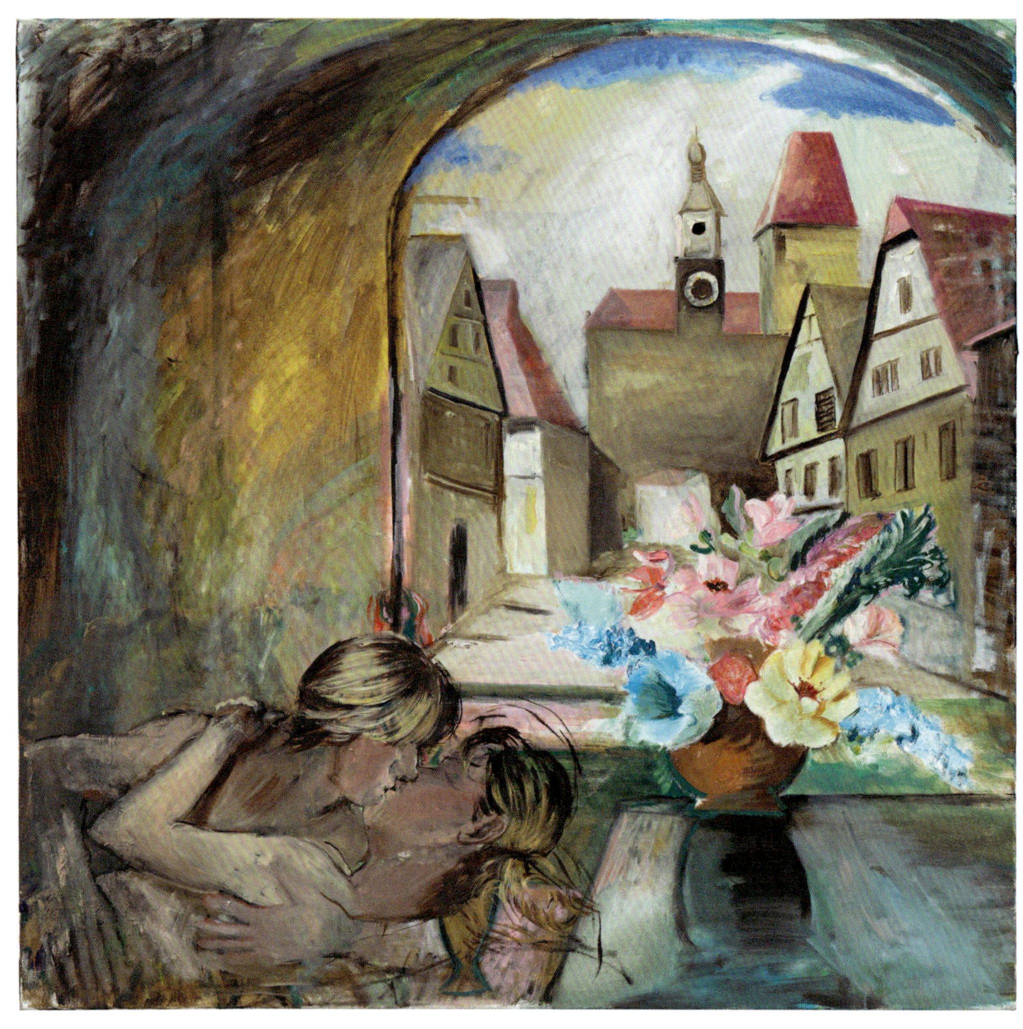

Siblings with benefits, 2017
Öl auf Leinwand / Oil on canvas
100 × 100 cm

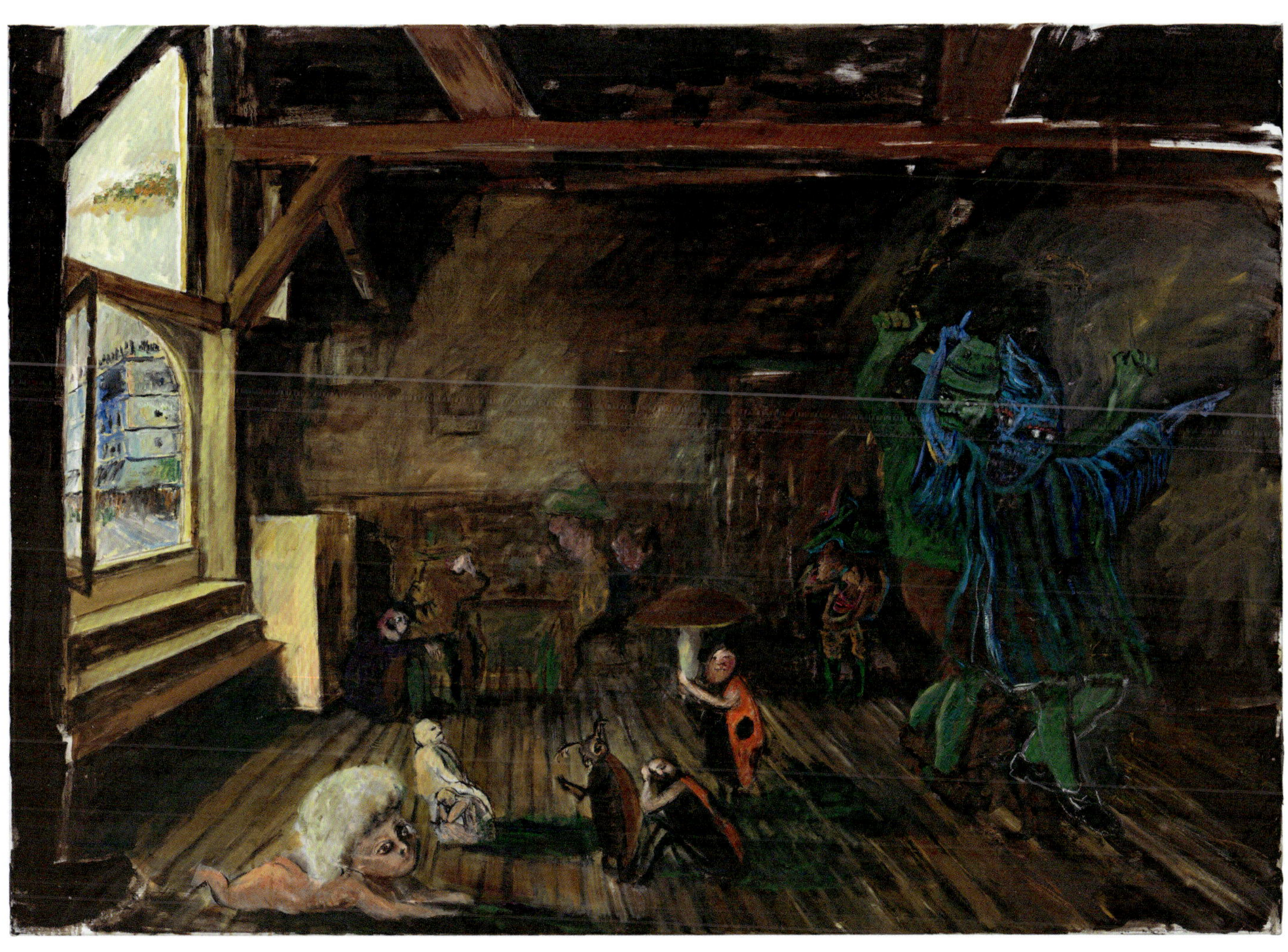

Please, please give us some juice
2017
Öl auf Leinwand / Oil on canvas
90 × 140 cm

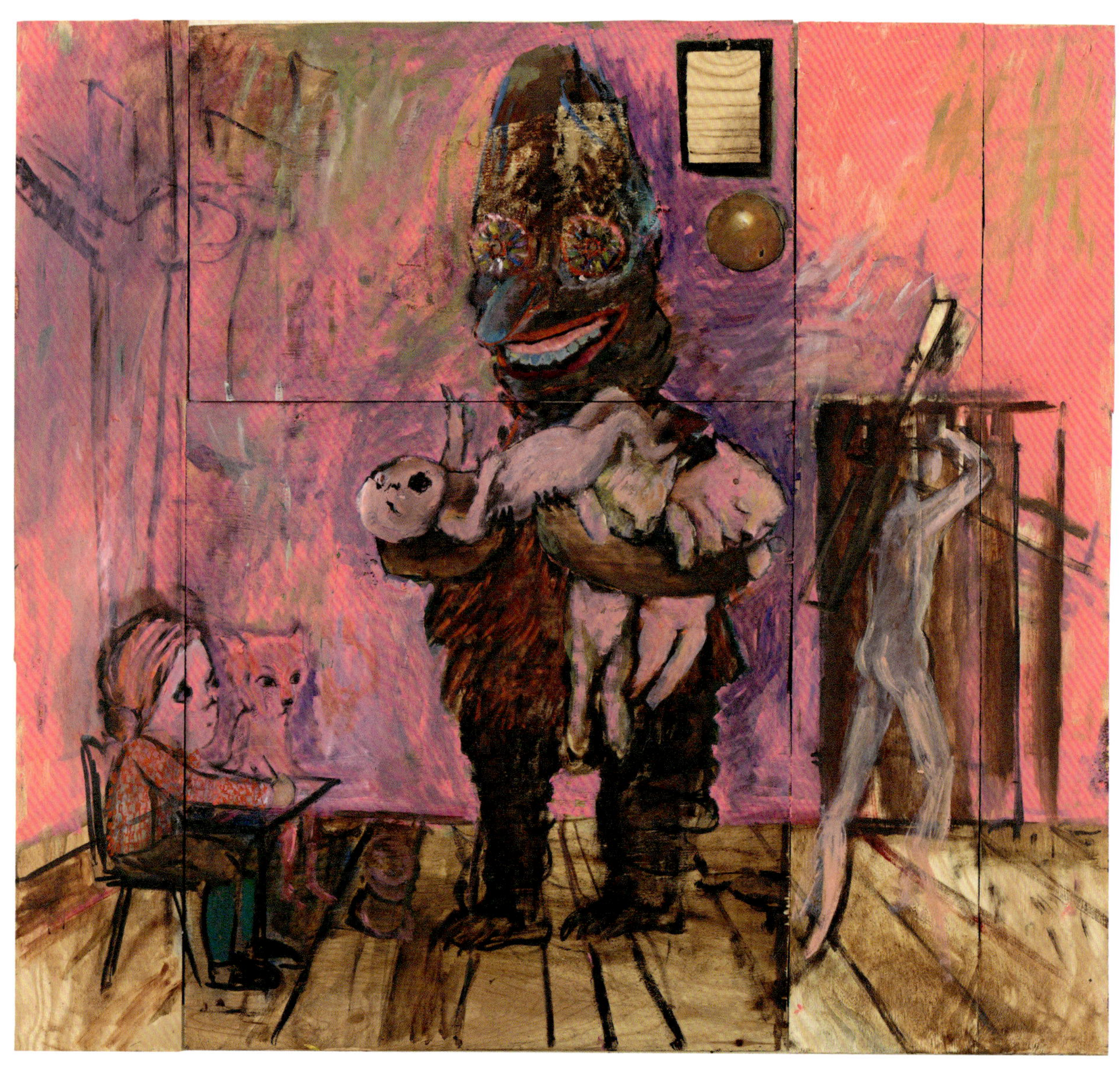

These children are extremely guilty, 2017
Öl auf Holz / Oil on wood
90 × 101 cm

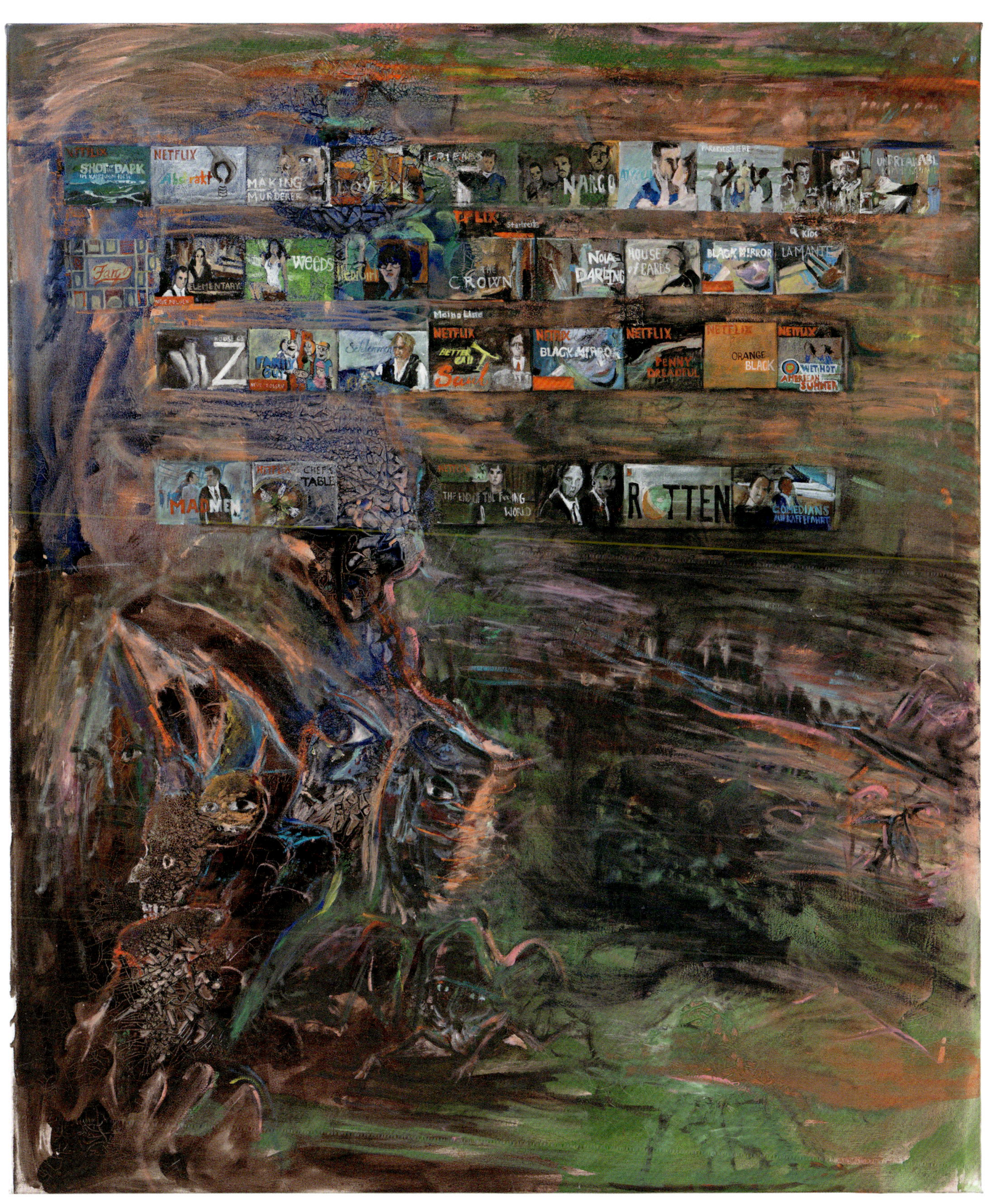

I am a global citizen and a bonvivant, 2017
Öl auf Leinwand / Oil on canvas
170 × 140 cm

The Boulders

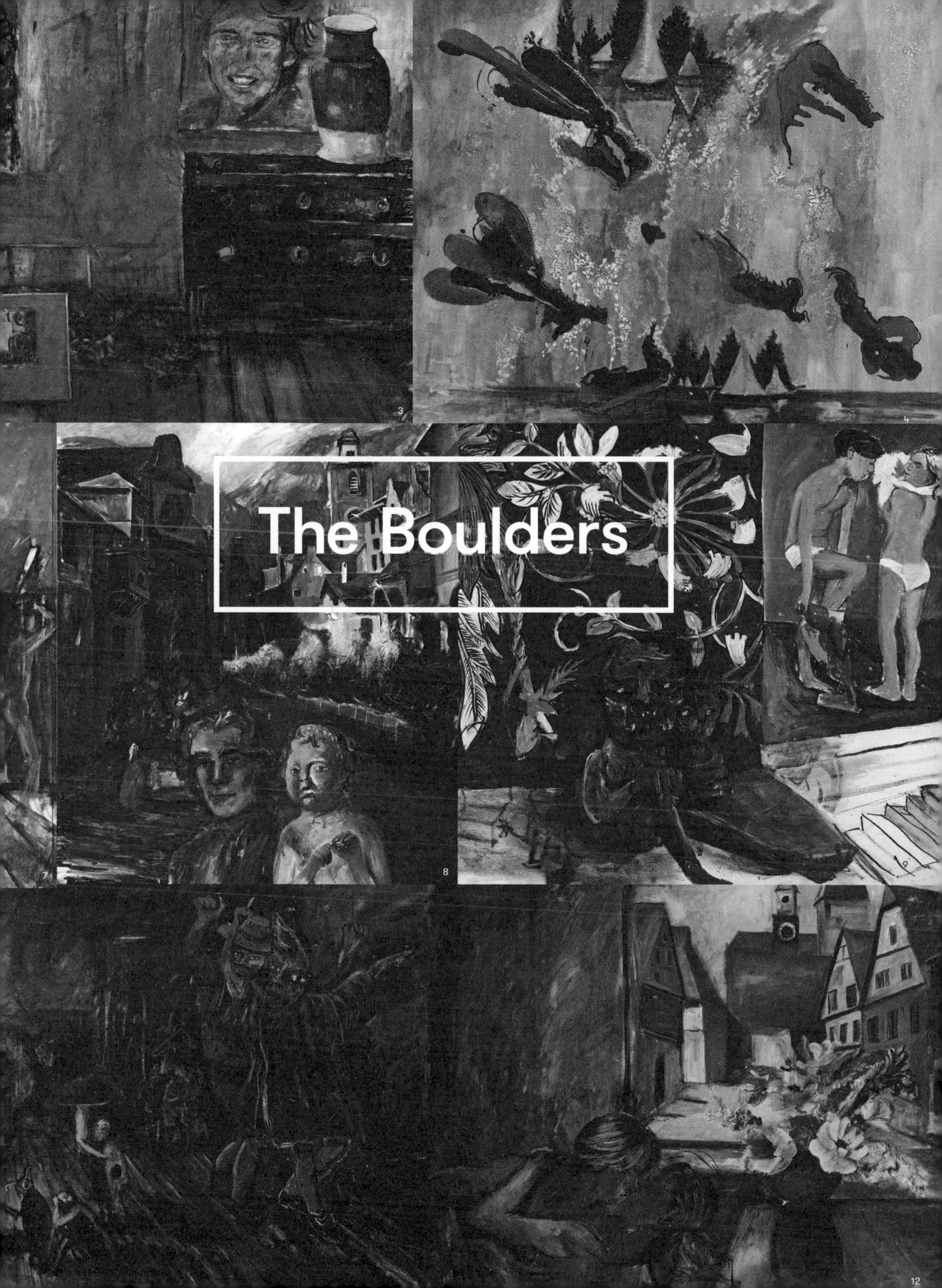

3

4

7

8

12

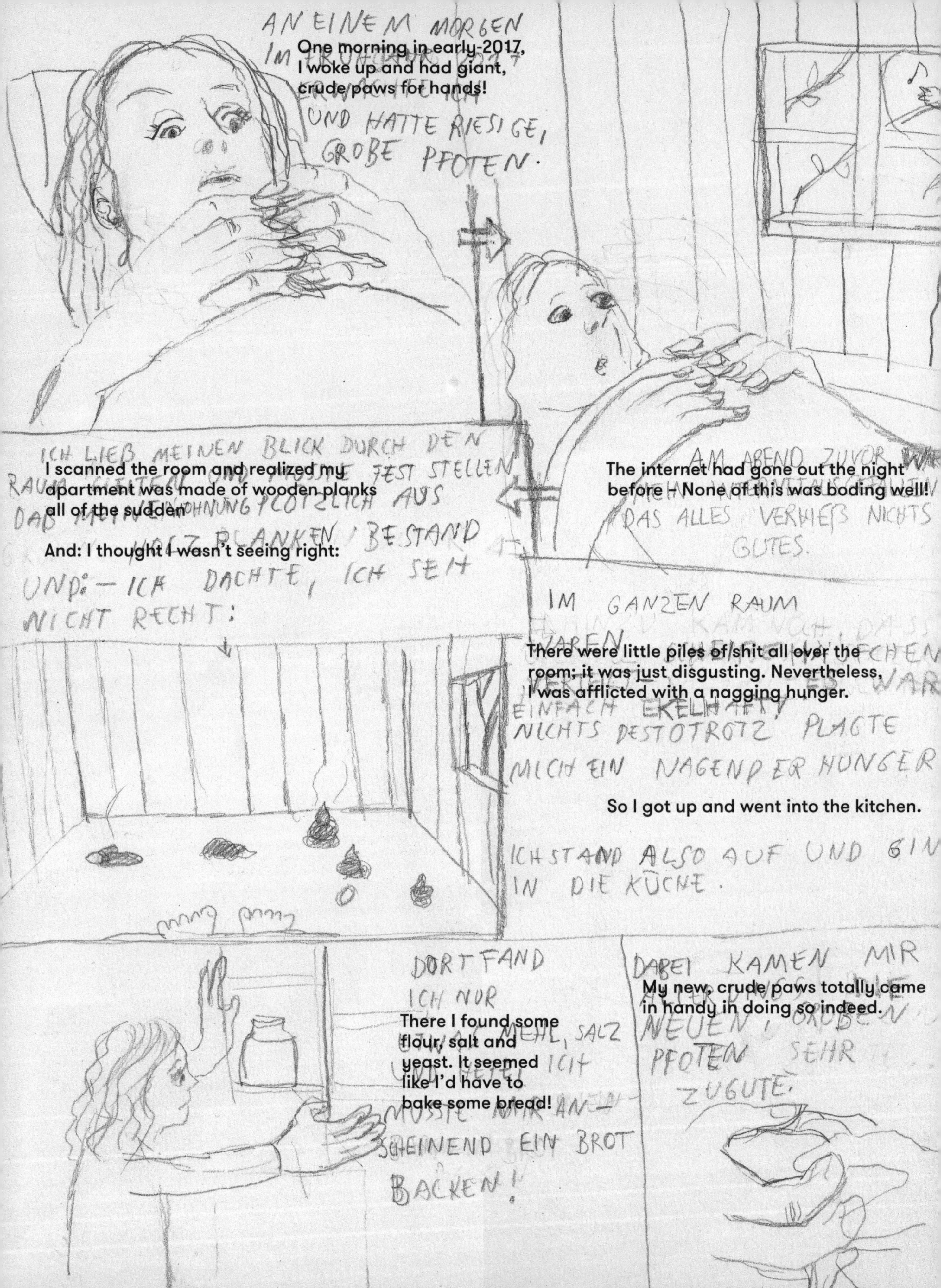
AN EINEM MORGEN
One morning in early-2017,
I woke up and had giant,
crude paws for hands!
UND HATTE RIESIGE,
GROBE PFOTEN.
I scanned the room and realized my
apartment was made of wooden planks
all of the sudden
And: I thought I wasn't seeing right:
UND: – ICH DACHTE, ICH SEH
NICHT RECHT:
The internet had gone out the night
before – None of this was boding well!
DAS ALLES VERHIEß NICHTS
GUTES.
IM GANZEN RAUM
WAREN
There were little piles of shit all over the
room; it was just disgusting. Nevertheless,
I was afflicted with a nagging hunger.
NICHTS DESTOTROTZ PLAGTE
MICH EIN NAGENDER HUNGER
So I got up and went into the kitchen.
ICH STAND ALSO AUF UND GIN
IN DIE KÜCHE.
DORT FAND
ICH NUR
There I found some
flour, salt and
yeast. It seemed
like I'd have to
bake some bread!
SCHEINEND EIN BROT
BACKEN!
DABEI KAMEN MIR
My new, crude paws totally came
in handy in doing so indeed.
PFOTEN SEHR
ZUGUTE.

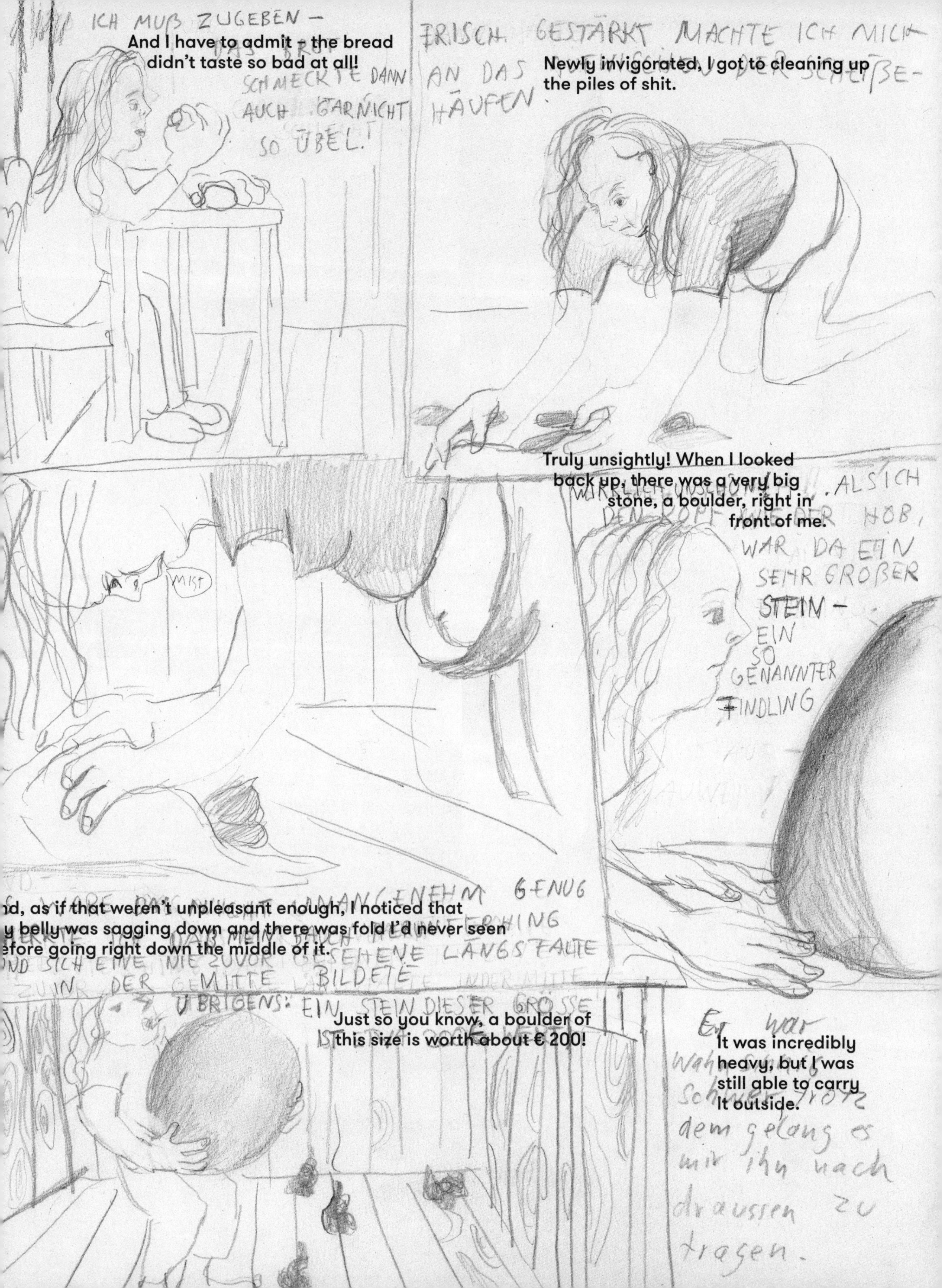
And I have to admit – the bread didn't taste so bad at all!
Newly invigorated, I got to cleaning up the piles of shit.
MIST
Truly unsightly! When I looked back up, there was a very big stone, a boulder, right in front of me.
nd, as if that weren't unpleasant enough, I noticed that
y belly was sagging down and there was fold I'd never seen
efore going right down the middle of it.
Just so you know, a boulder of this size is worth about € 200!
It was incredibly heavy, but I was still able to carry it outside.

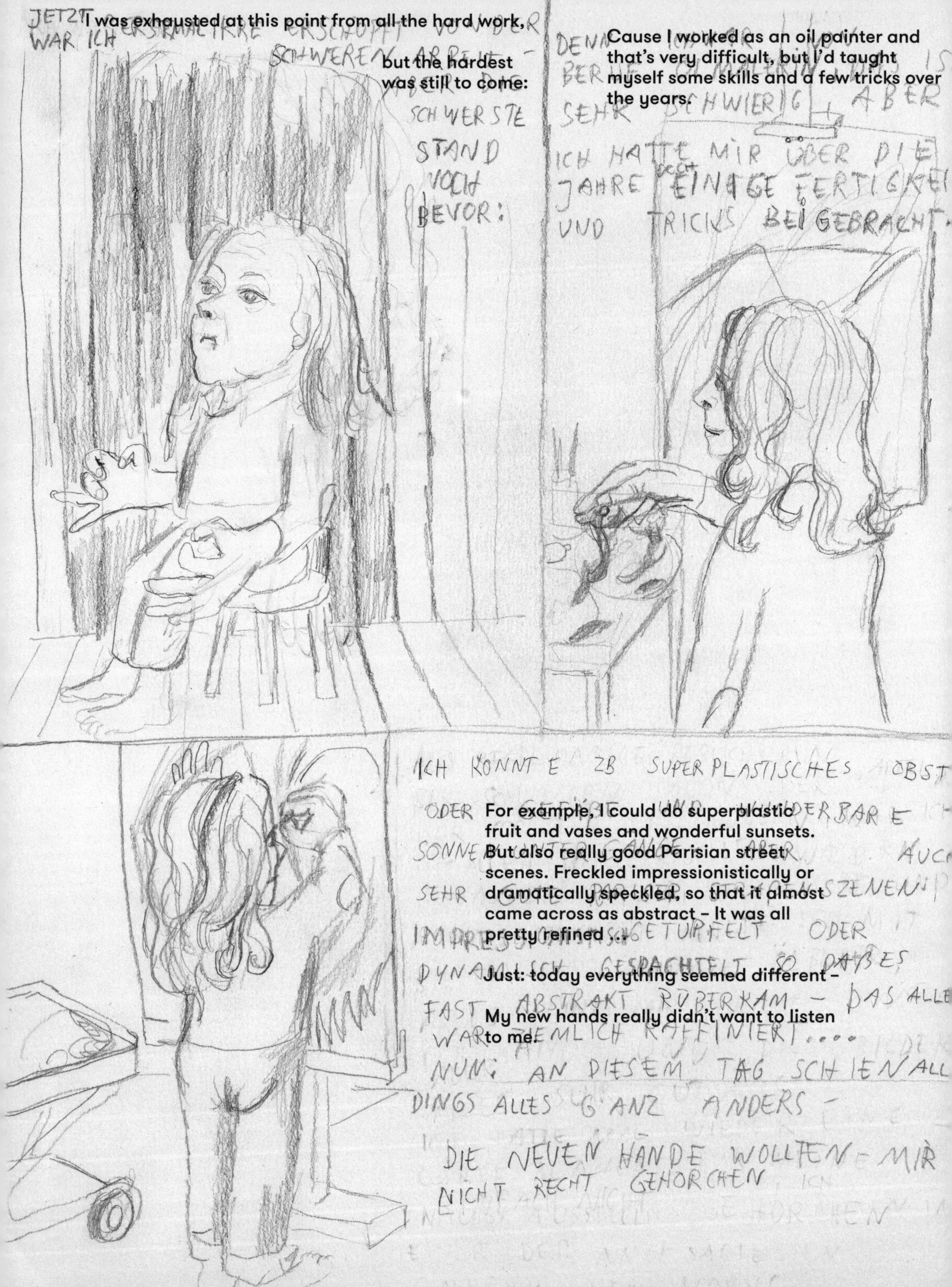
I was exhausted at this point from all the hard work,
but the hardest was still to come:
Cause I worked as an oil painter and that's very difficult, but I'd taught myself some skills and a few tricks over the years.
For example, I could do superplastic fruit and vases and wonderful sunsets. But also really good Parisian street scenes. Freckled impressionistically or dramatically speckled, so that it almost came across as abstract – It was all pretty refined ...
Just: today everything seemed different –
My new hands really didn't want to listen to me.

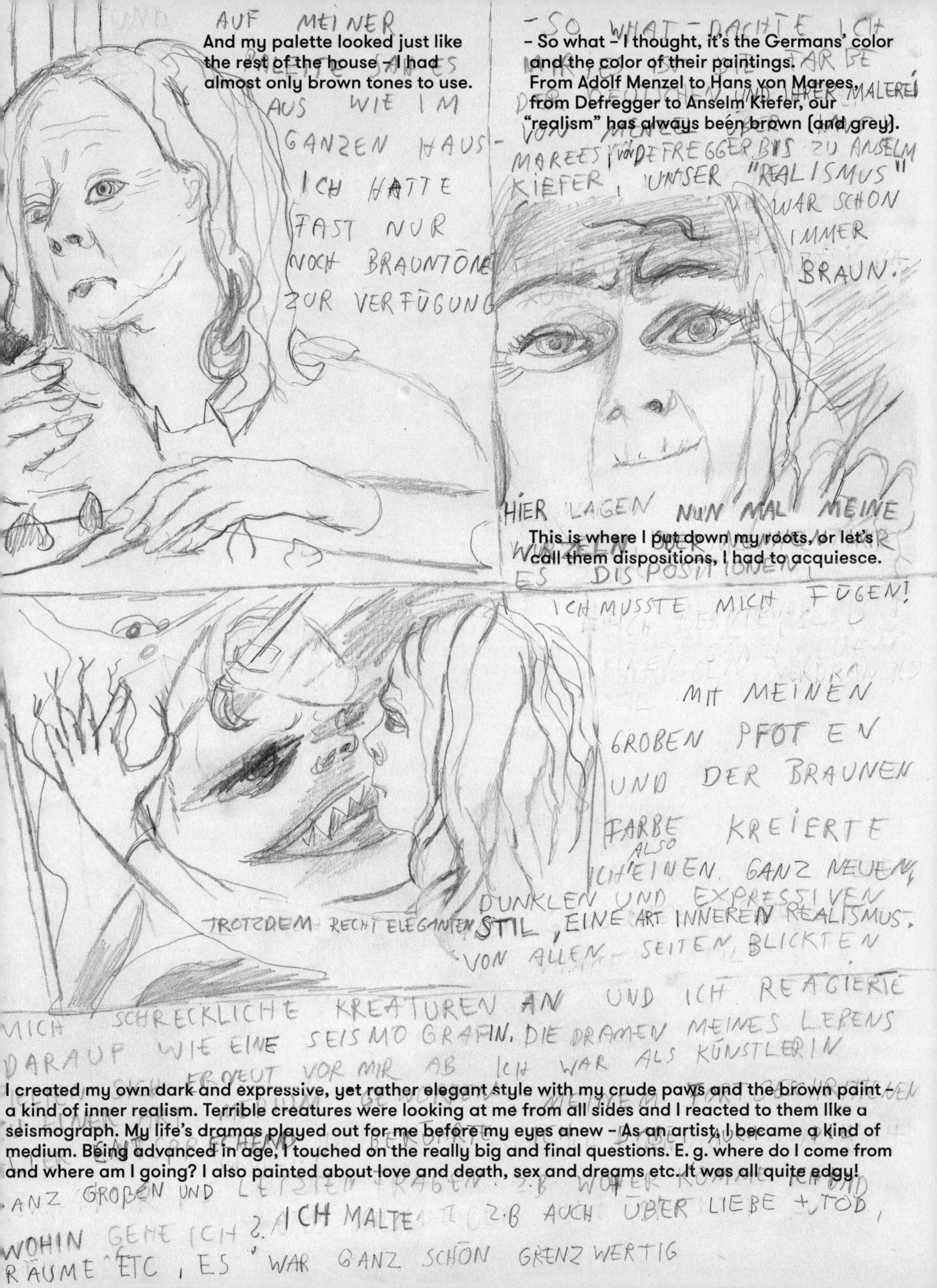

And my palette looked just like the rest of the house – I had almost only brown tones to use.
AUF MEINER
AUS WIE IM GANZEN HAUS-
ICH HATTE FAST NUR NOCH BRAUNTÖNE ZUR VERFÜGUNG
– So what – I thought, it's the Germans' color and the color of their paintings. From Adolf Menzel to Hans von Marees, from Defregger to Anselm Kiefer, our "realism" has always been brown (and grey).
KIEFER, UNSER "REALISMUS" WAR SCHON IMMER BRAUN.
HIER LAGEN NUN MAL MEINE
This is where I put down my roots, or let's call them dispositions, I had to acquiesce.
ICH MUSSTE MICH FÜGEN!
MIT MEINEN GROBEN PFOTEN UND DER BRAUNEN FARBE KREIERTE ICH ALSO EINEN GANZ NEUEN, DUNKLEN UND EXPRESSIVEN
TROTZDEM RECHT ELEGANTEN STIL, EINE ART INNEREN REALISMUS.
VON ALLEN SEITEN BLICKTEN
MICH SCHRECKLICHE KREATUREN AN UND ICH REAGIERTE
DARAUF WIE EINE SEISMOGRAFIN. DIE DRAMEN MEINES LEBENS
I created my own dark and expressive, yet rather elegant style with my crude paws and the brown paint – a kind of inner realism. Terrible creatures were looking at me from all sides and I reacted to them like a seismograph. My life's dramas played out for me before my eyes anew – As an artist, I became a kind of medium. Being advanced in age, I touched on the really big and final questions. E. g. where do I come from and where am I going? I also painted about love and death, sex and dreams etc. It was all quite edgy!
ICH MALTE
WAR GANZ SCHÖN GRENZWERTIG

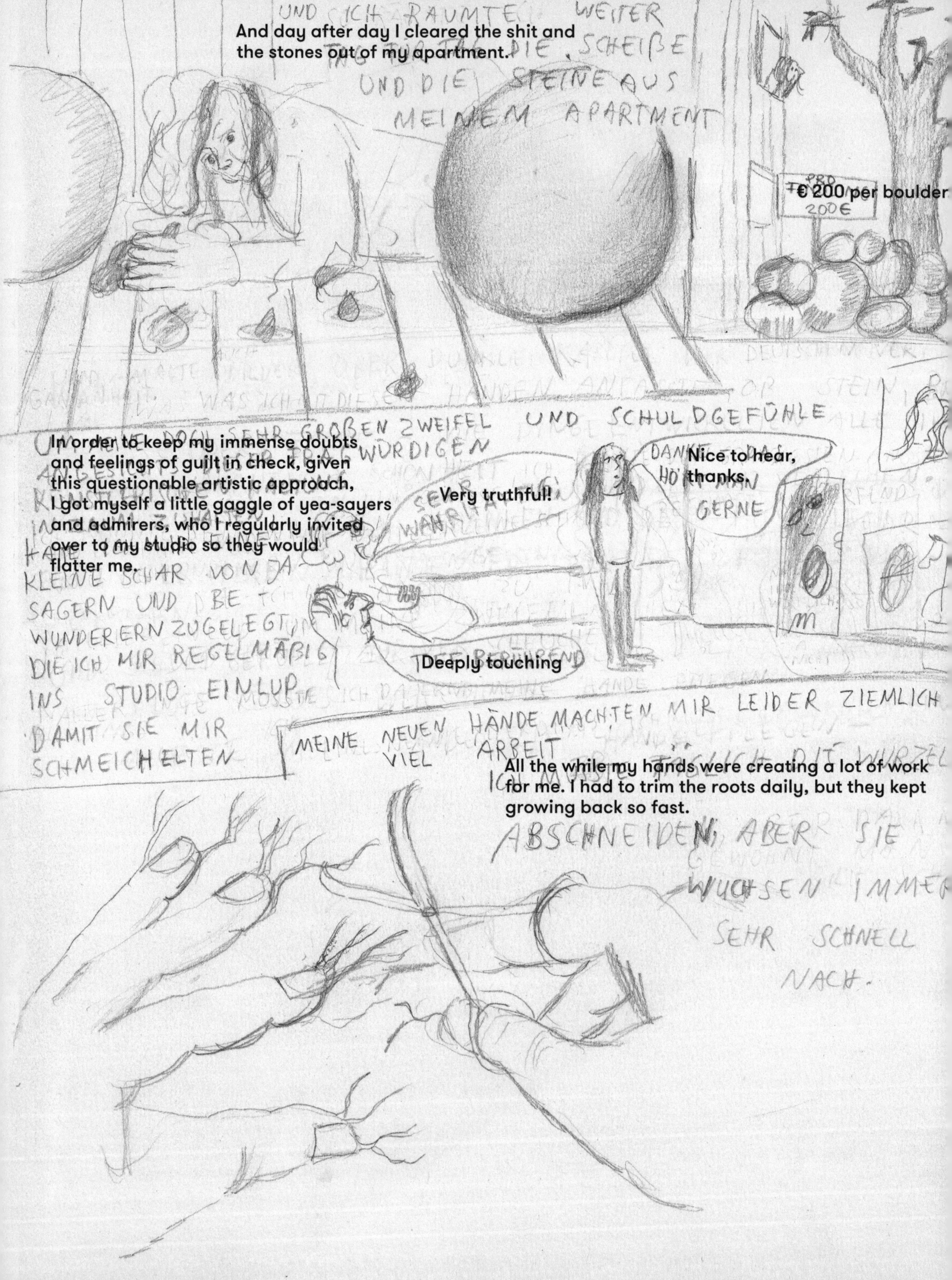
UND ICH RÄUMTE WEITER
DIE SCHEIßE
UND DIE STEINE AUS
MEINEM APARTMENT
And day after day I cleared the shit and the stones out of my apartment.
200€
€ 200 per boulder
SEHR GROßEN ZWEIFEL UND SCHULDGEFÜHLE
WÜRDIGEN
In order to keep my immense doubts and feelings of guilt in check, given this questionable artistic approach, I got myself a little gaggle of yea-sayers and admirers, who I regularly invited over to my studio so they would flatter me.
KLEINE SCHAR VON JA
SAGERN UND BE
WUNDERERN ZUGELEGT
DIE ICH MIR REGELMÄßIG
INS STUDIO EINLUD
DAMIT SIE MIR
SCHMEICHELTEN
Very truthful!
GERNE
Nice to hear, thanks.
Deeply touching
MEINE NEUEN HÄNDE MACHTEN MIR LEIDER ZIEMLICH VIEL ARBEIT
All the while my hands were creating a lot of work for me. I had to trim the roots daily, but they kept growing back so fast.
ABSCHNEIDEN, ABER SIE
WUCHSEN IMMER
SEHR SCHNELL
NACH.

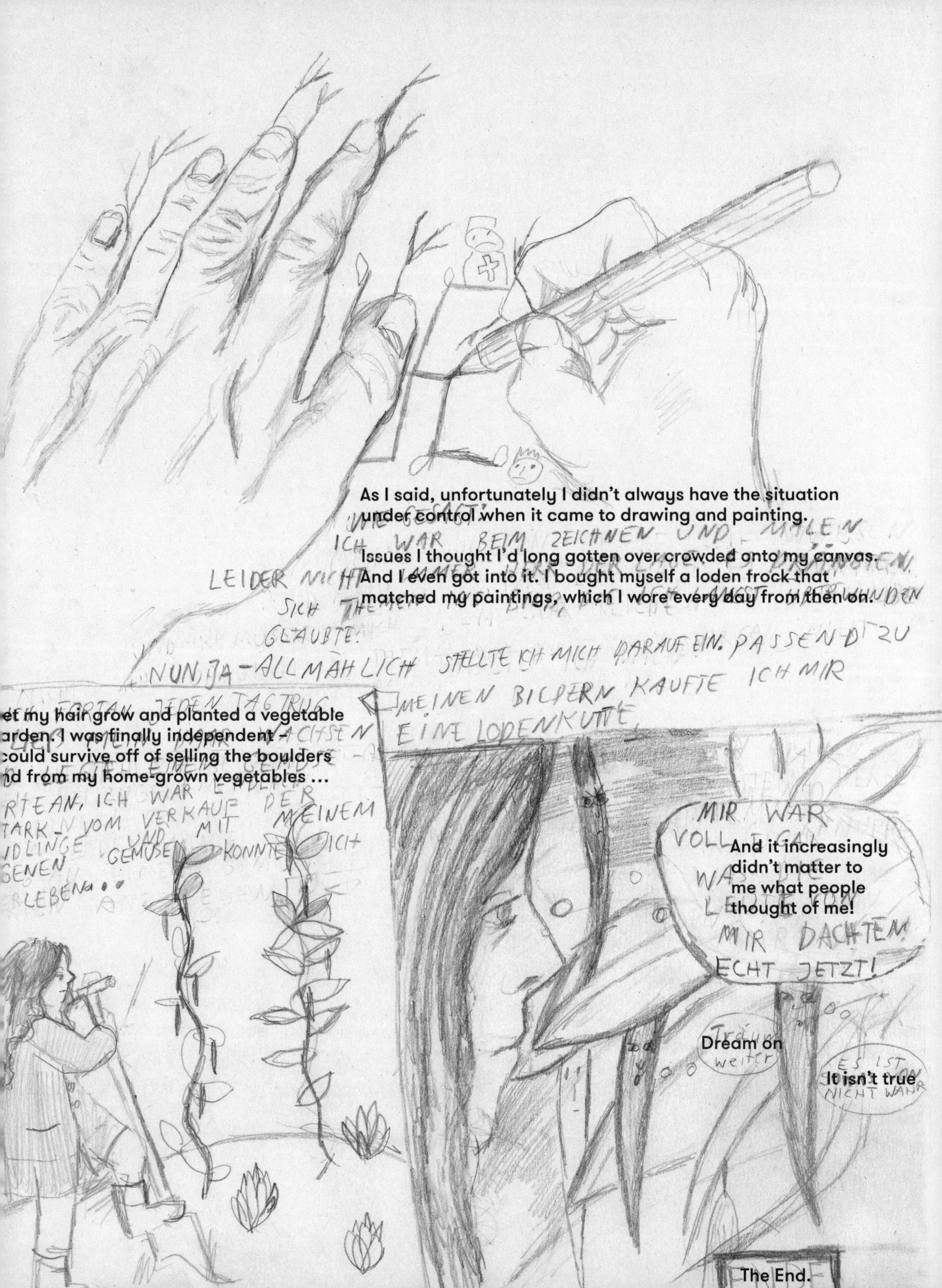
As I said, unfortunately I didn't always have the situation under control when it came to drawing and painting.
Issues I thought I'd long gotten over crowded onto my canvas.
And I even got into it. I bought myself a loden frock that matched my paintings, which I wore every day from then on.
ICH WAR BEIM ZEICHNEN UND MALEN
LEIDER NICHT
SICH
GLAUBTE!
NUN JA – ALLMÄHLICH STELLTE ICH MICH DARAUF EIN. PASSEND ZU MEINEN BILDERN KAUFTE ICH MIR EINE LODENKUTTE,
et my hair grow and planted a vegetable
arden. I was finally independent –
could survive off of selling the boulders
nd from my home-grown vegetables …
And it increasingly didn't matter to me what people thought of me!
MIR WAR
MIR DACHTEN!
ECHT JETZT!
Dream on
Träum weiter
It isn't true
ES IST
NICHT WAHR
The End.

The Boulders
Amelie von Wulffen

published on the occasion of the exhibition
Hey Damsels, do you want Foxes?

March 9 – April 22, 2018
Reena Spaulings Fine Art, New York
Translation
Michael Ladner
Design
Theresia Kimmel, Berlin
Photo Credits
Gunter Lepkowski

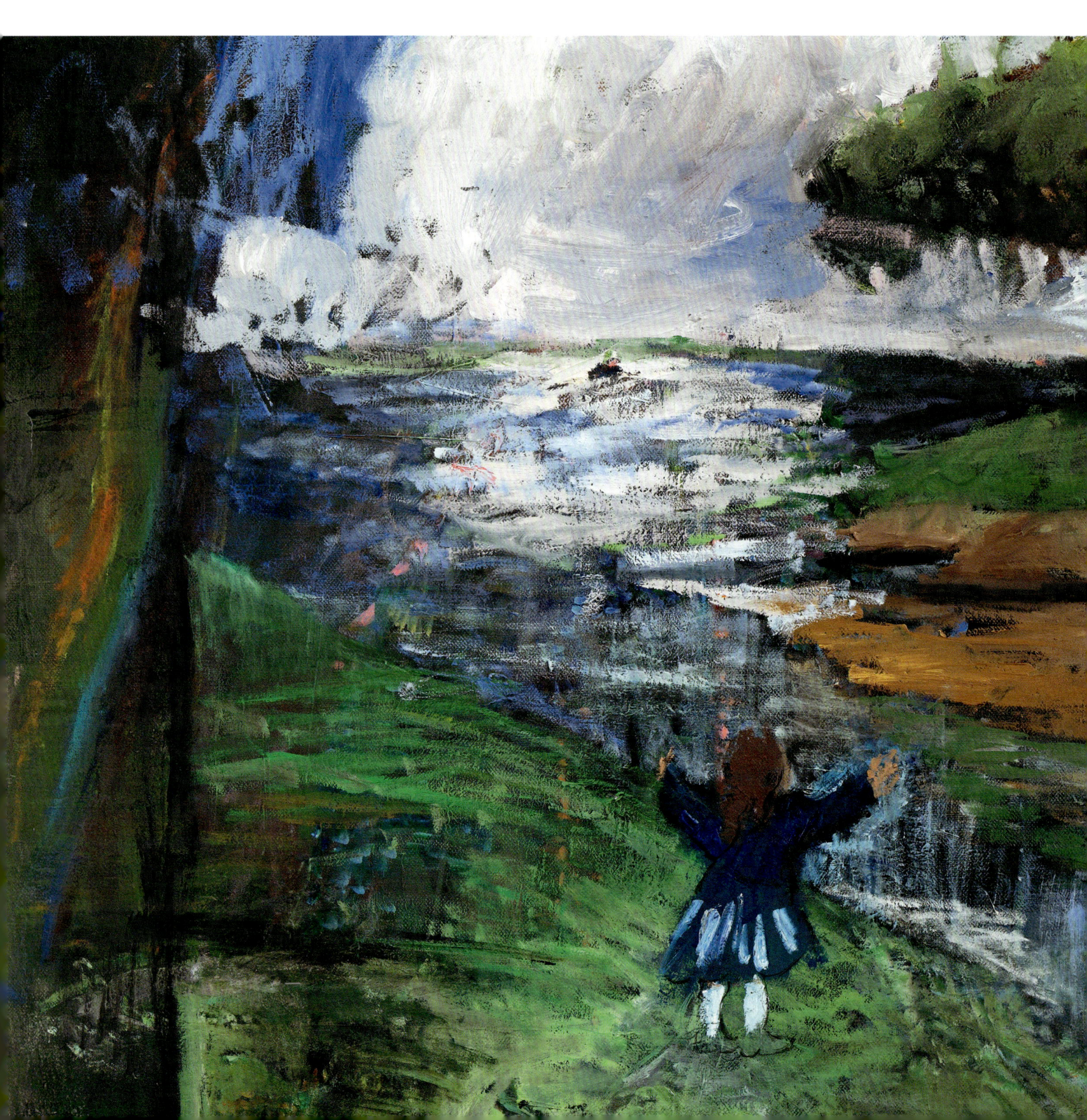

Mädchen hinter Gittern / Raggazze dietro le Sbarre
Gió Marconi, Mailand / Milan
15.11.2018 – 31.1.2019

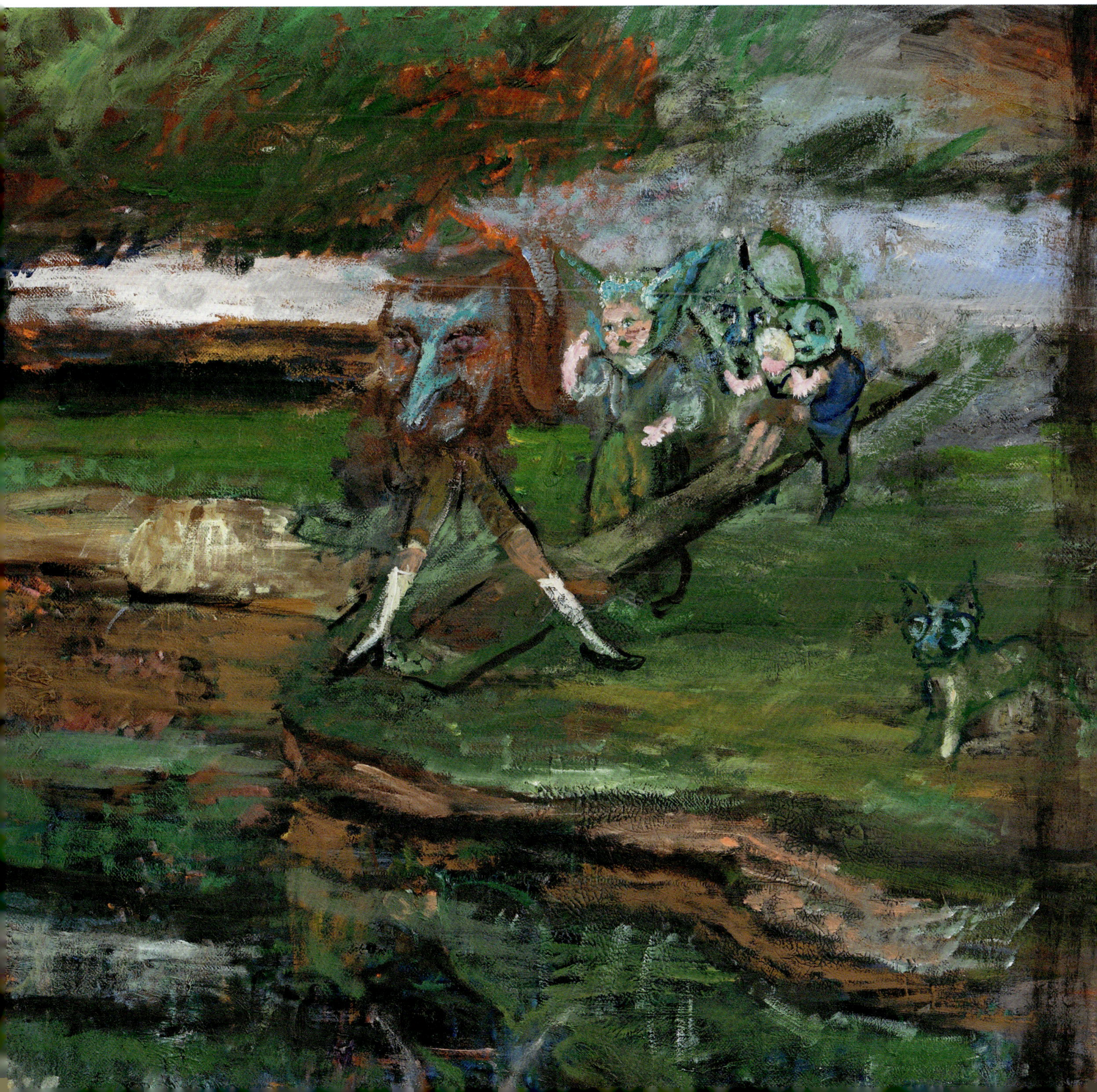

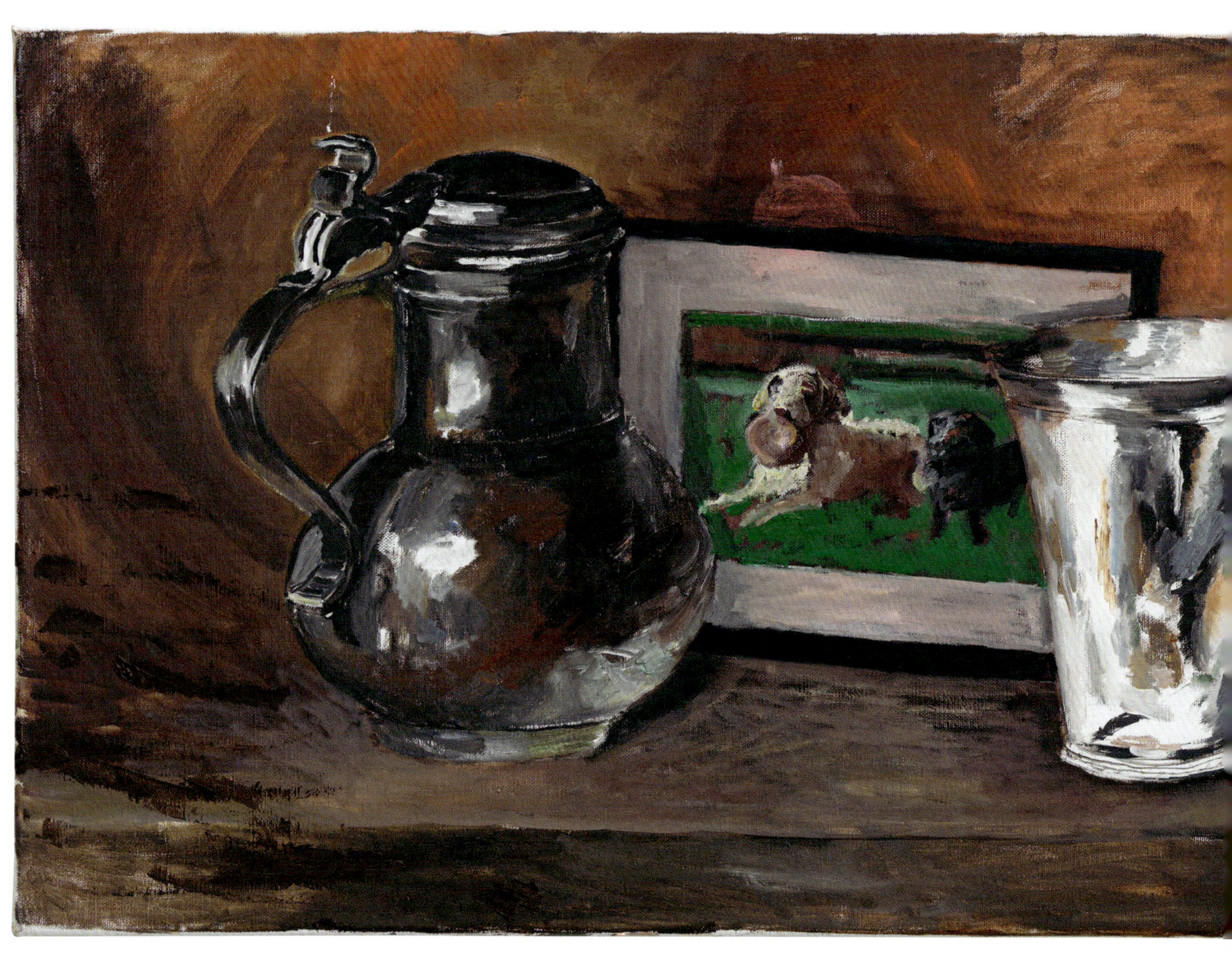

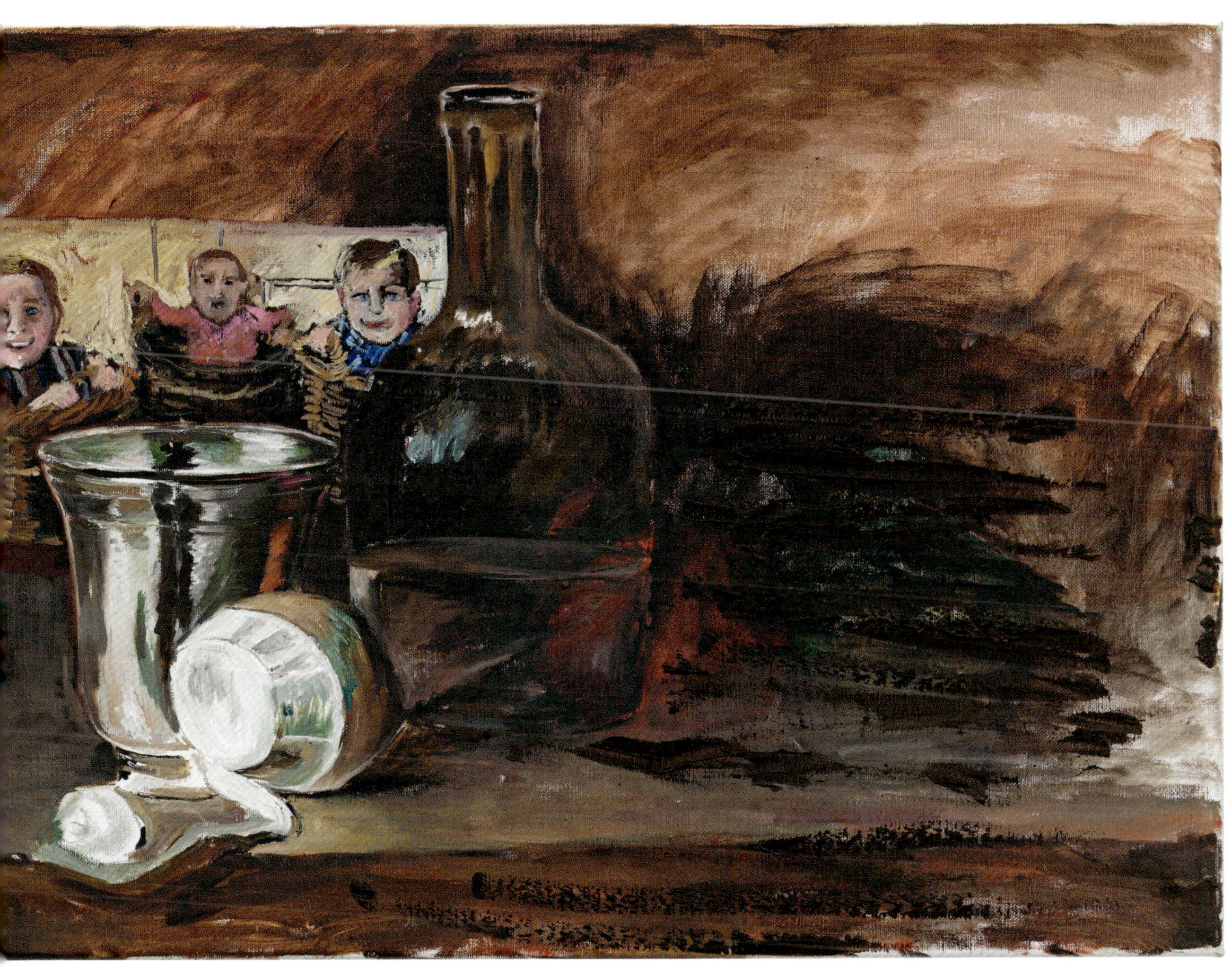

Kinder, Hunde, Silber, 2017–18
Öl auf Leinwand / Oil on canvas
50 × 140 cm

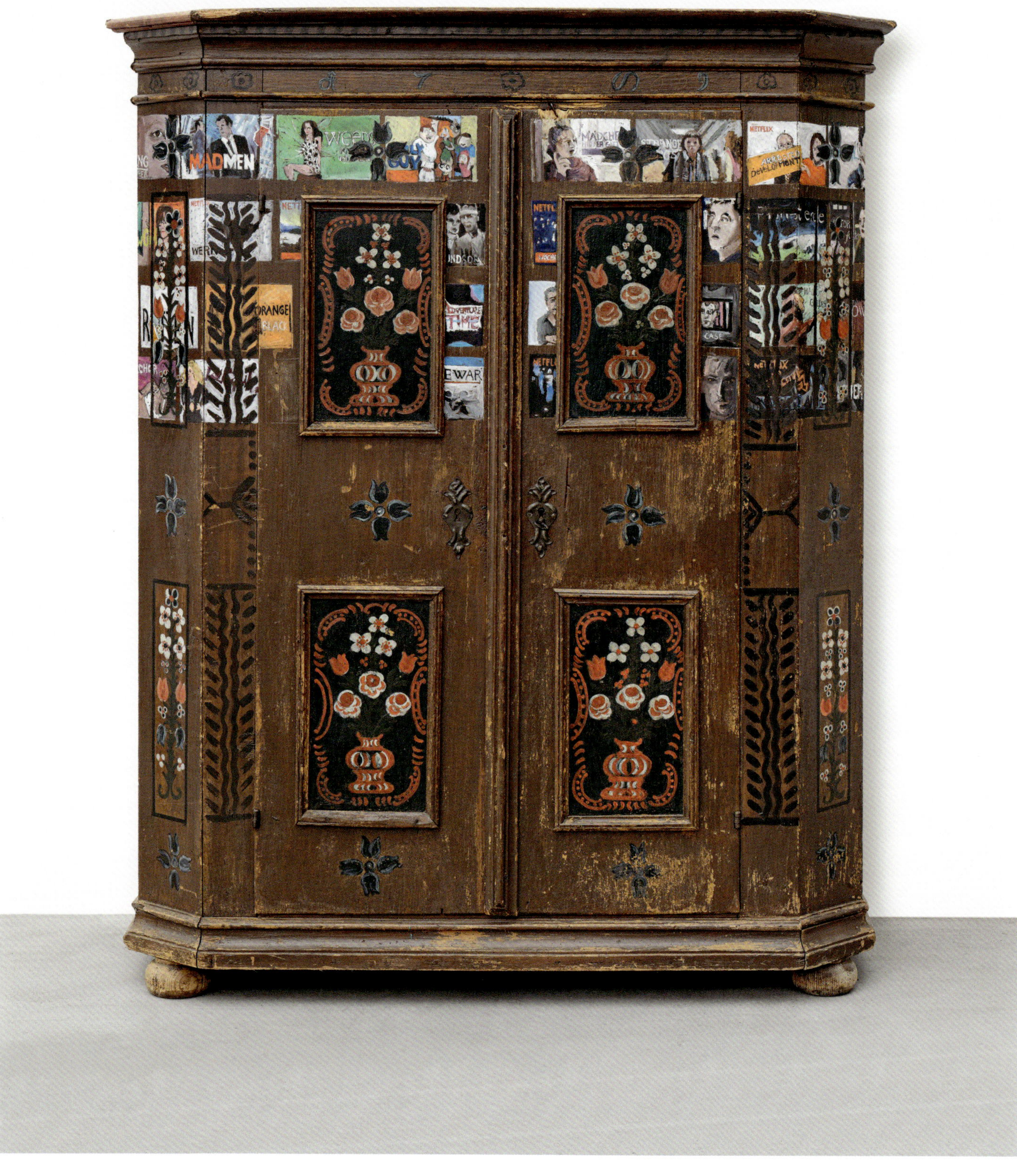
MAD MEN
NETFLIX
ORANGE

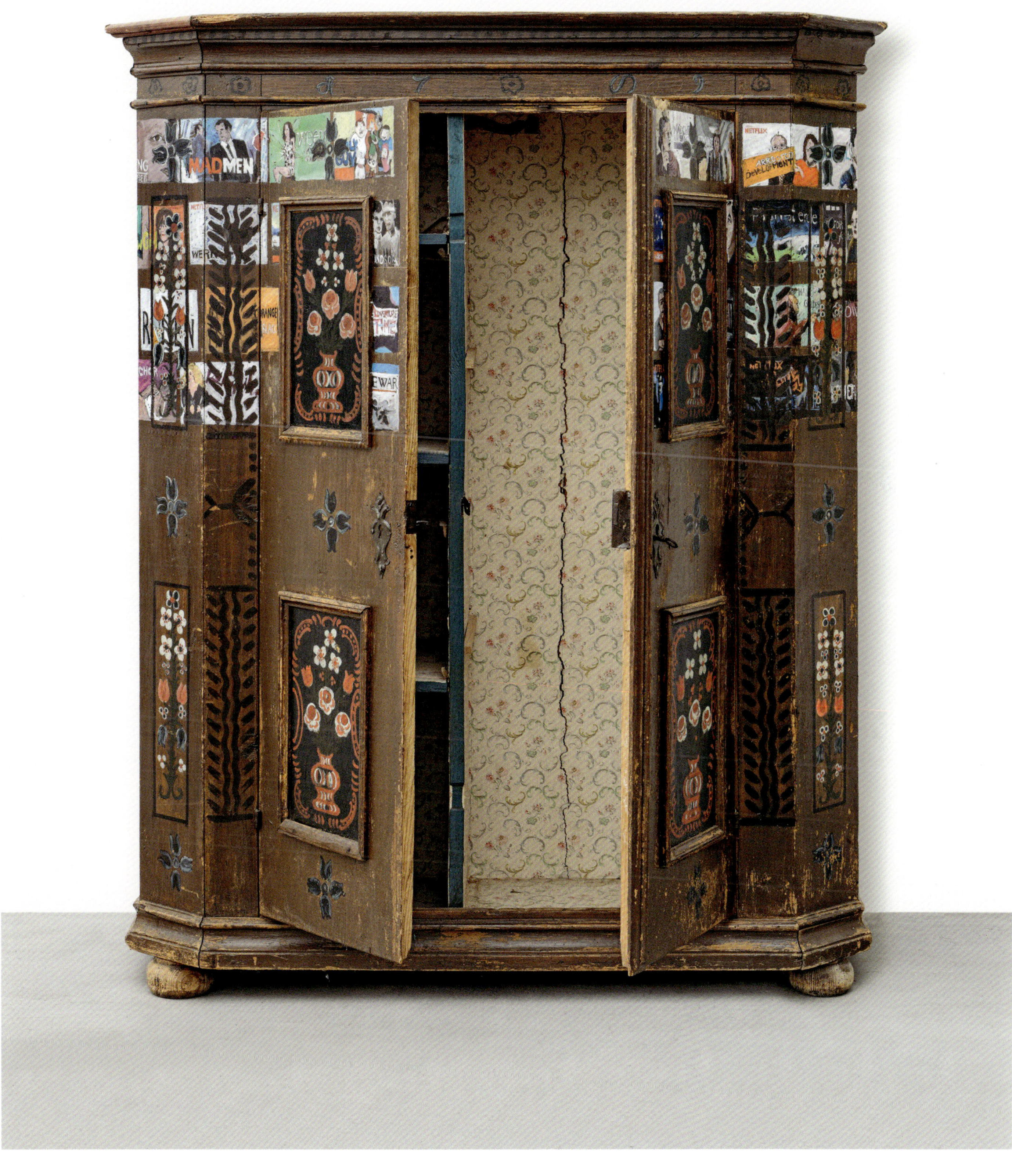

Mädchen hinter Gittern, 2018
Öl auf Bauernschrank /
Oil on rustic cupboard
167 × 134 × 58 cm

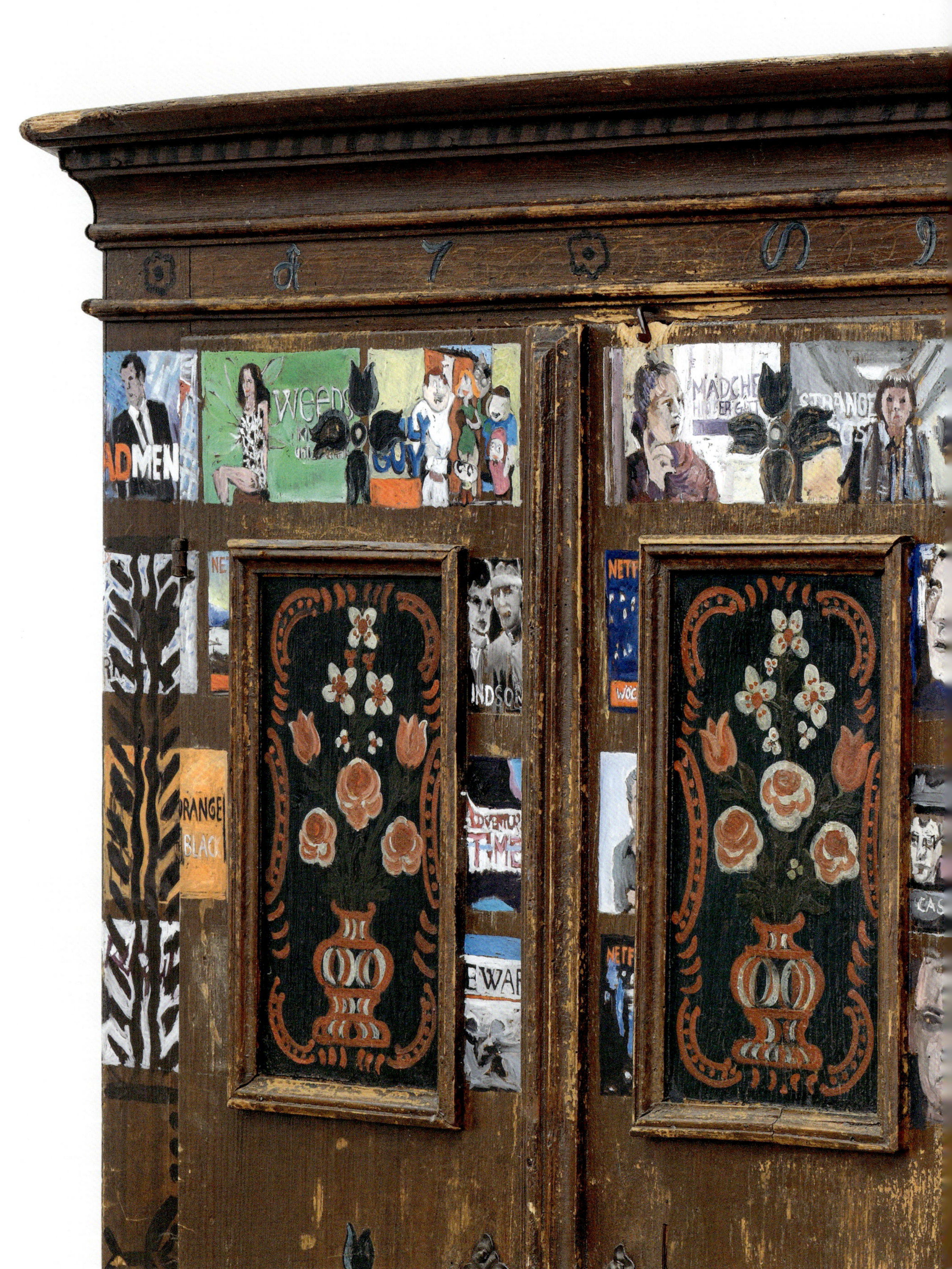
MEN
weeds
GUY
ORANGE
TIME

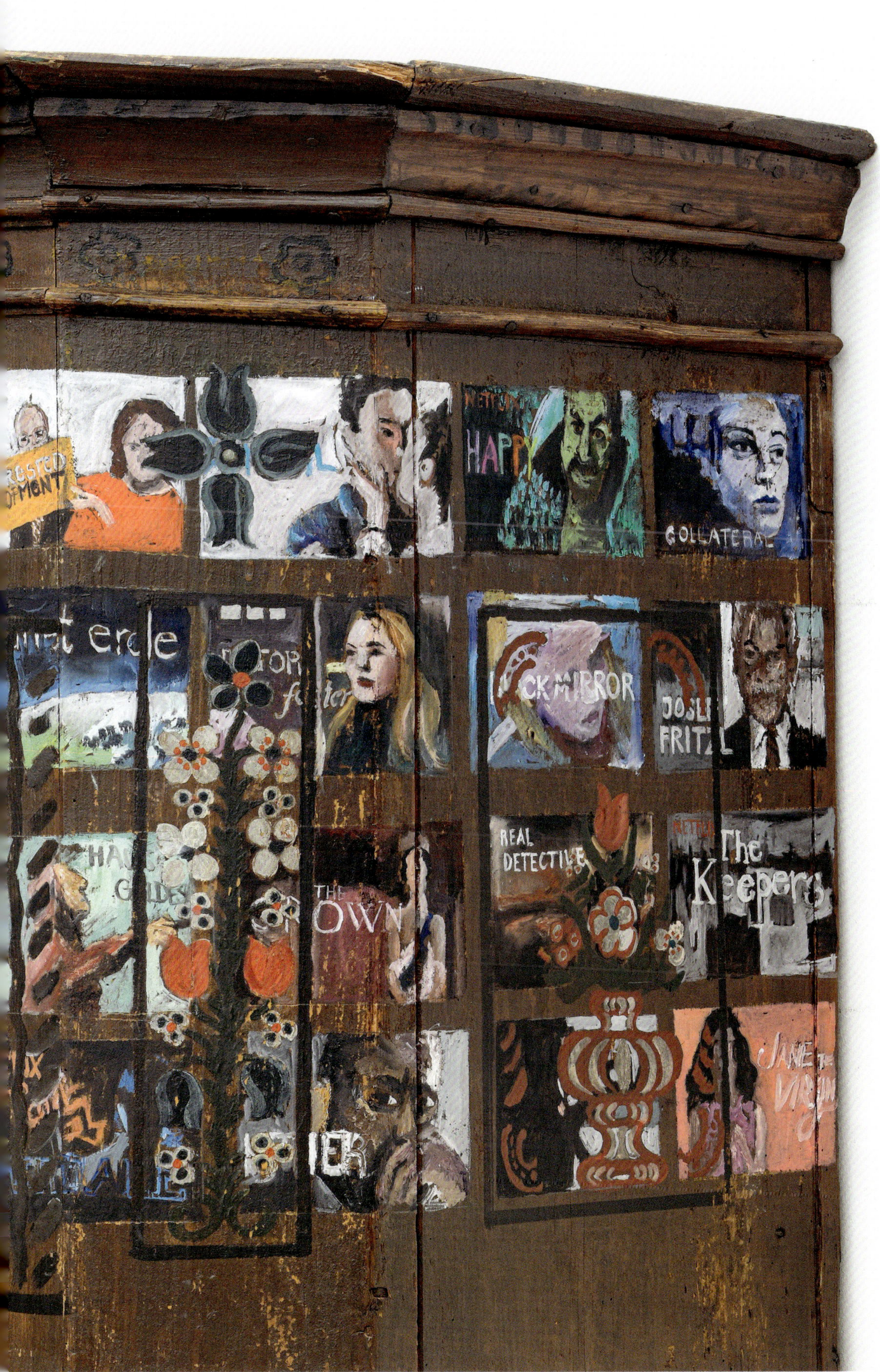
HAPPY
COLLATERAL
CK MIRROR
REAL
DETECTIVE
The
Keepers

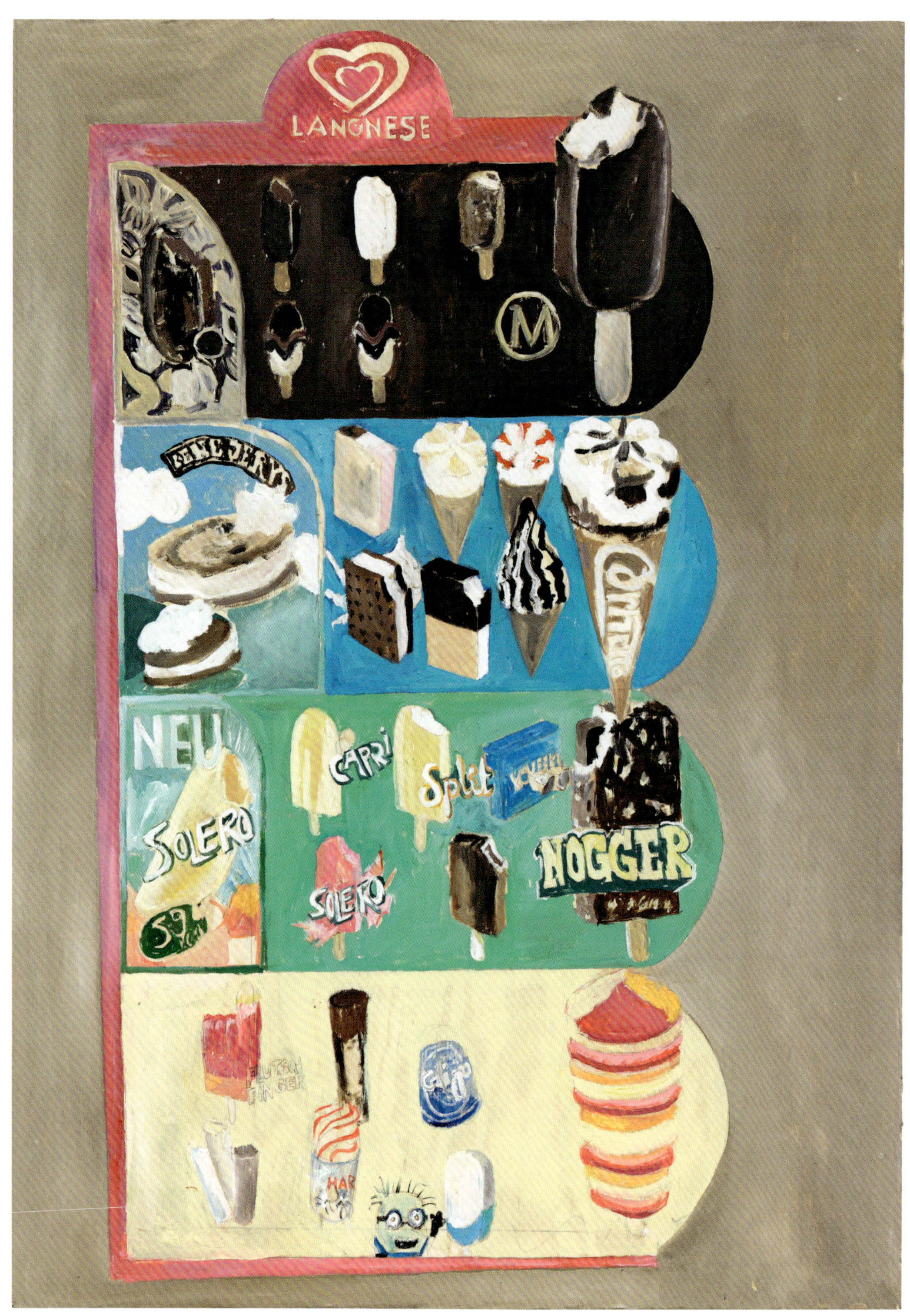

Grand Selection, 2018
Öl auf Holz / Oil on wood
100 × 69 cm

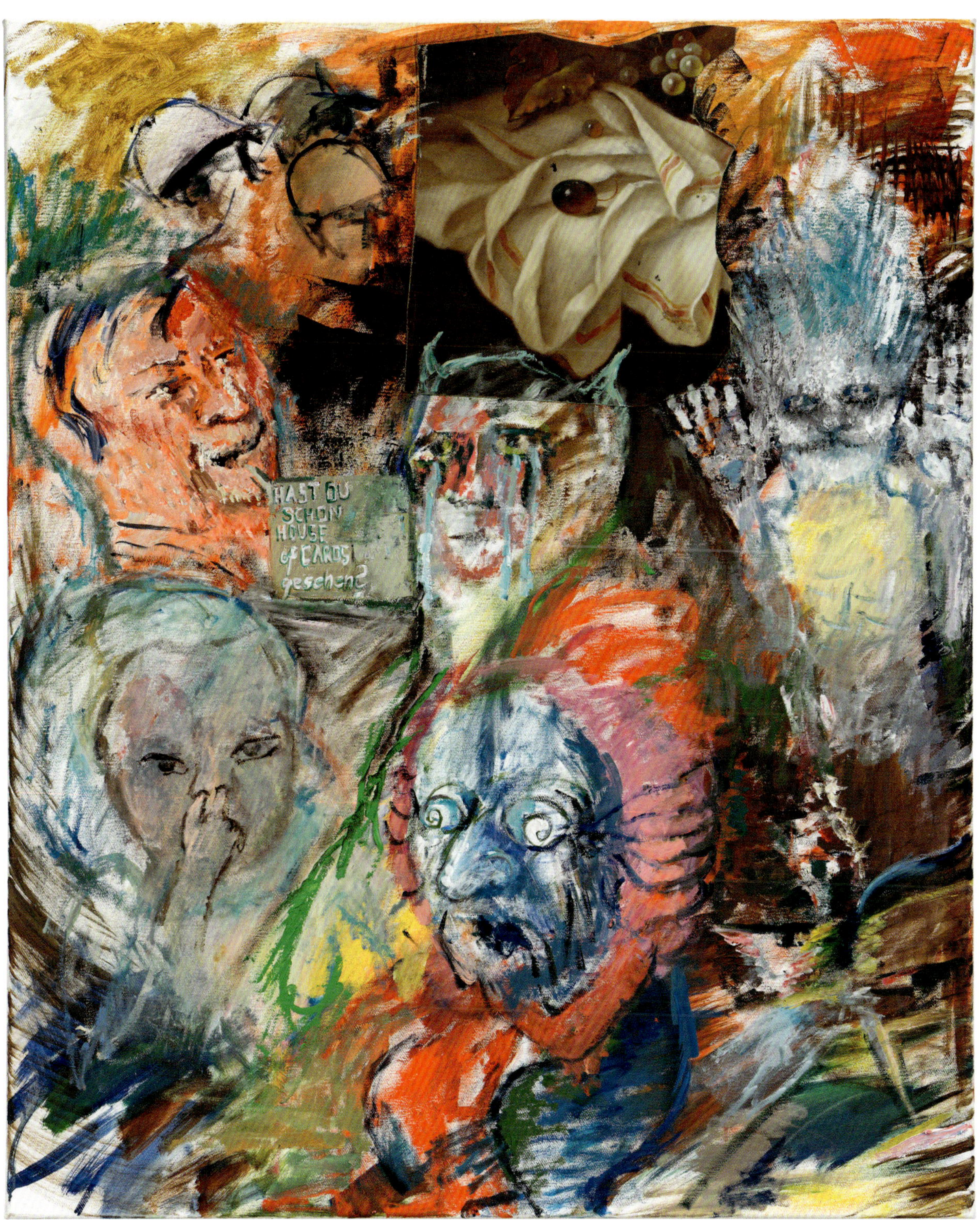

Hast Du schon House of Cards gesehen?, 2018
Öl und Ölbild auf Leinwand /
Oil and oil painting on canvas
100 × 80 cm

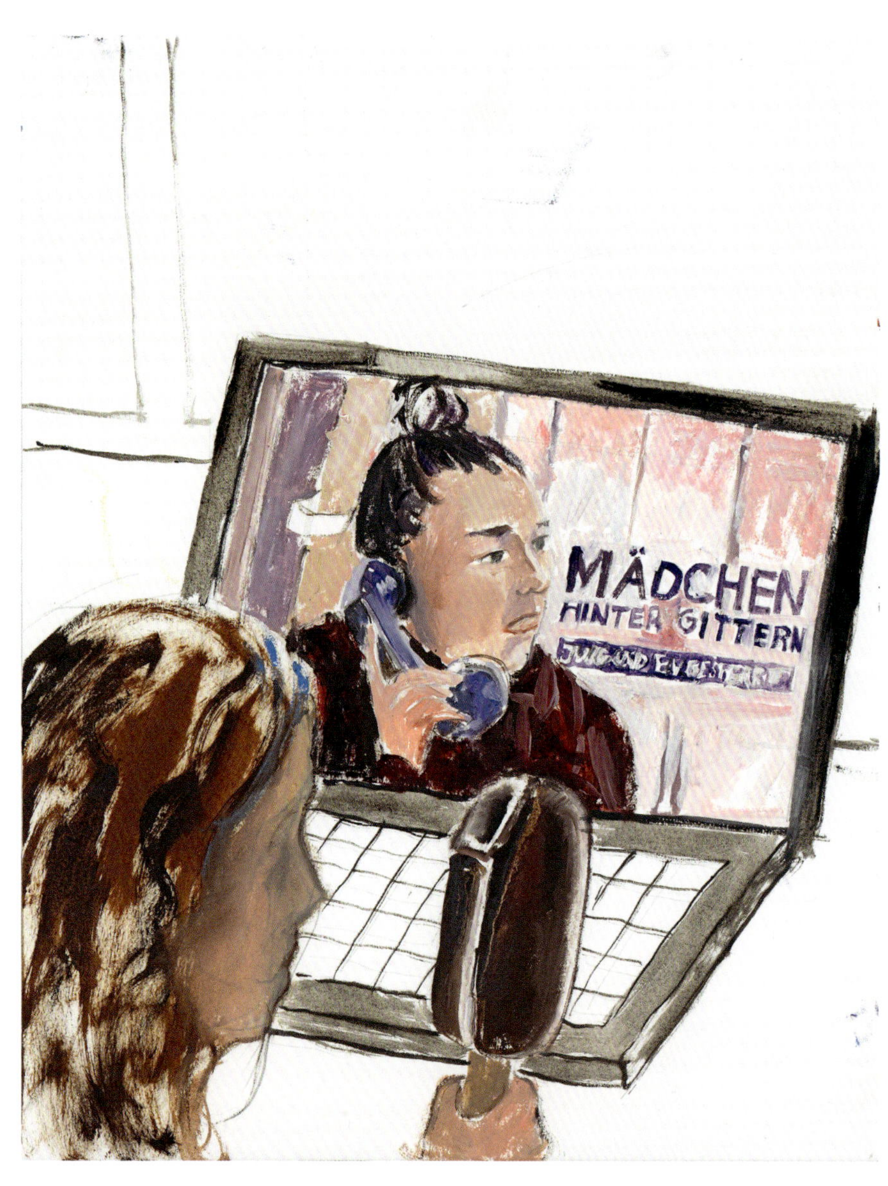

Jung und eingesperrt, 2018
Öl auf Papier / Oil on paper
41 × 30 cm

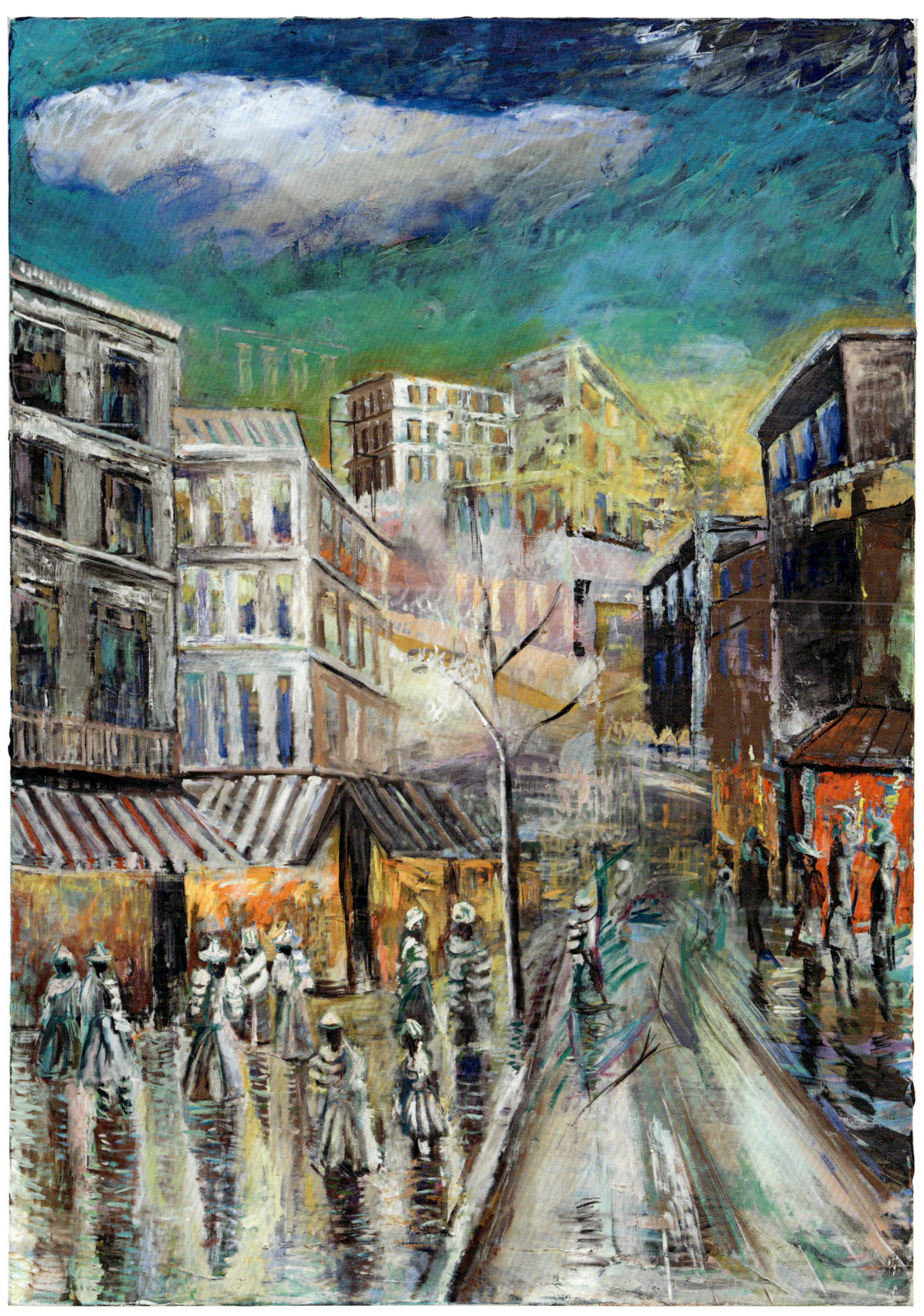

Süddeutsche Befürchtung
2012–18
Öl auf Leinwand / Oil on canvas
200 × 140 cm

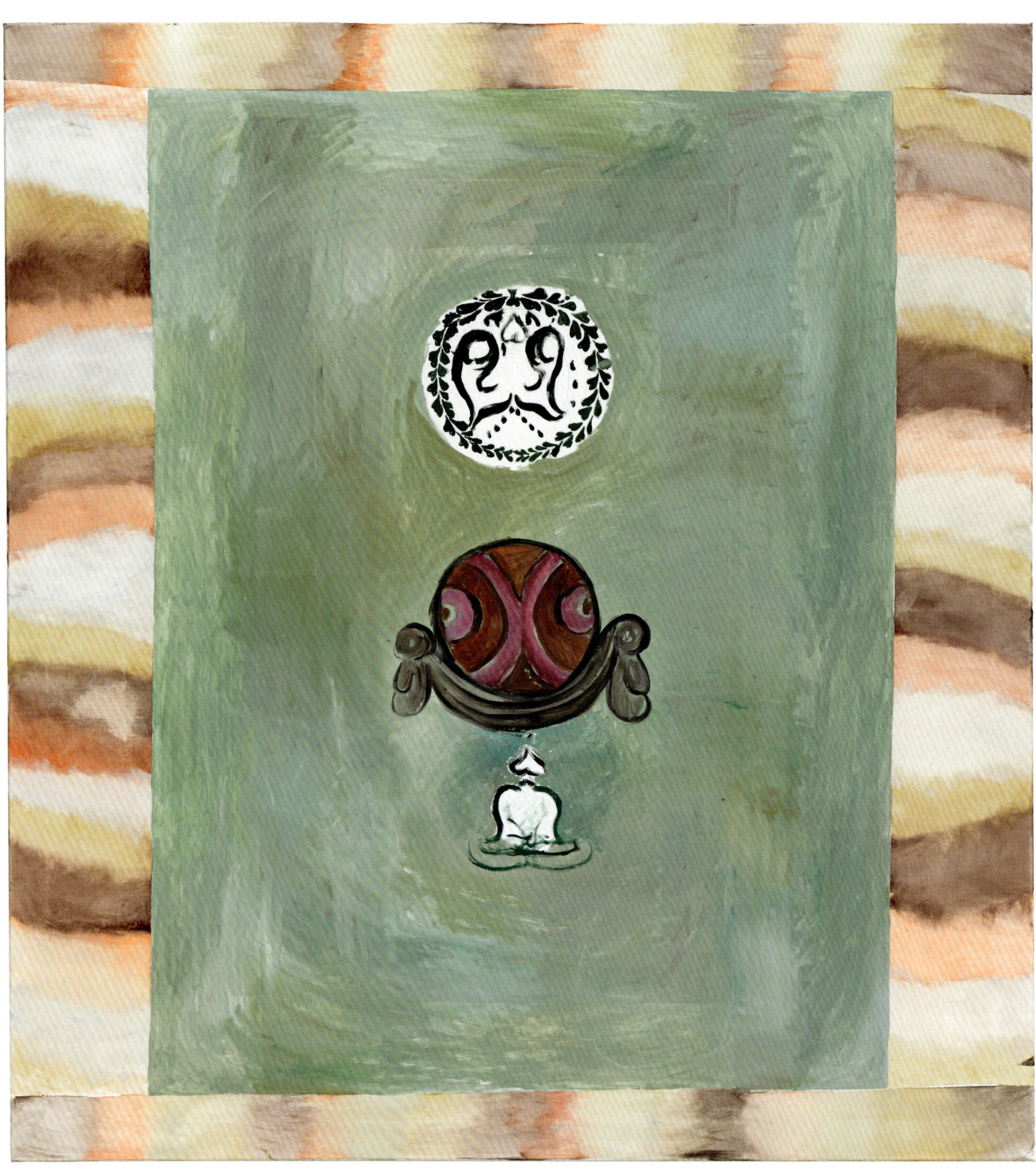

Mare e Monti, 2018
Öl auf Leinwand / Oil on canvas
180 × 160 cm

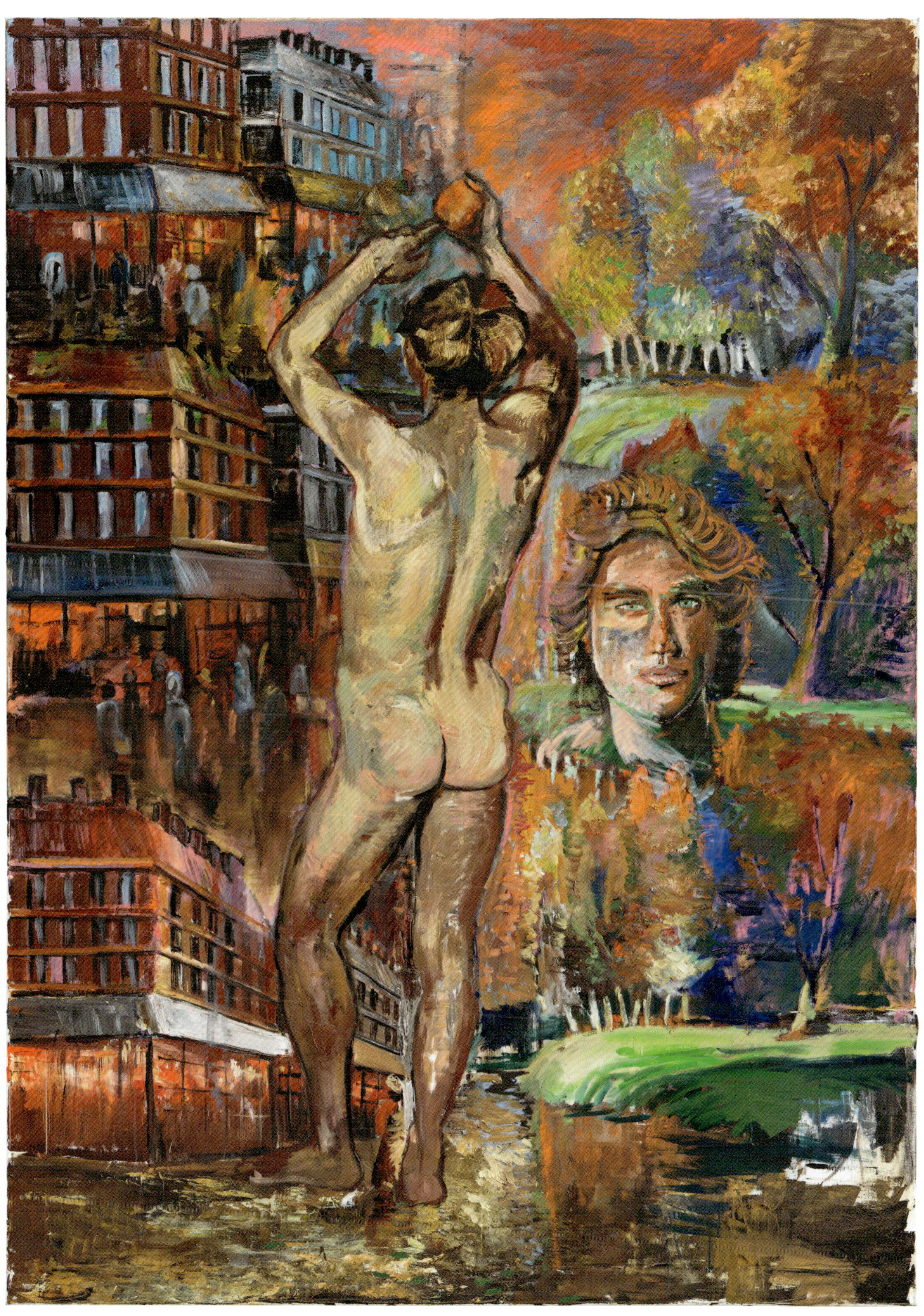

Der Nackte im Park, 2011–18
Öl auf Leinwand / Oil on canvas
200 × 140 cm

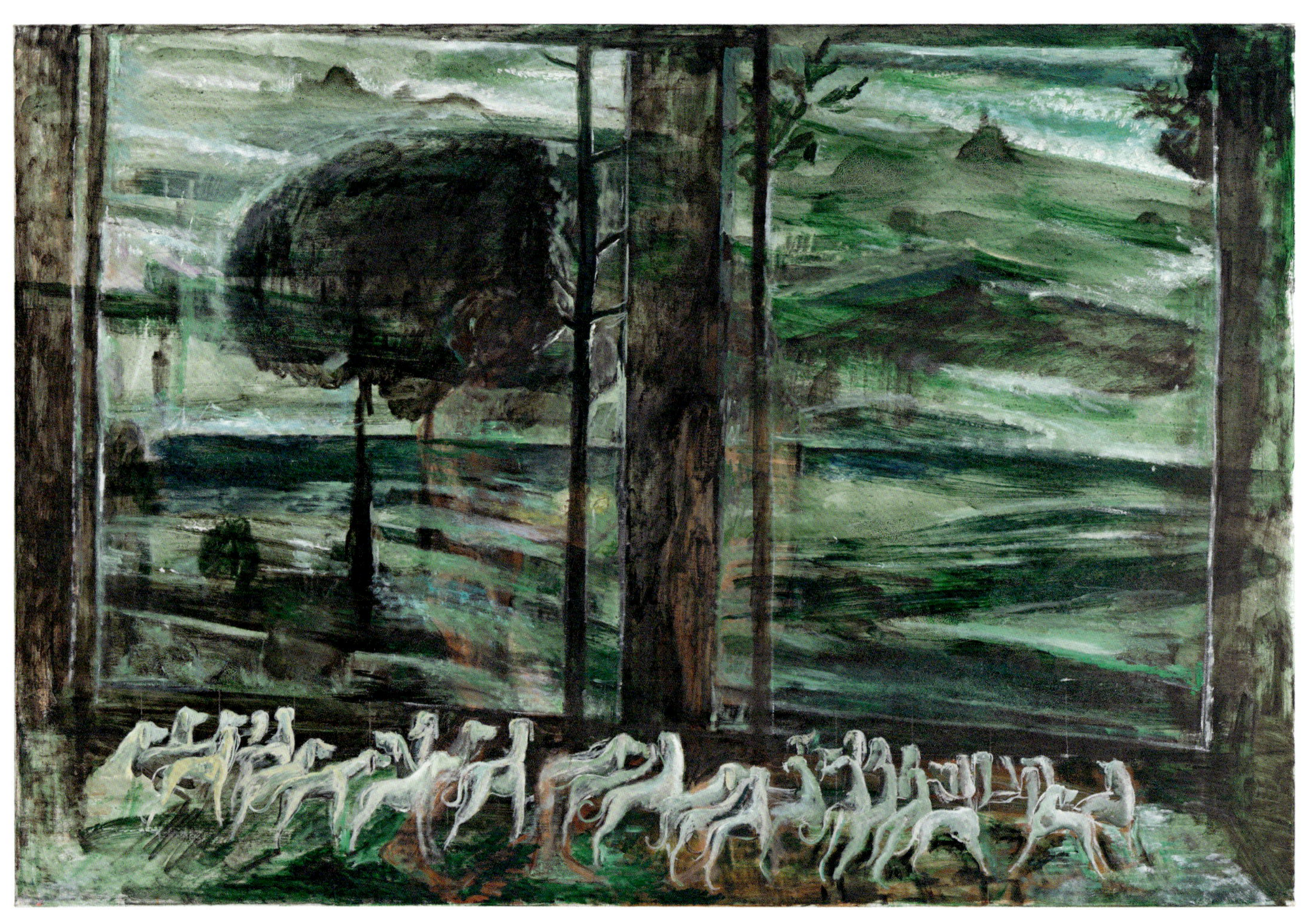

Wo die Dämmerung grün ist
2016–18
Öl auf Leinwand / Oil on canvas
140 × 200 cm

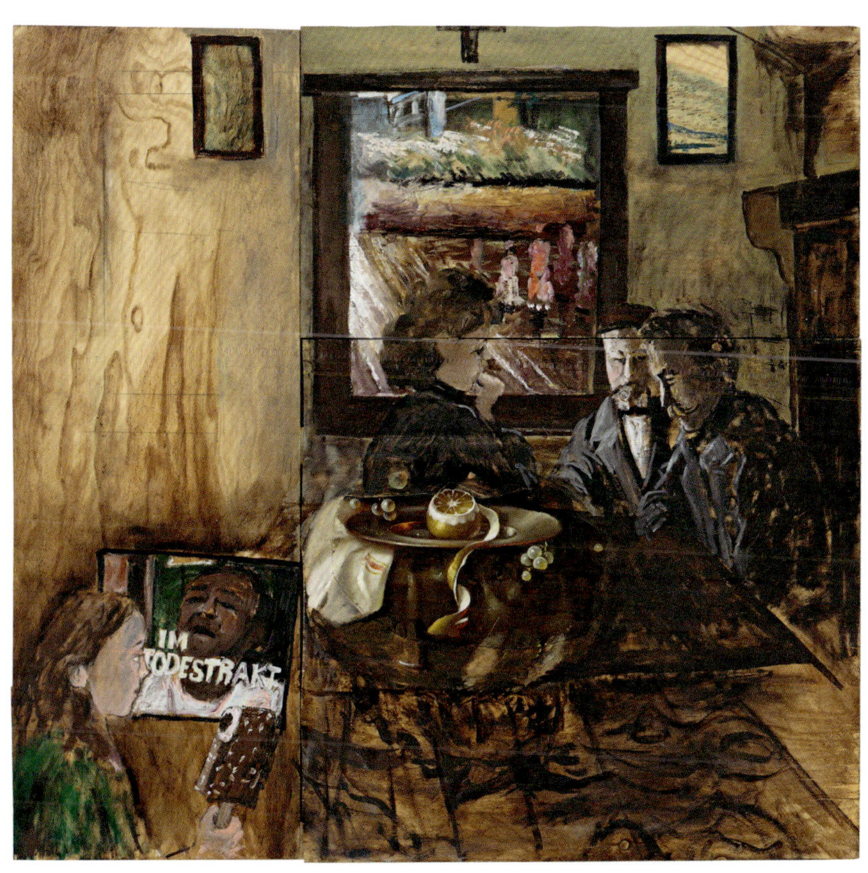

Im Todestrakt, 2016–18
Öl und Ölbild auf Holz / Oil and oil painting on wood, 95 × 96 cm

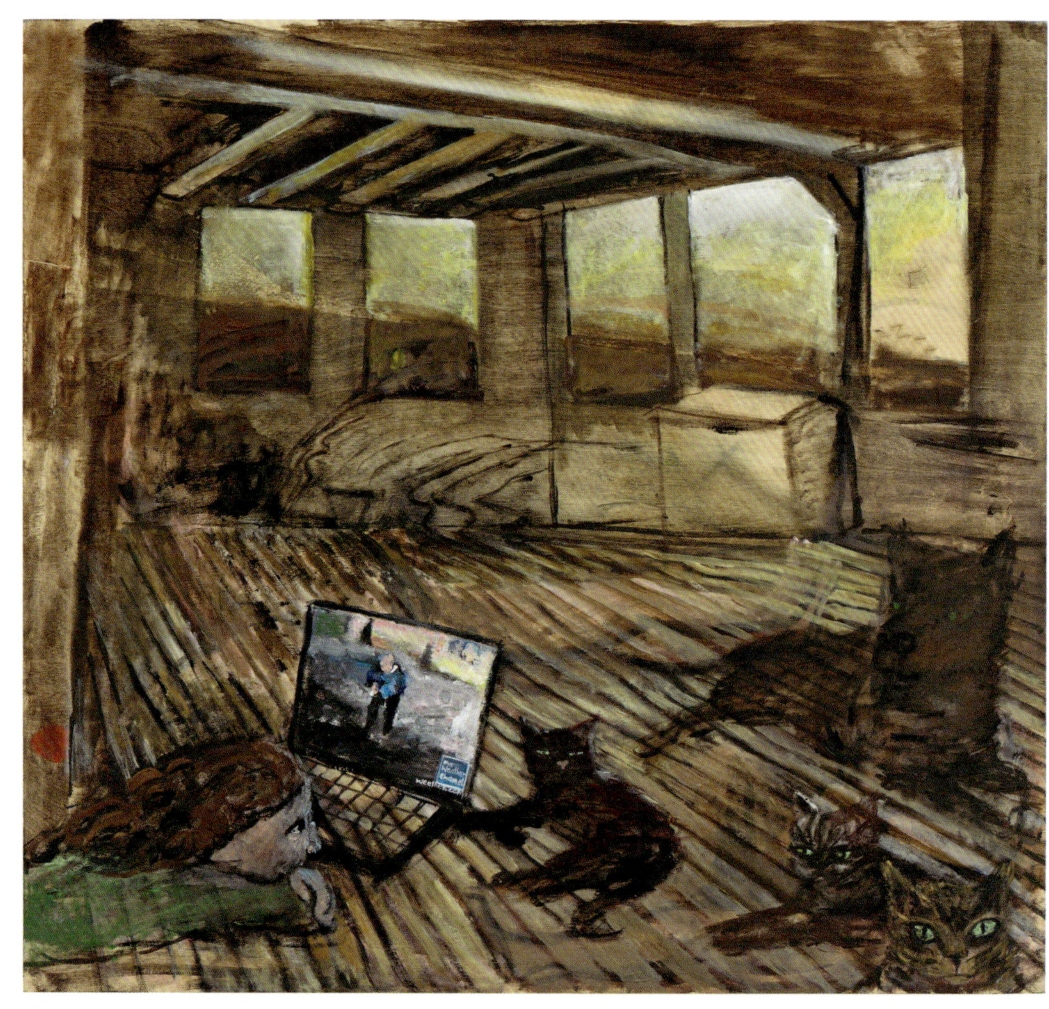

Wetterkanal, 2018
Öl auf Holz / Oil on wood
83 × 86 cm

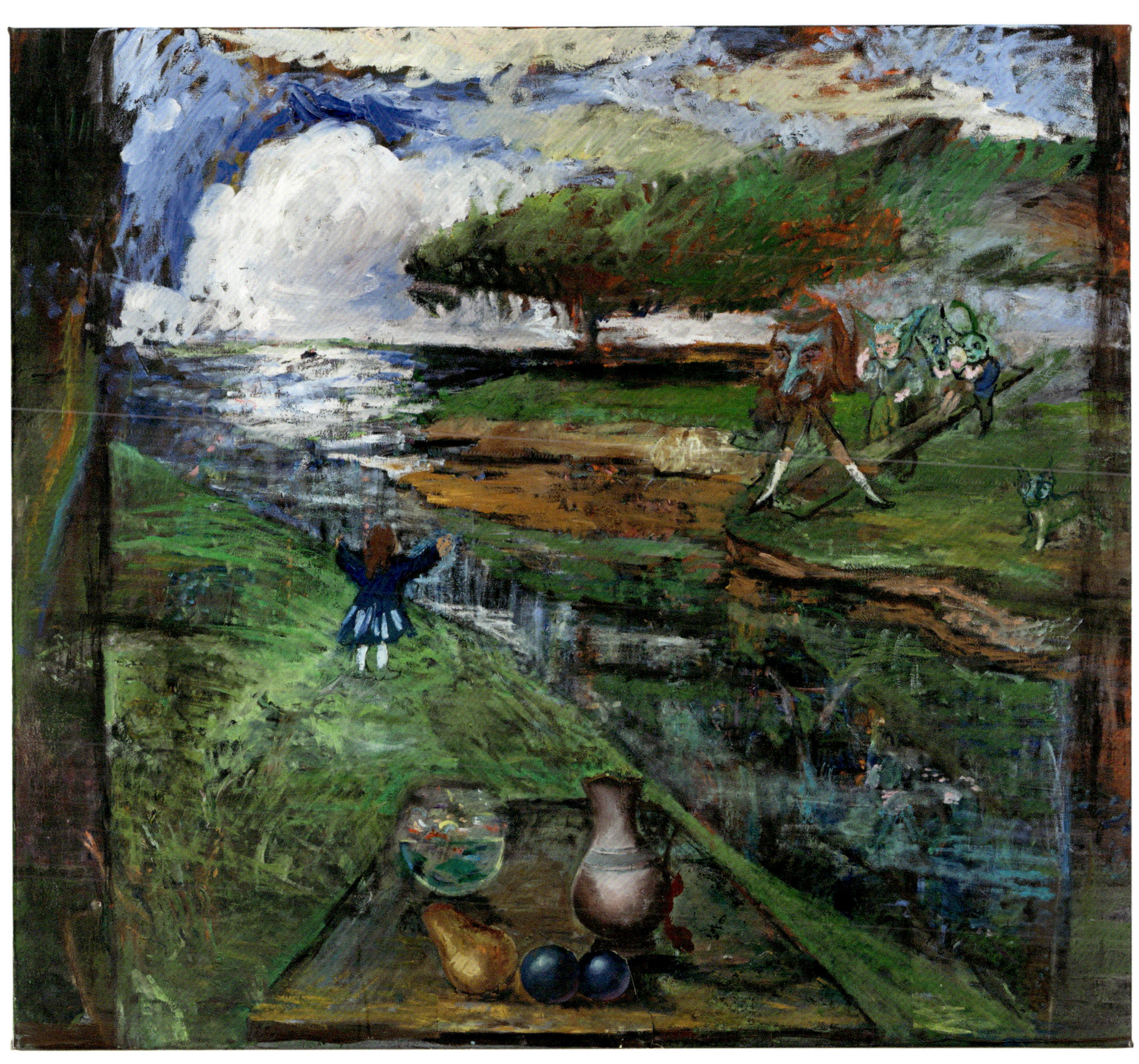

Fantasio und seine Freunde
2015–18
Öl und Ölbild auf Leinwand /
Oil and oil painting on canvas
130 × 140 cm

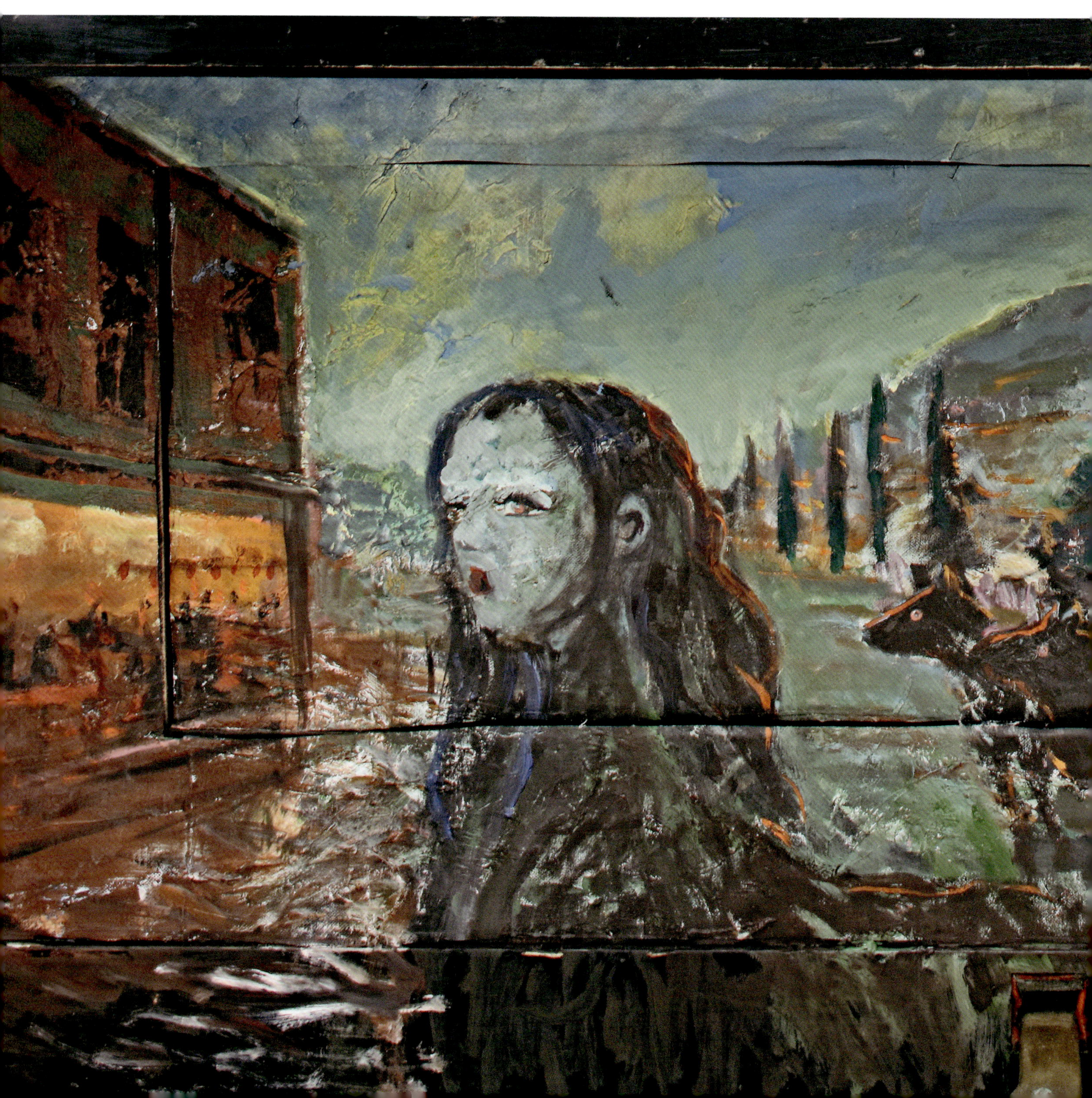

Amelie von Wulffen
Kunsthalle Bern
25.5.– 14.7.2019

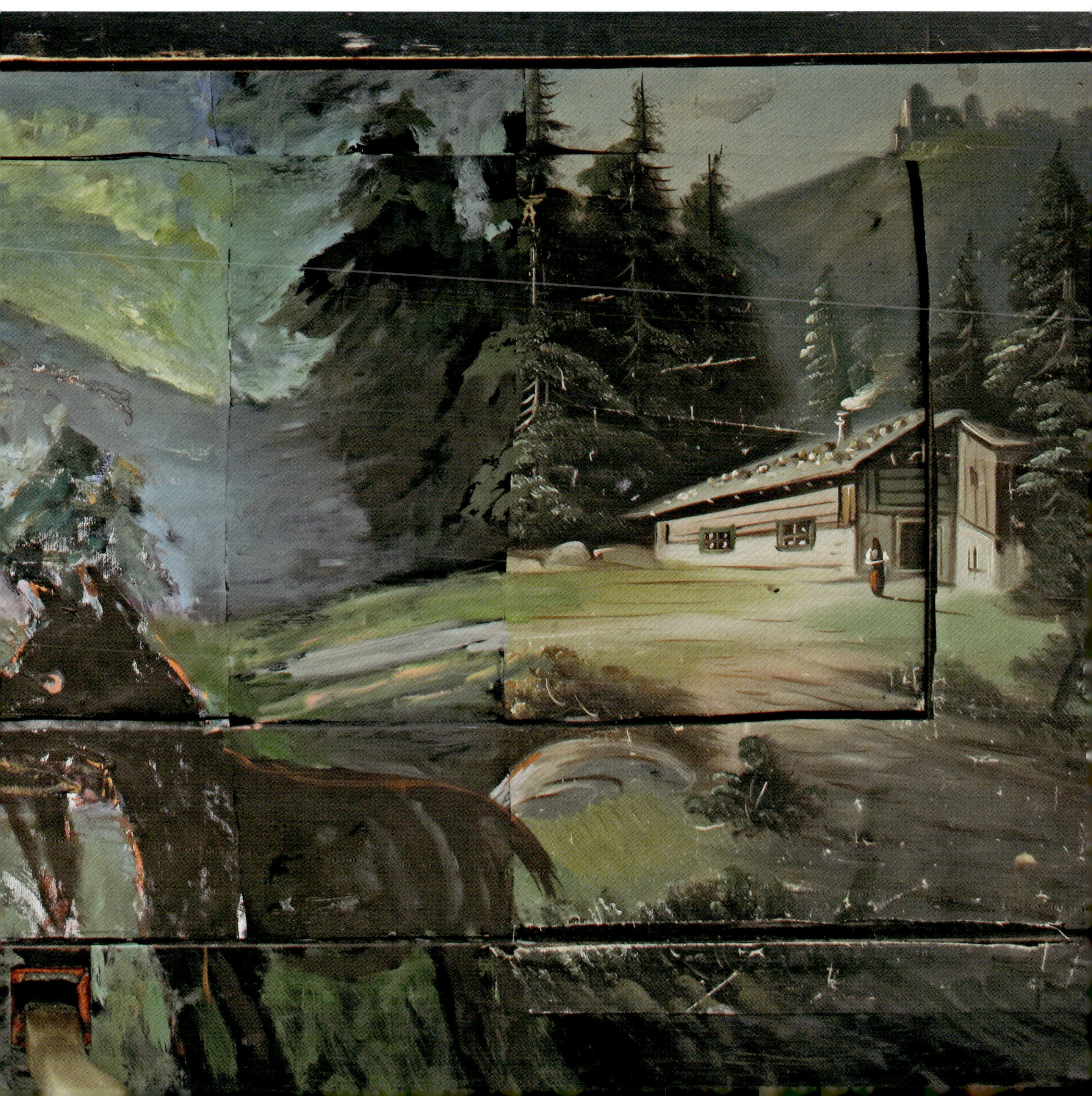

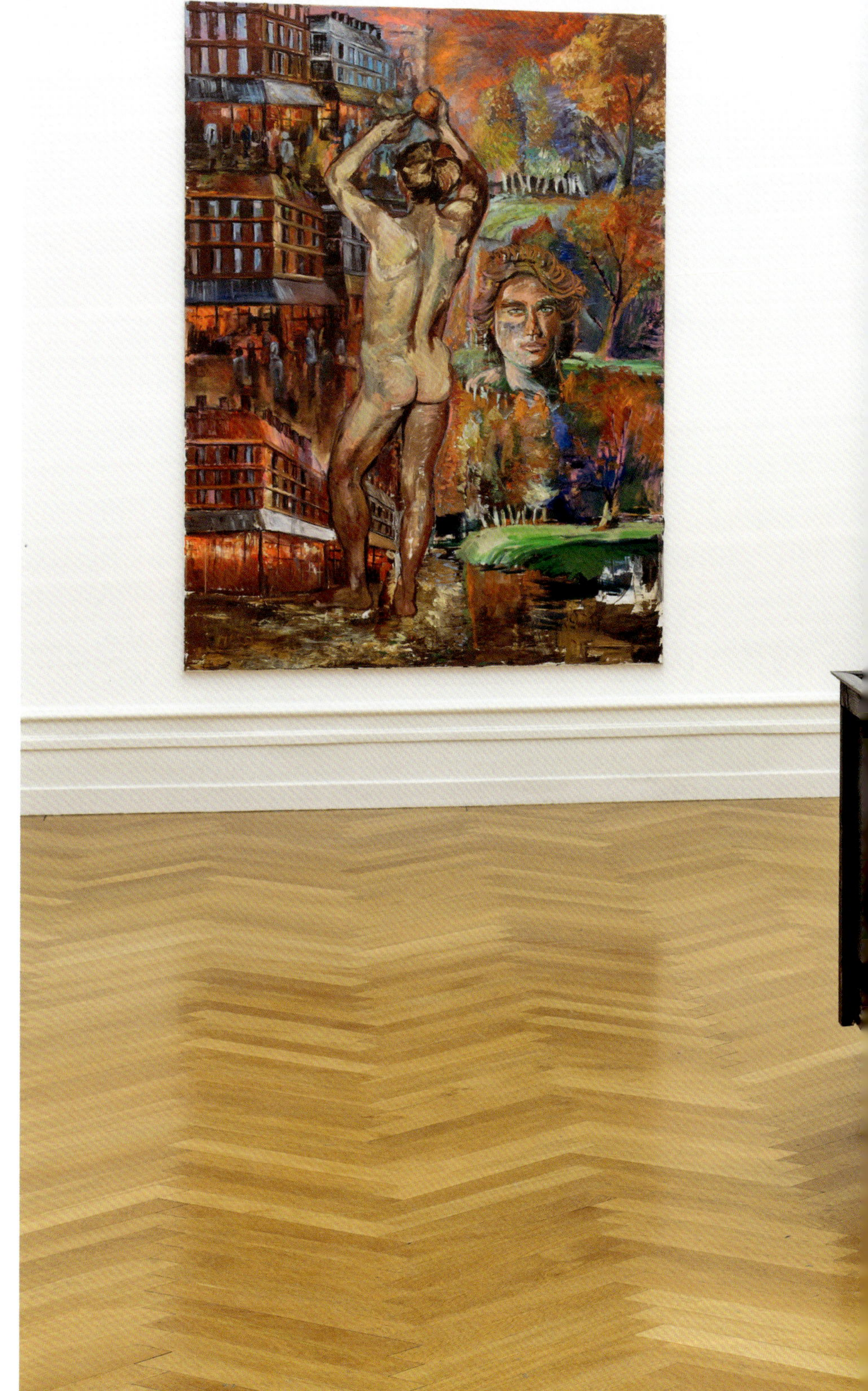

Kunsthalle Bern, 2019
Installationsansicht / Installation view
Im Vordergrund / In the foreground:
Der verkannte Bimpfi (The misjudged Bimpfi), 2016
Ölfarbe auf Beichtstuhl, Bett, Klavier / Oil on confessional, bed, piano
210 × 260 × 200 cm

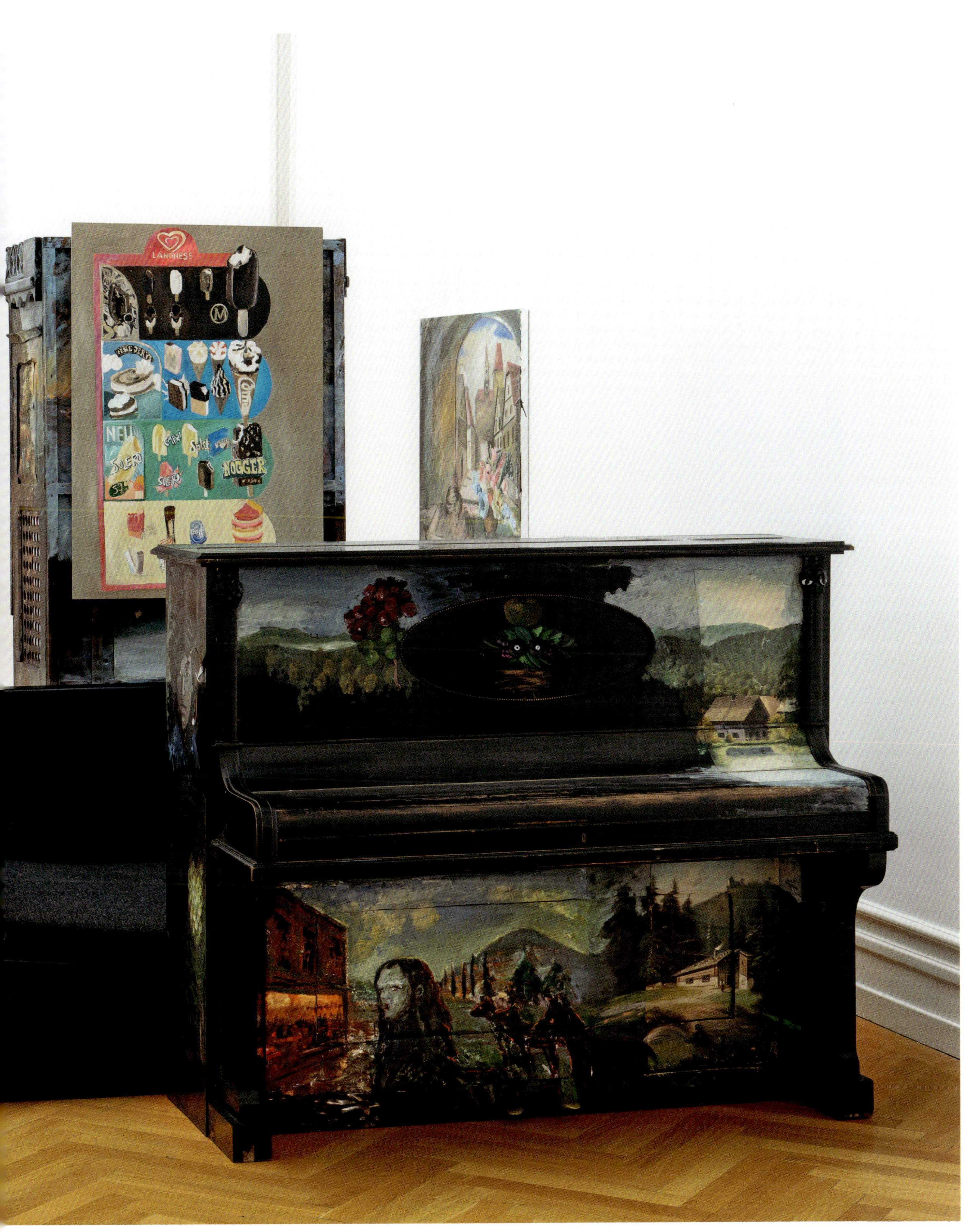
LANGNESE
M
NEU
SOLERO
Capri
Split
NOGGER
SOLERO

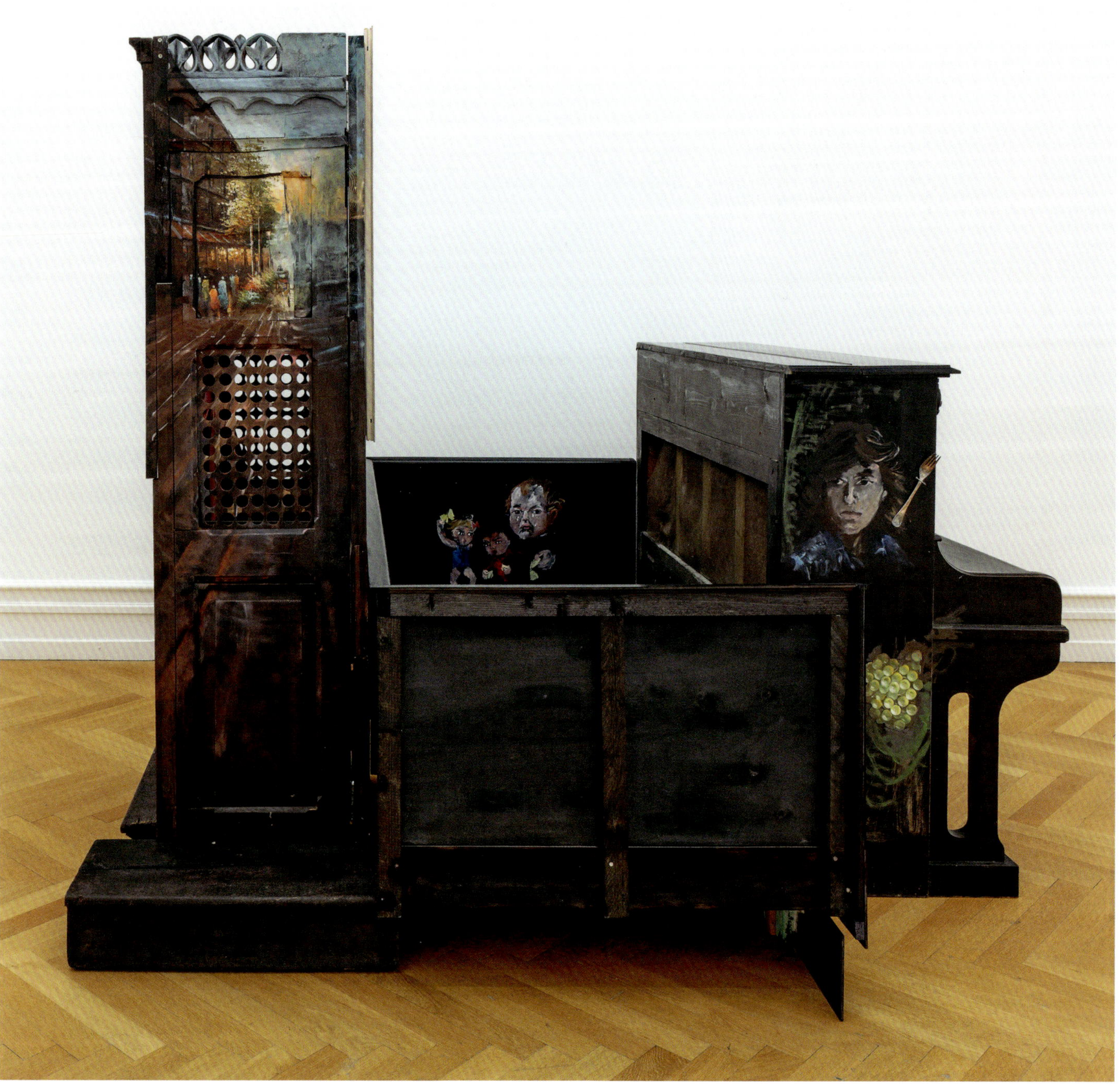

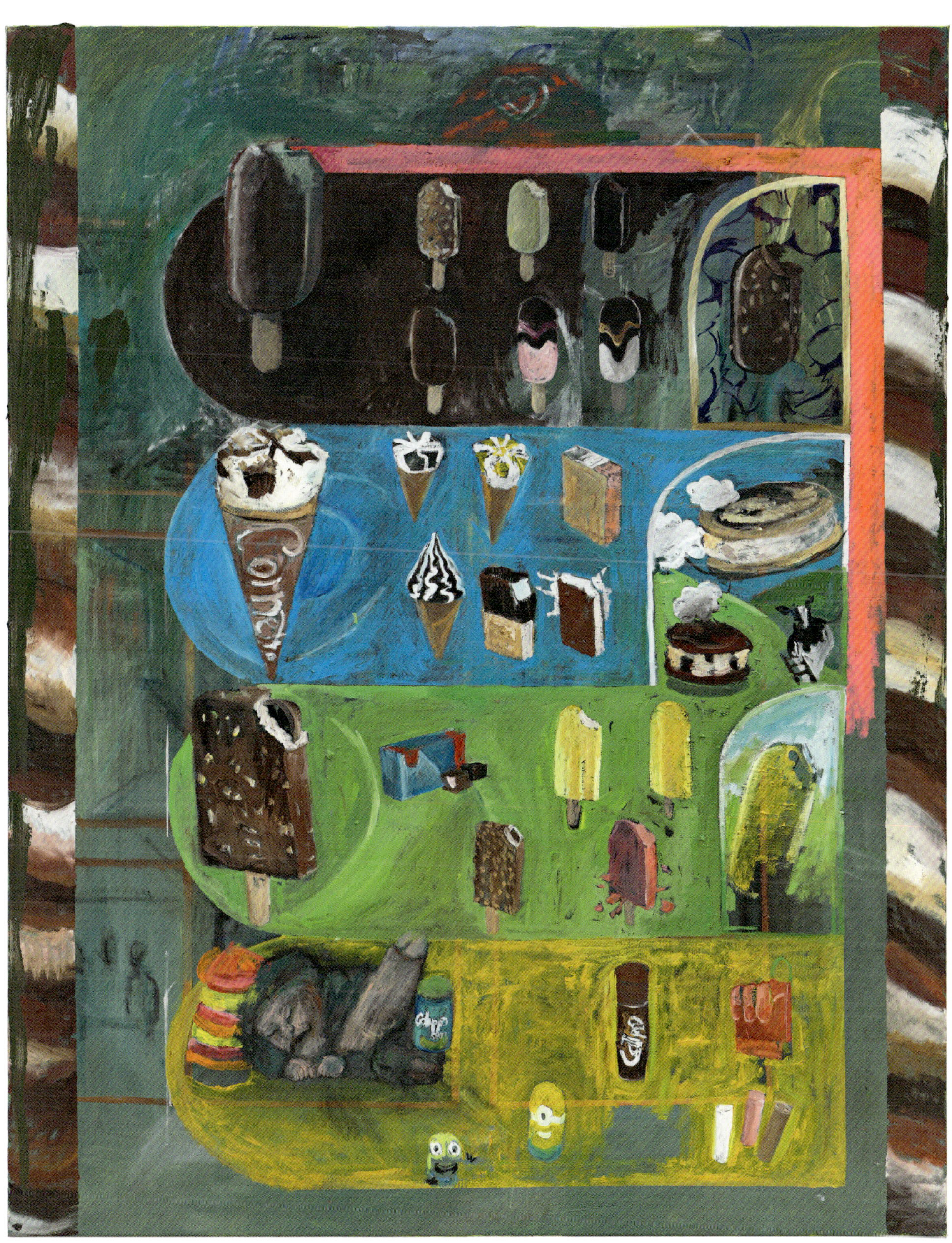

O.T. / Untitled, 2019
Öl auf Leinwand / Oil on canvas
180 × 140 cm

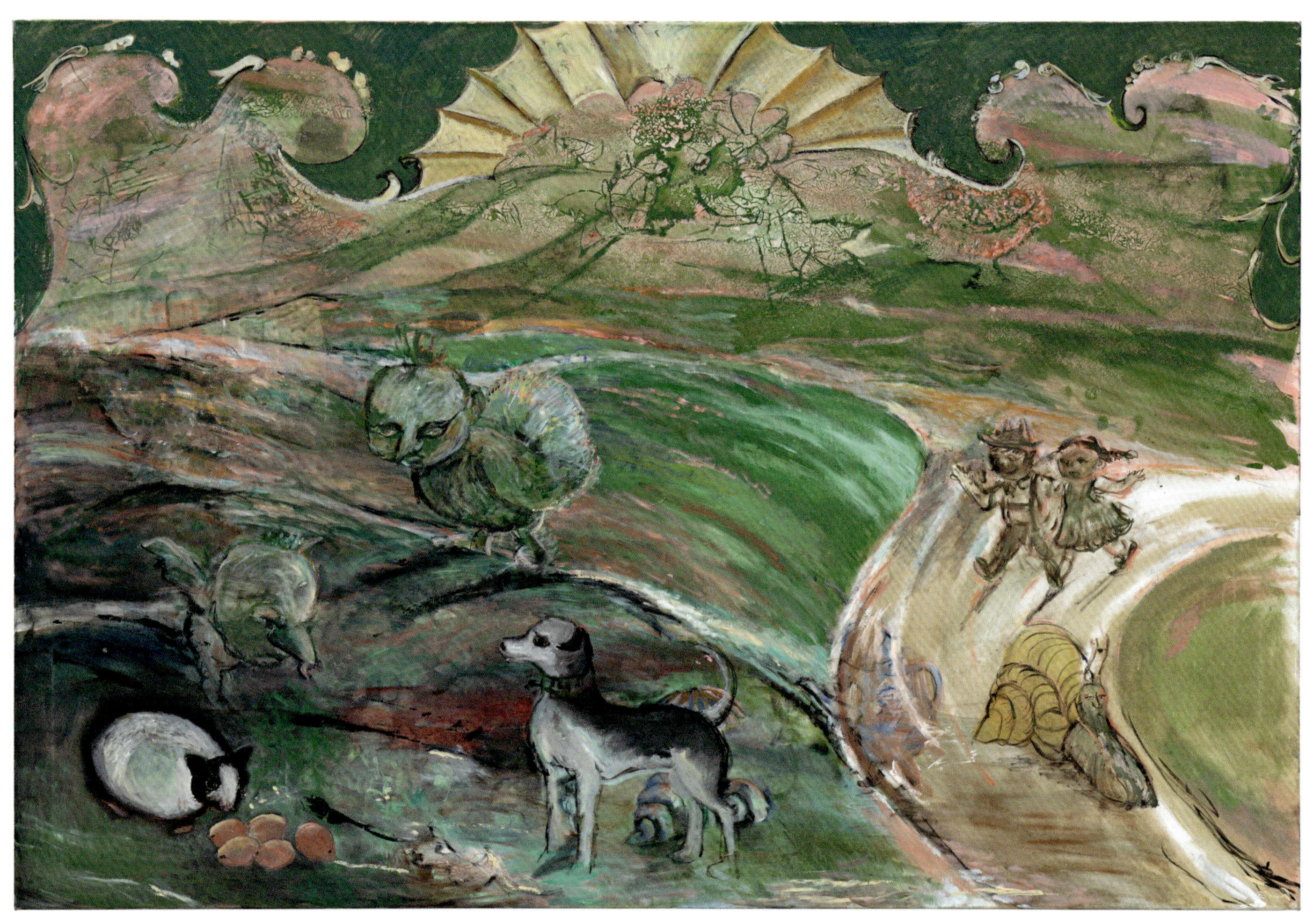

O.T. / Untitled, 2019
Öl auf Leinwand / Oil on canvas
140 × 200 cm

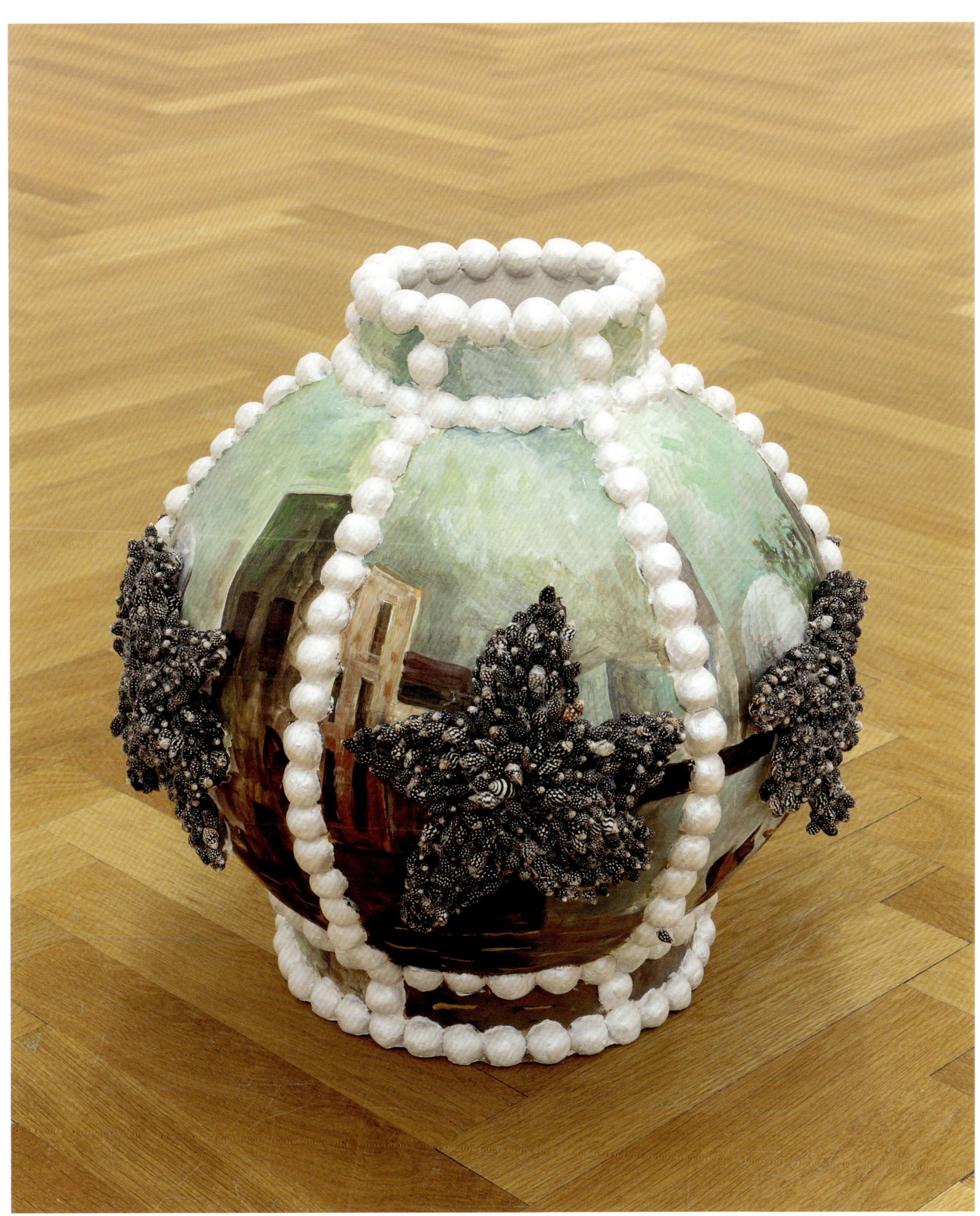

O.T. / Untitled, 2019
Zusammenarbeit mit / Collaboration with Nico Ihlein
Acryl, Muscheln auf Keramik / Acrylic, seashells on fired clay, 45 × 45 × 42 cm

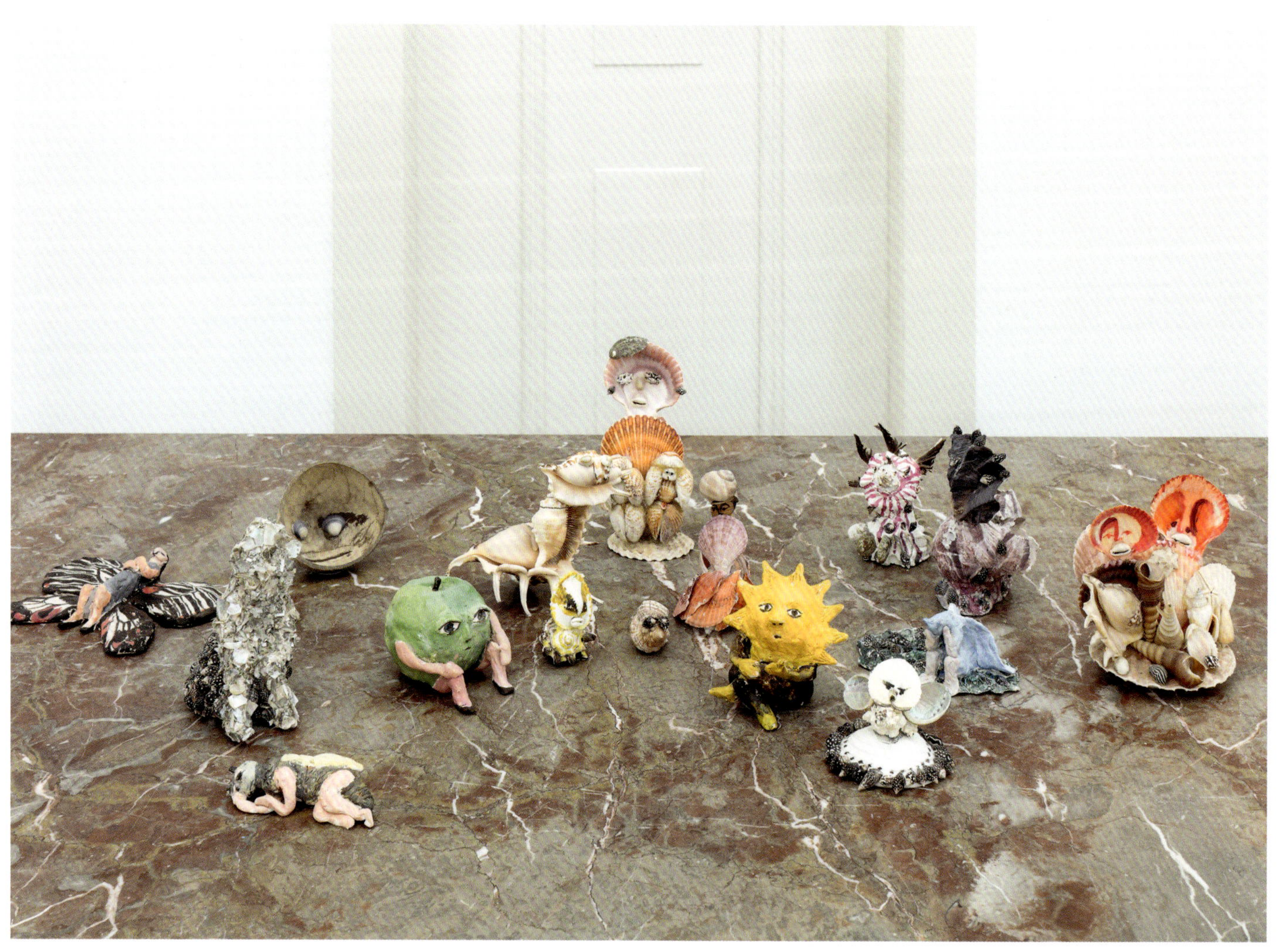

O.T. / Untitled, 2015–19
Acryl, Muscheln auf Keramik /
Acrylic, seashells on fired clay
Diverse Grössen / Different sizes

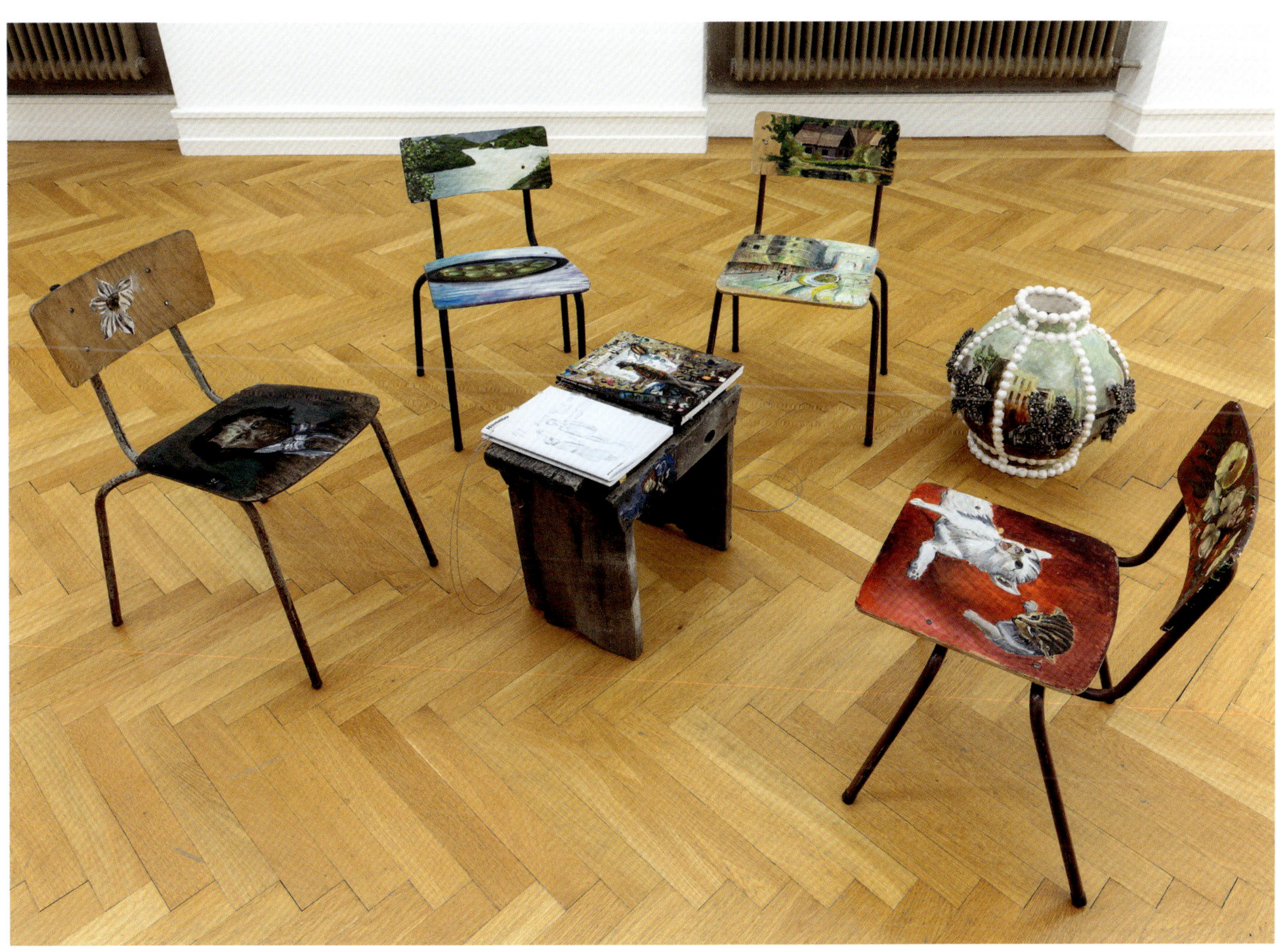

Stühle / Chairs, 2013–19
Öl auf Schulstühlen / Oil on
school chairs, 40 × 40 × 78 cm

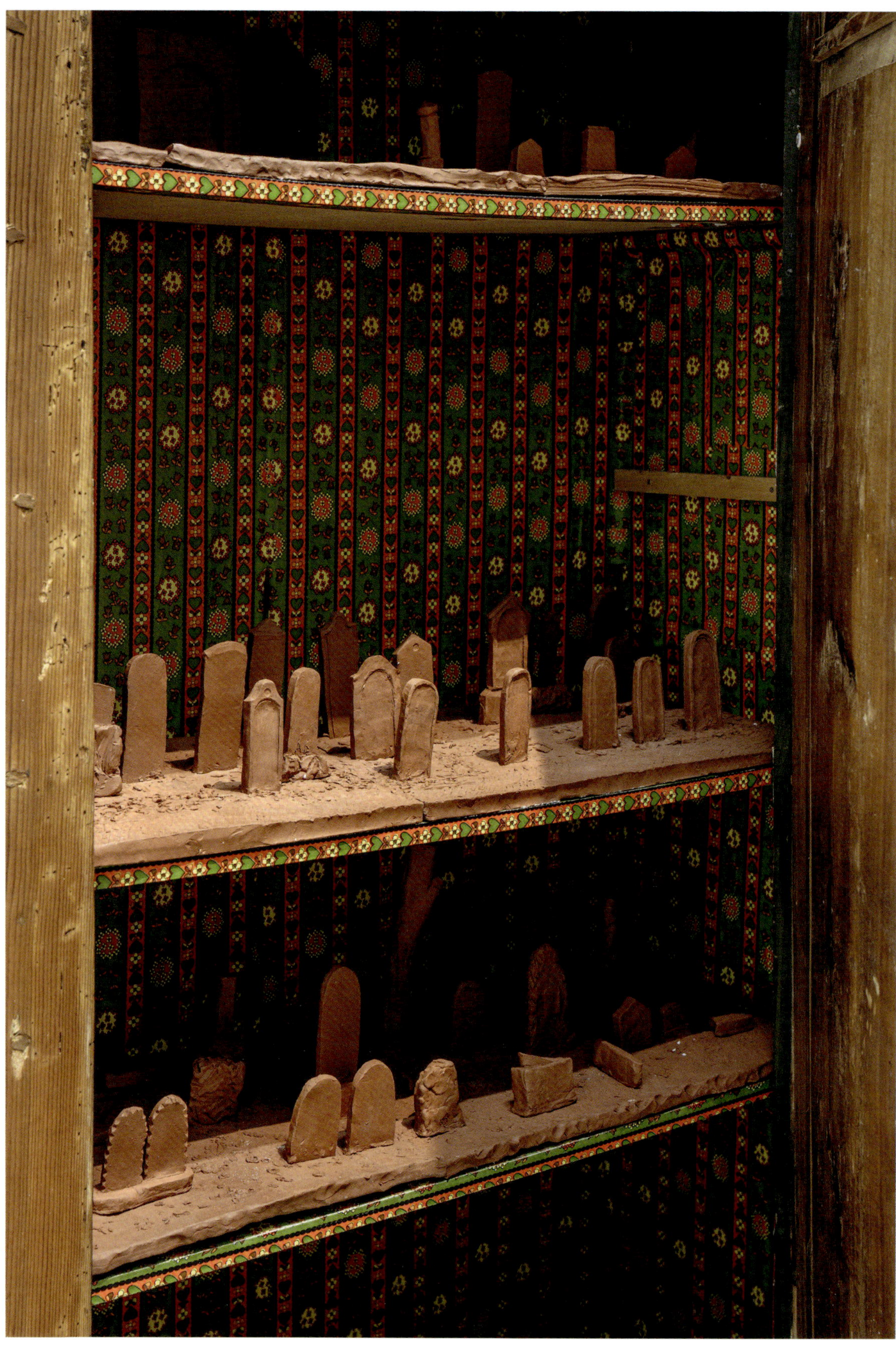

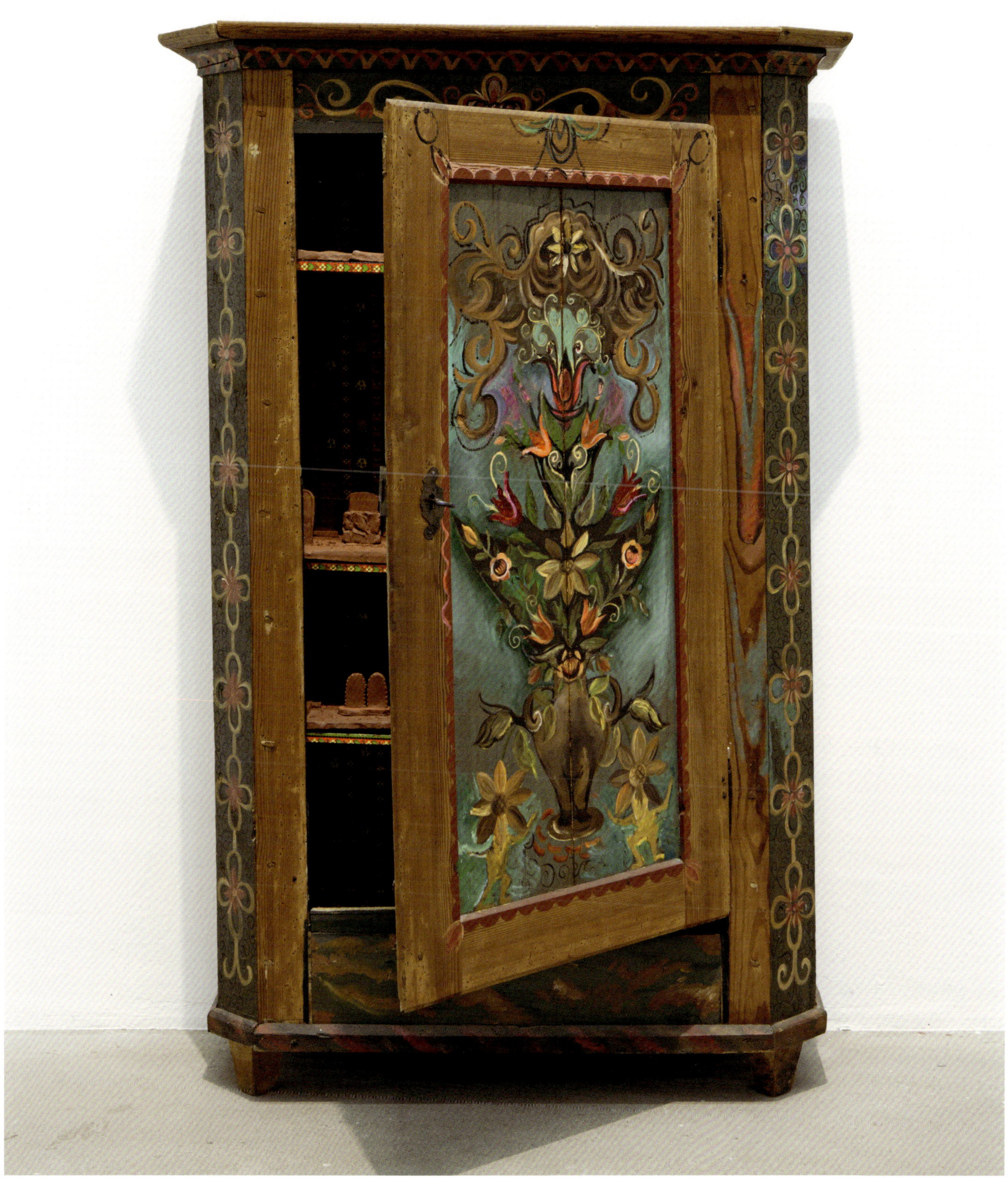

O.T. / Untitled, 2018
Öl auf Bauernschrank, Keramik /
Oil on rustic cupboard, fired clay
170 × 130 × 50 cm

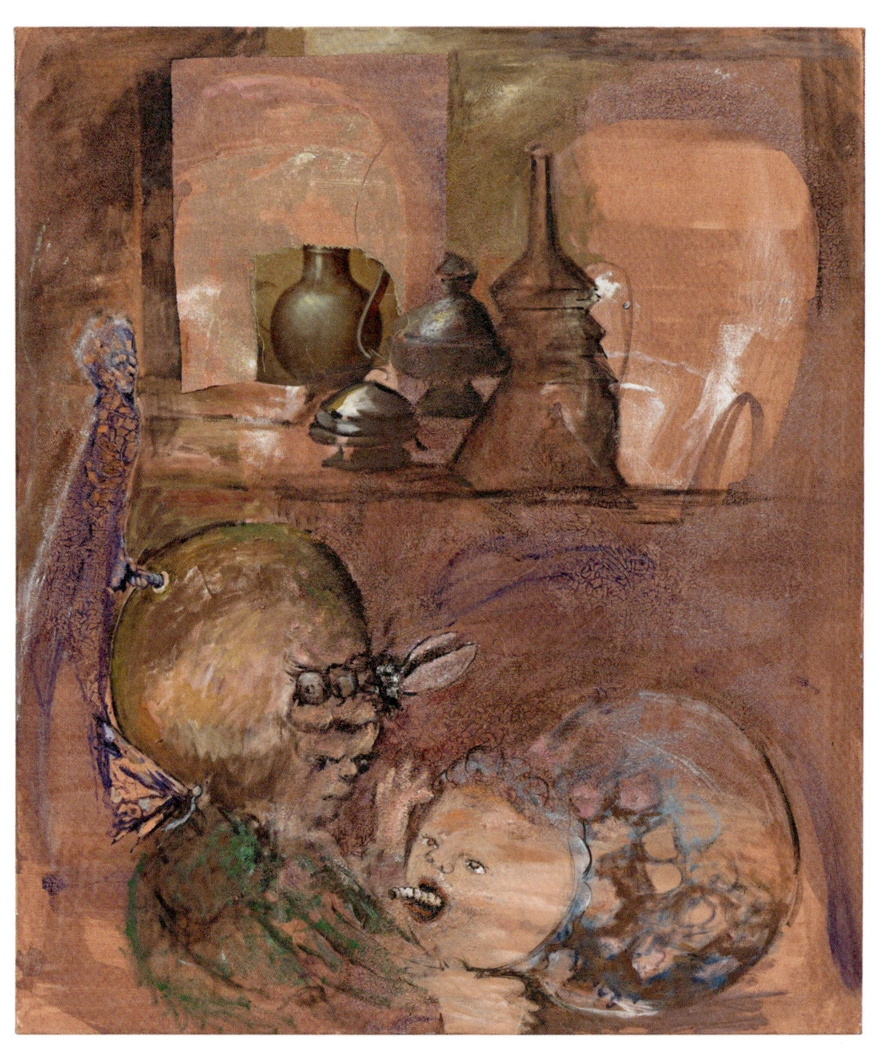

Selbstporträt mit Schwester, 2018
Öl und Ölbild auf Leinwand /
Oil and oil painting on canvas
100 × 80 cm

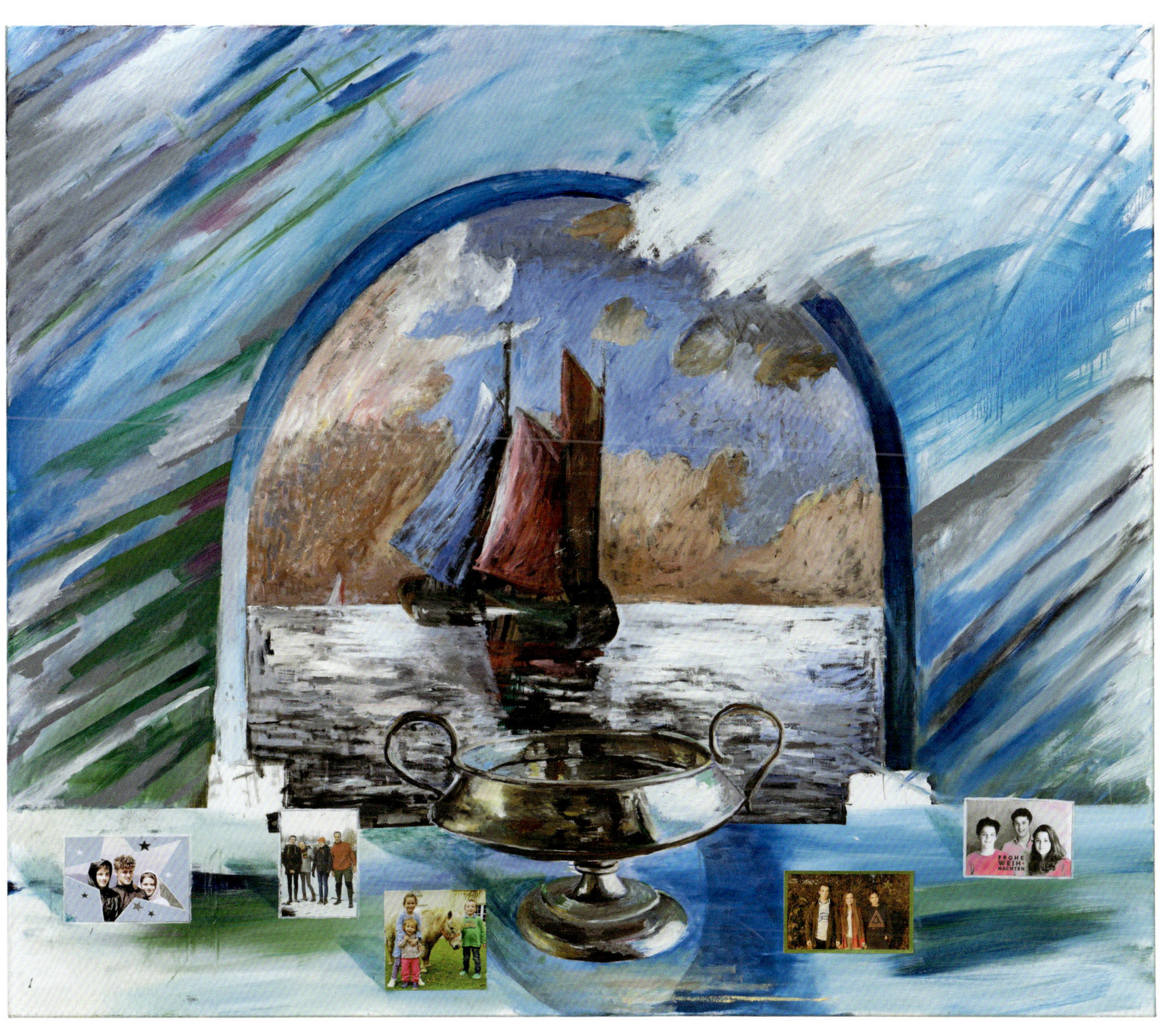

O.T. / Untitled, 2019
Öl und Fotografien auf Leinwand /
Oil and photographs on canvas
140 × 160 cm

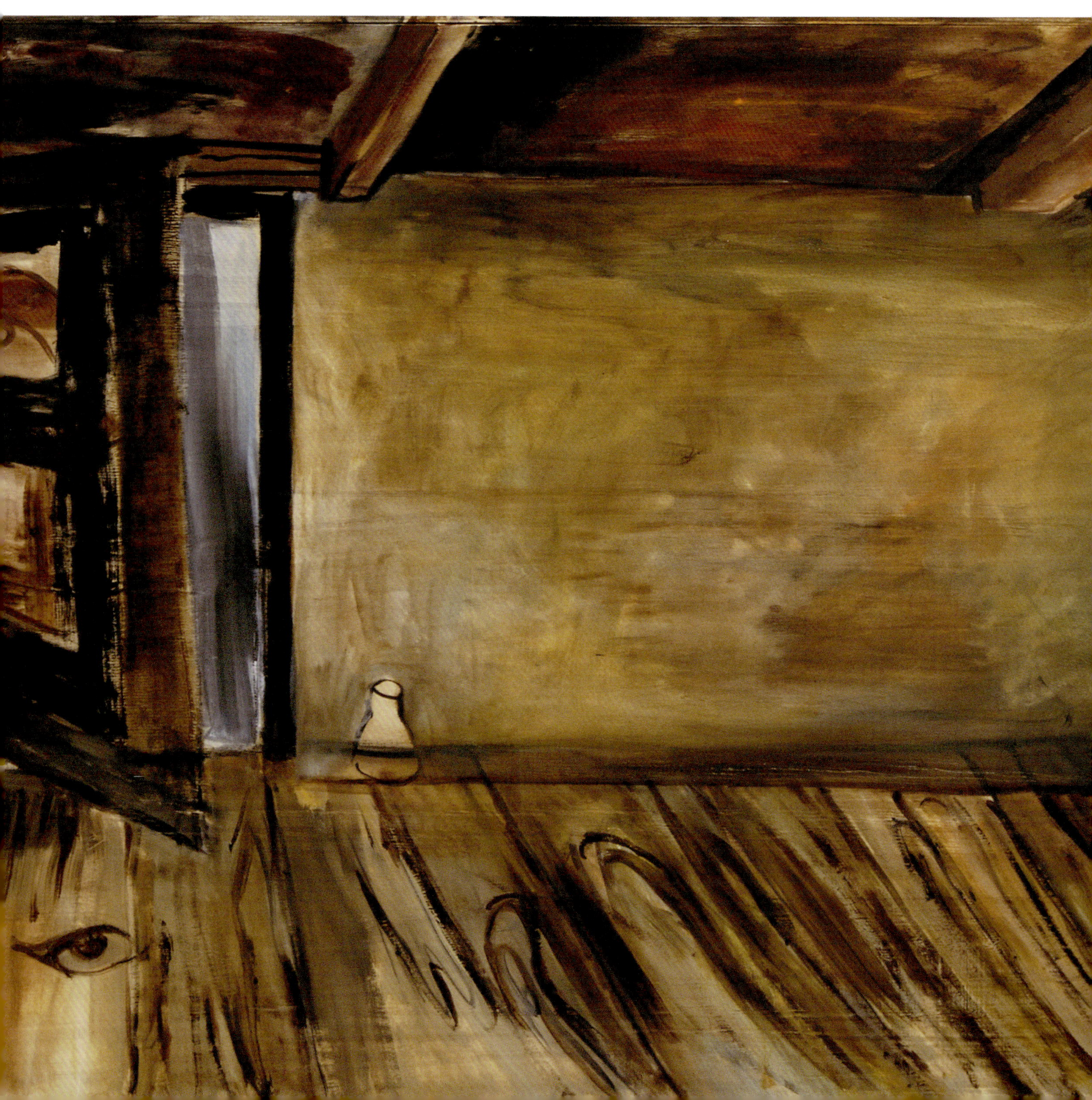

Amelie von Wulffen
KW Institute for Contemporary Art, Berlin
17.3.– 24.5.2021

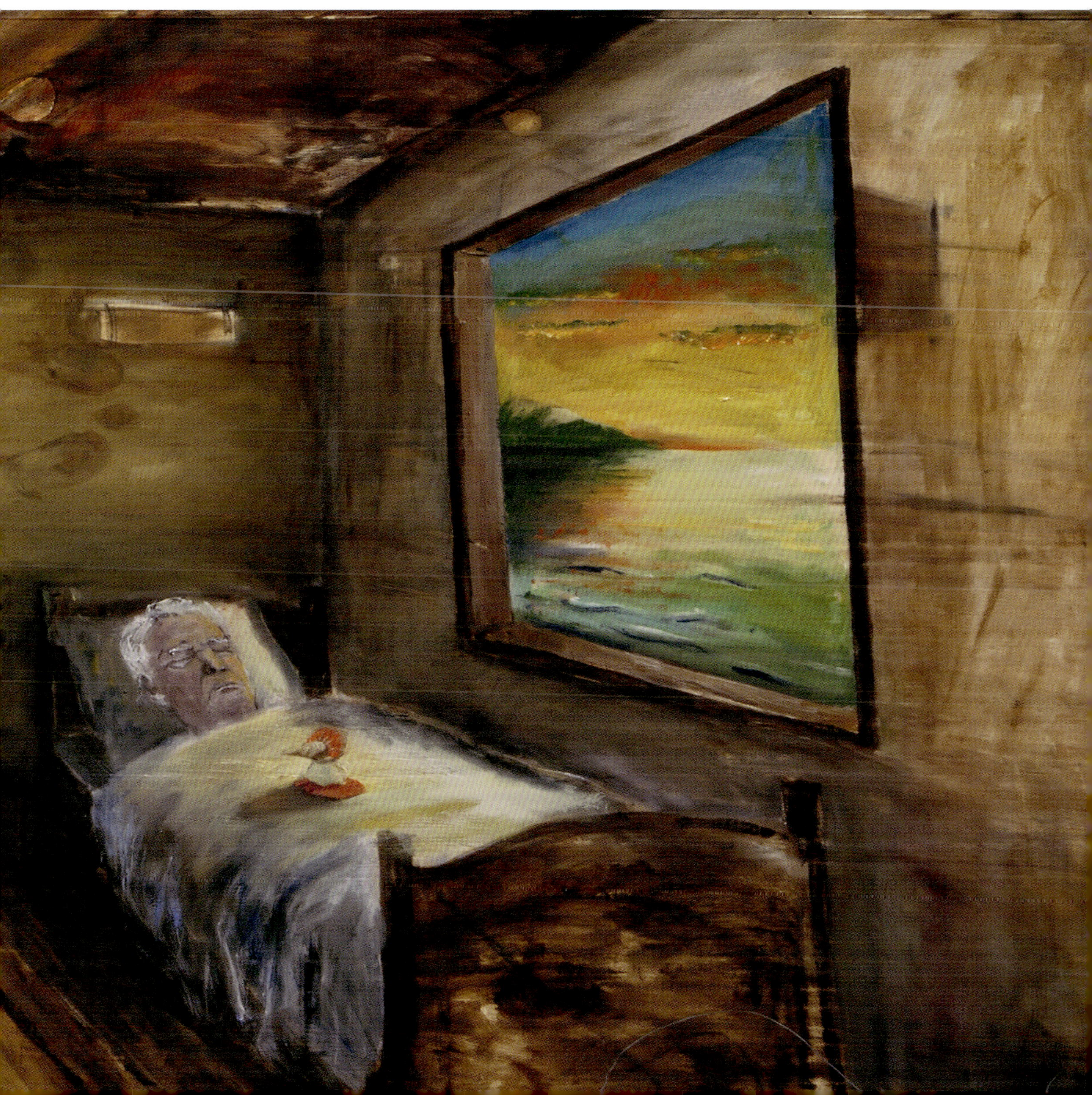

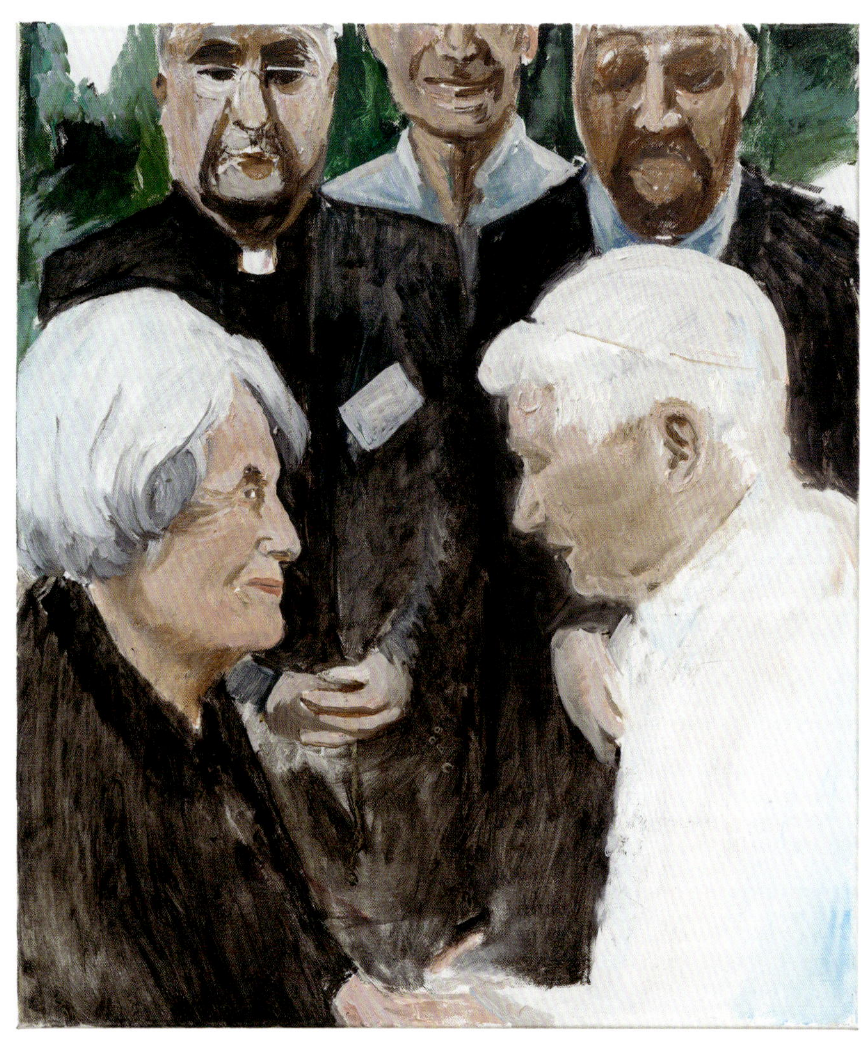

Bayerische Kindheiten, 2020
Öl auf Leinwand / Oil on canvas
60 × 50 cm

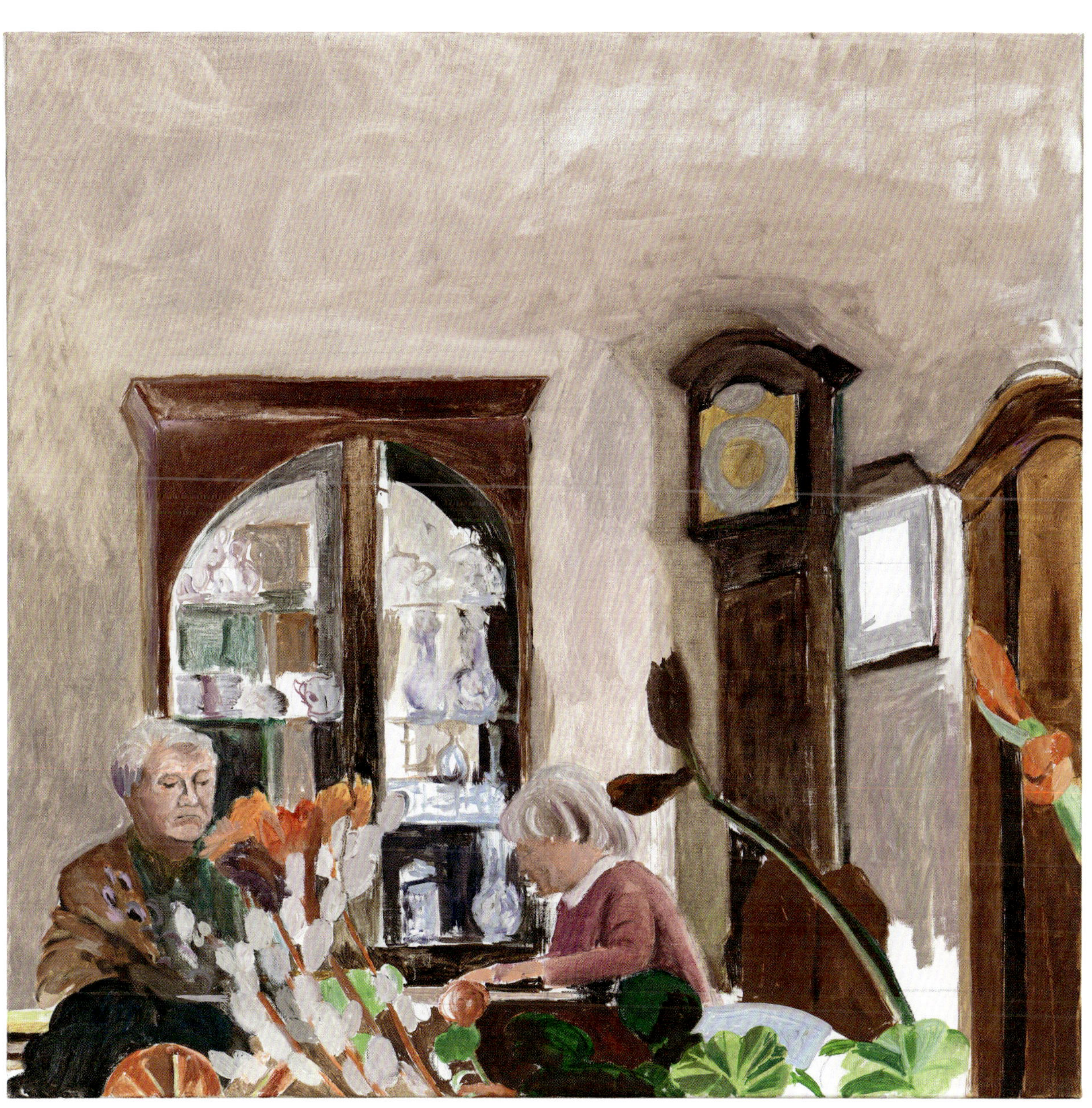

Wer hätte das gedacht?, 2020
Öl auf Leinwand / Oil on canvas
80 × 80 cm

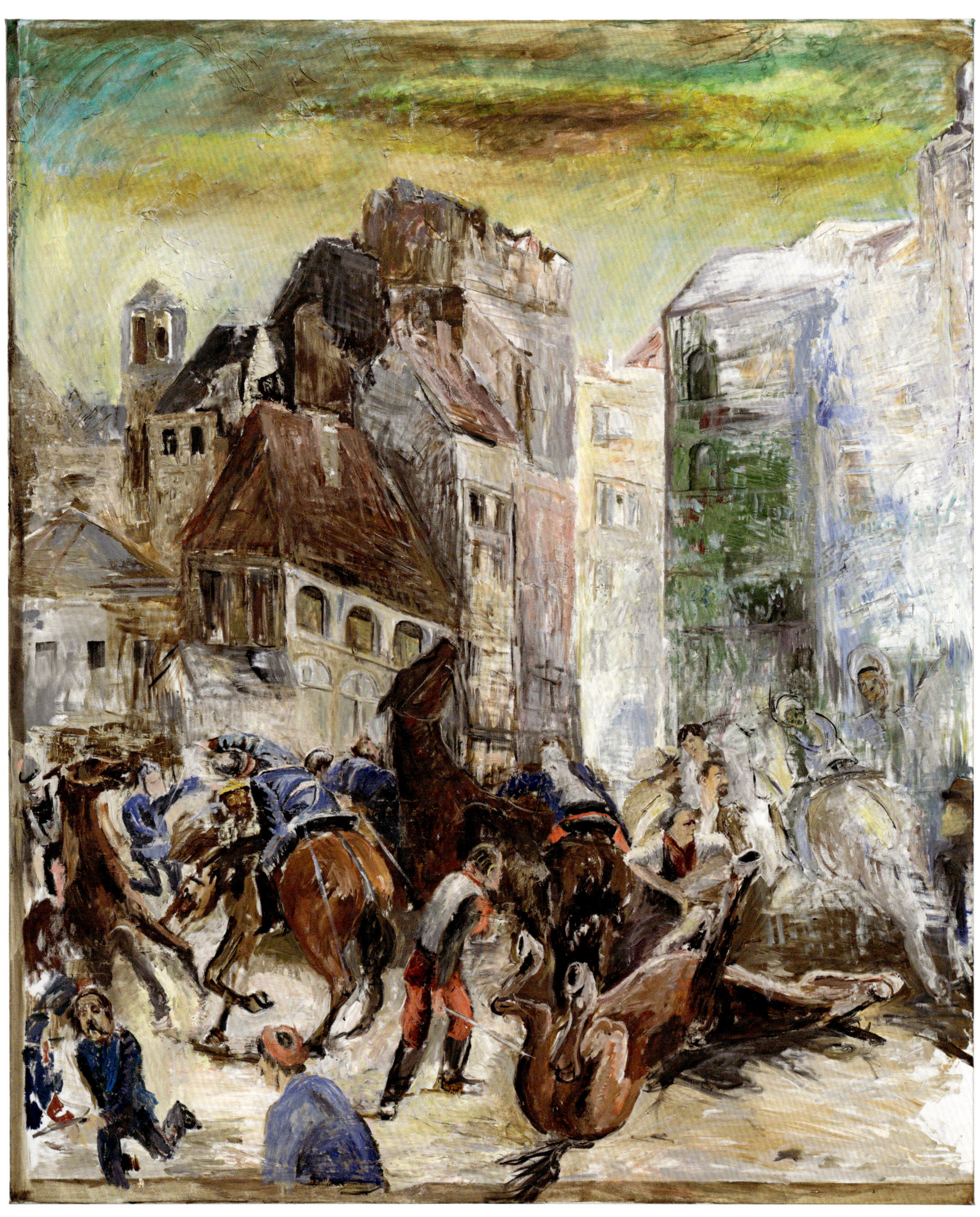

O.T. / Untitled, 2020
Öl auf Leinwand / Oil on canvas
210 × 170 cm

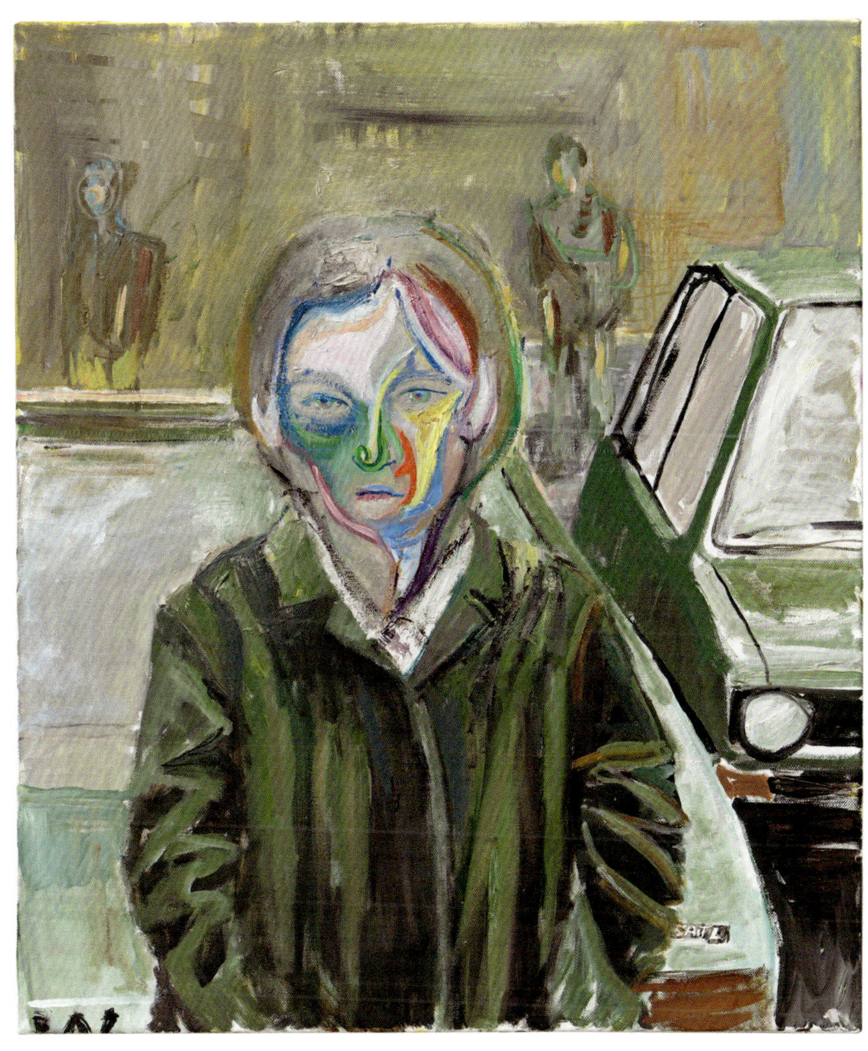

Regensburg, 2018–20
Öl auf Leinwand / Oil on canvas
60 × 50 cm

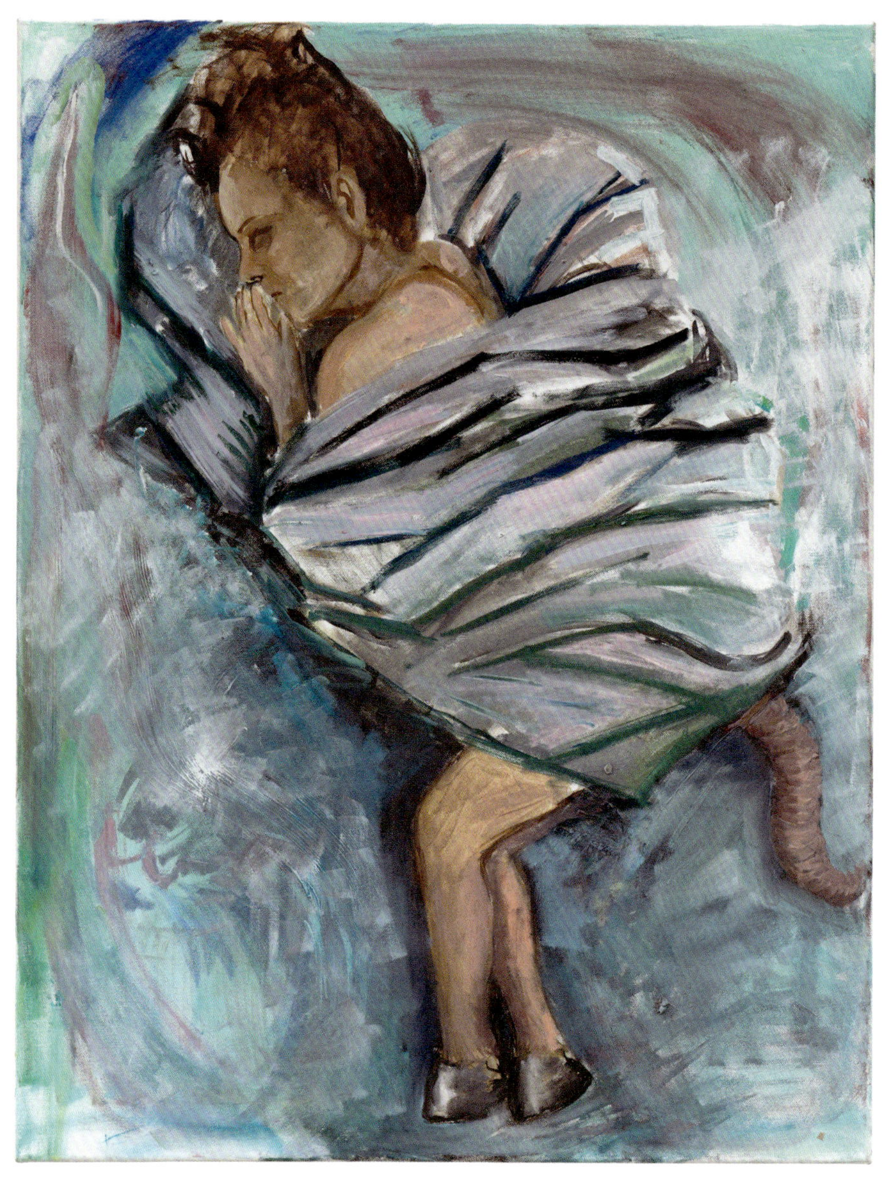

Selbst als Huftier, 2019
Öl auf Leinwand / Oil on canvas
80 × 60 cm

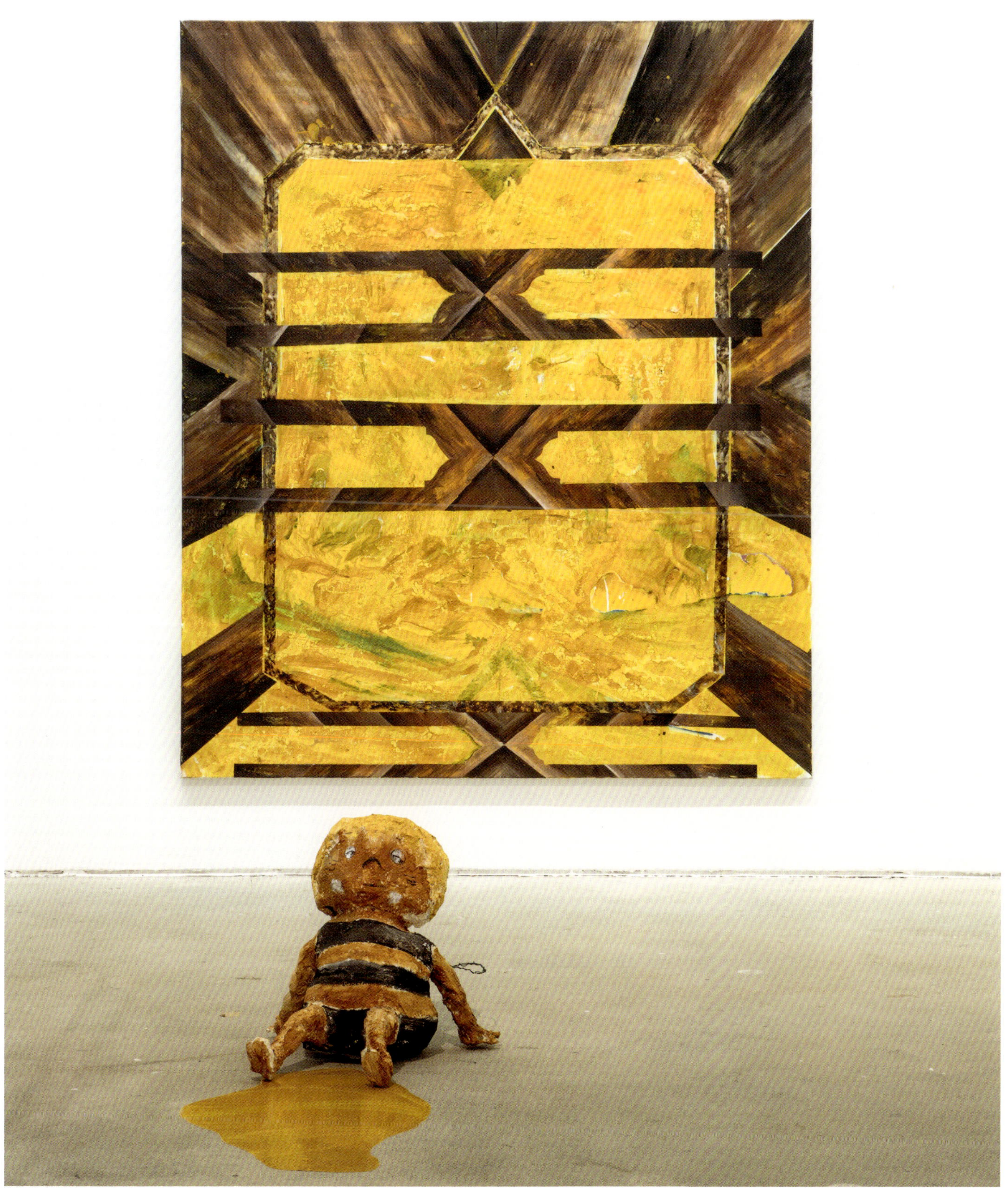

Bernsteinzimmer und / and *Biene Maja*, 2020
Öl auf Leinwand / Oil on canvas; Acryl, Acryllack, Papiermaché / Acrylic, acrylic lacquer, papier-mâché, 230 × 190 cm, 30 × 40 × 60 cm

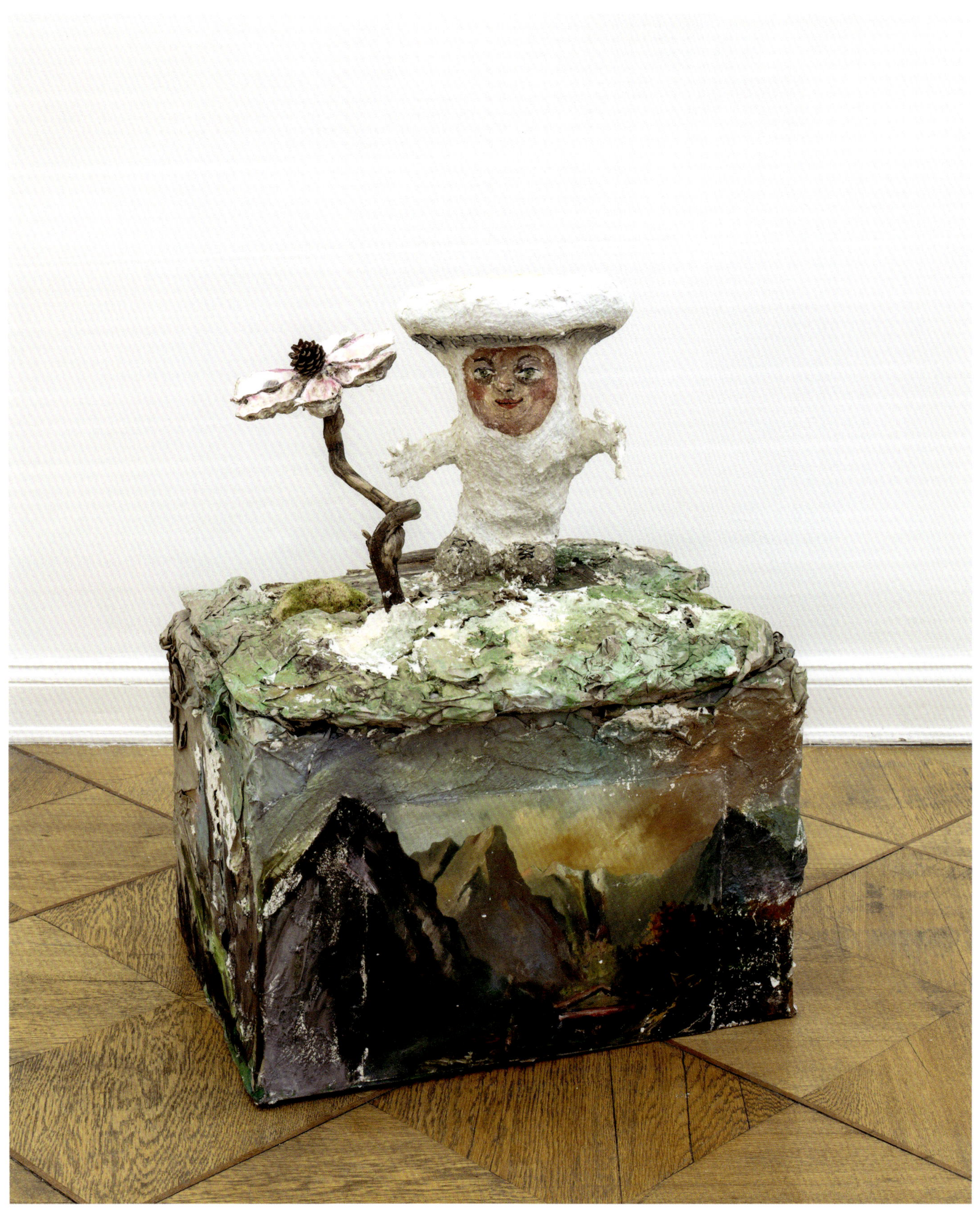

Bimpfi, 2020
Acryl, Aquarell, Papiermaché, Austernschalen, Holz / Acrylic, watercolour, papier-mâché, oyster shells, wood, 70 × 50 × 50 cm

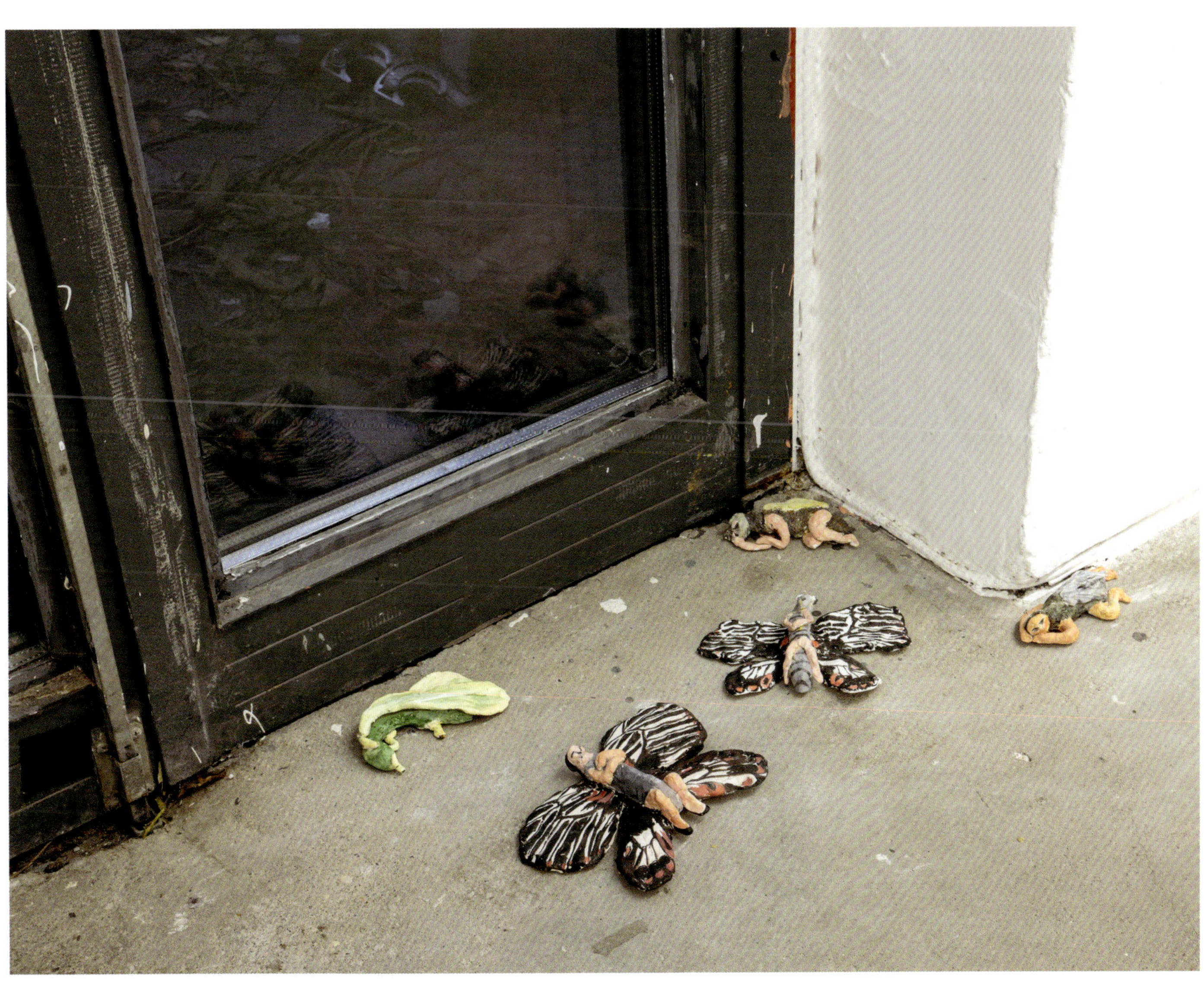

O.T. / Untitled, 2015
Acryl auf Keramik / Acrylic on fired clay
Verschiedene Grössen / Various sizes

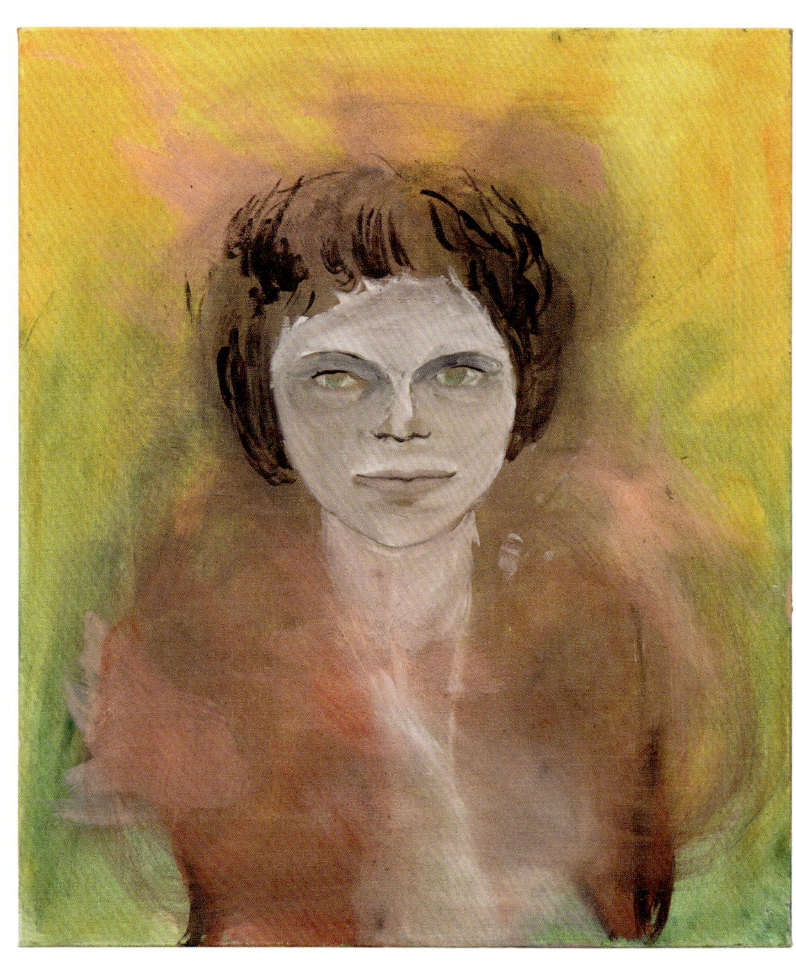

Das Tinchen, 2020
Öl auf Leinwand / Oil on canvas
60 × 50 cm

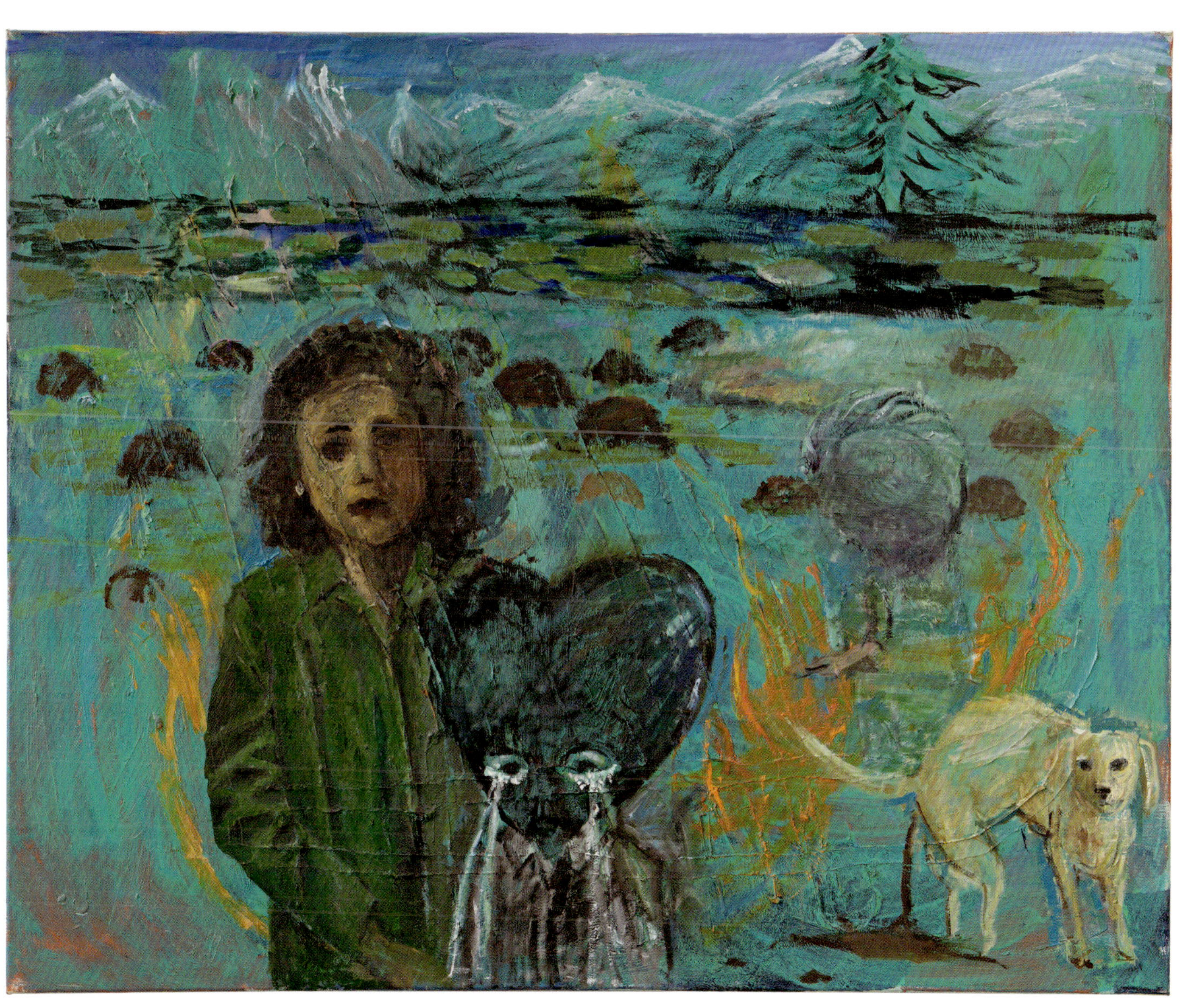

Modriger Sommer, 2019
Öl auf Leinwand / Oil on canvas
100 × 120 cm

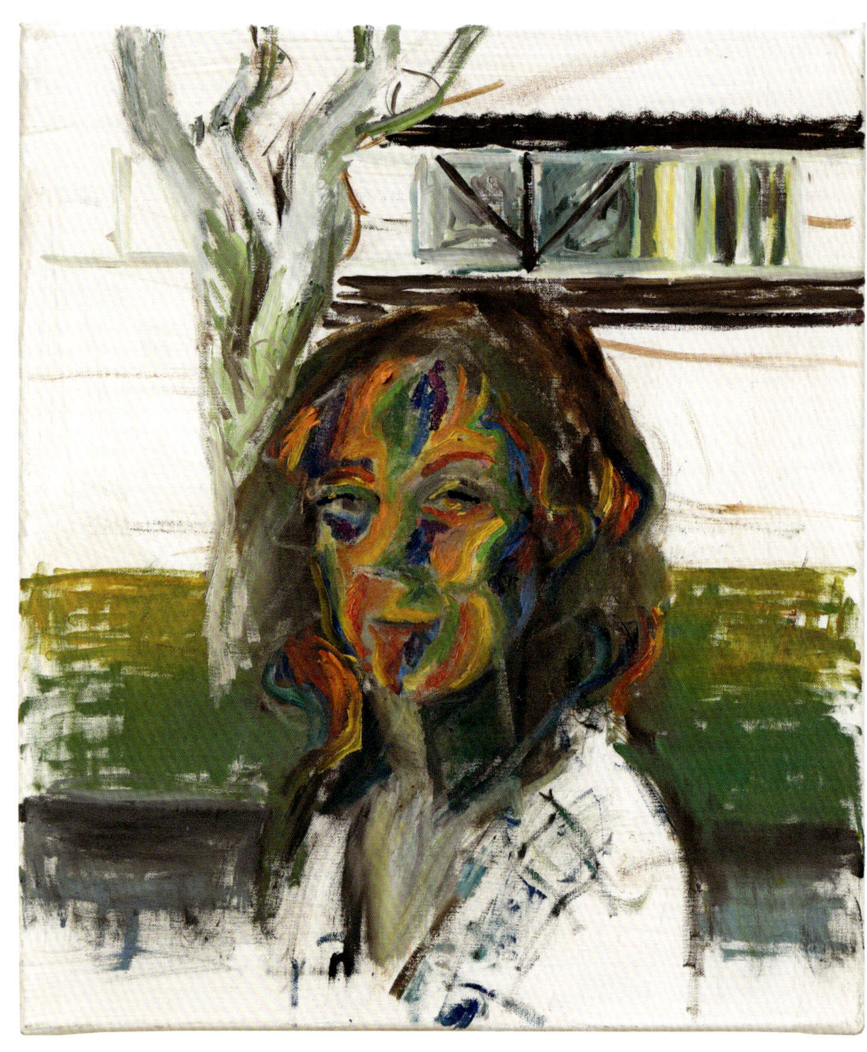

Selbst, sehr super, 2020
Öl auf Leinwand / Oil on canvas
60 × 50 cm

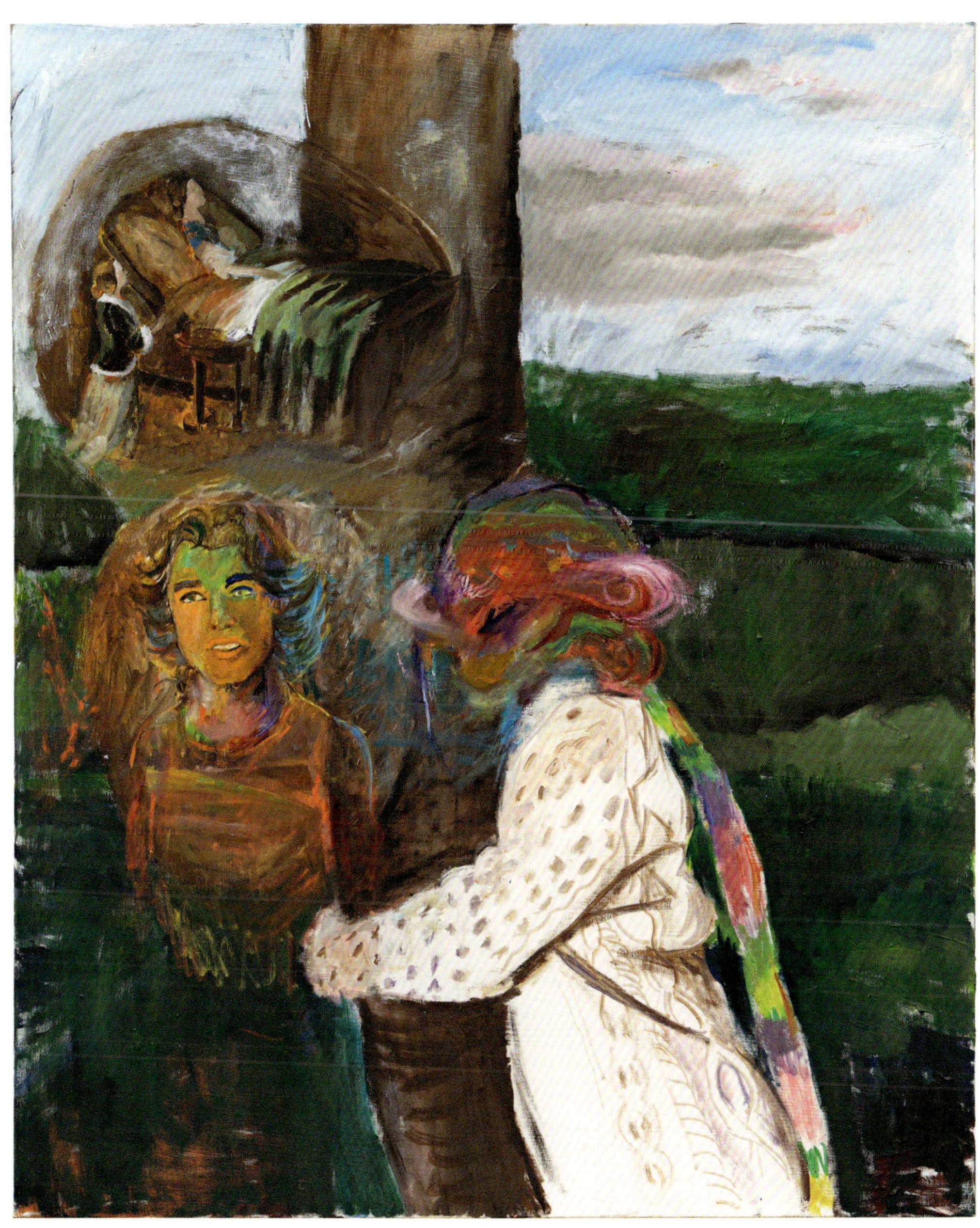

Treehugger, 2017–20
Öl auf Leinwand / Oil on canvas
100 × 80 cm

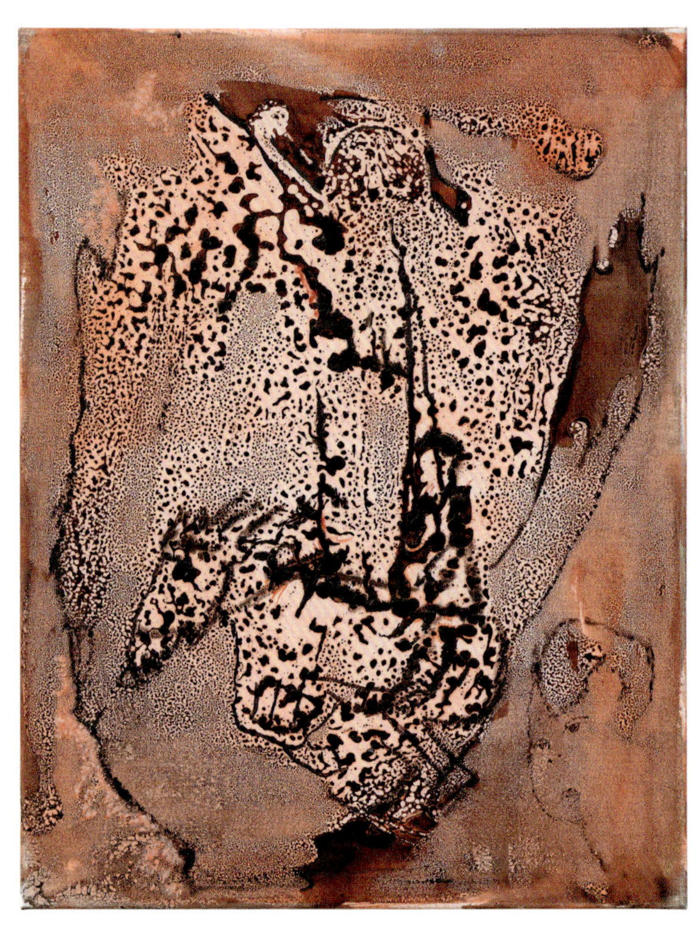

Reiter, 2019
Öl auf Leinwand / Oil on canvas
80 × 60 cm

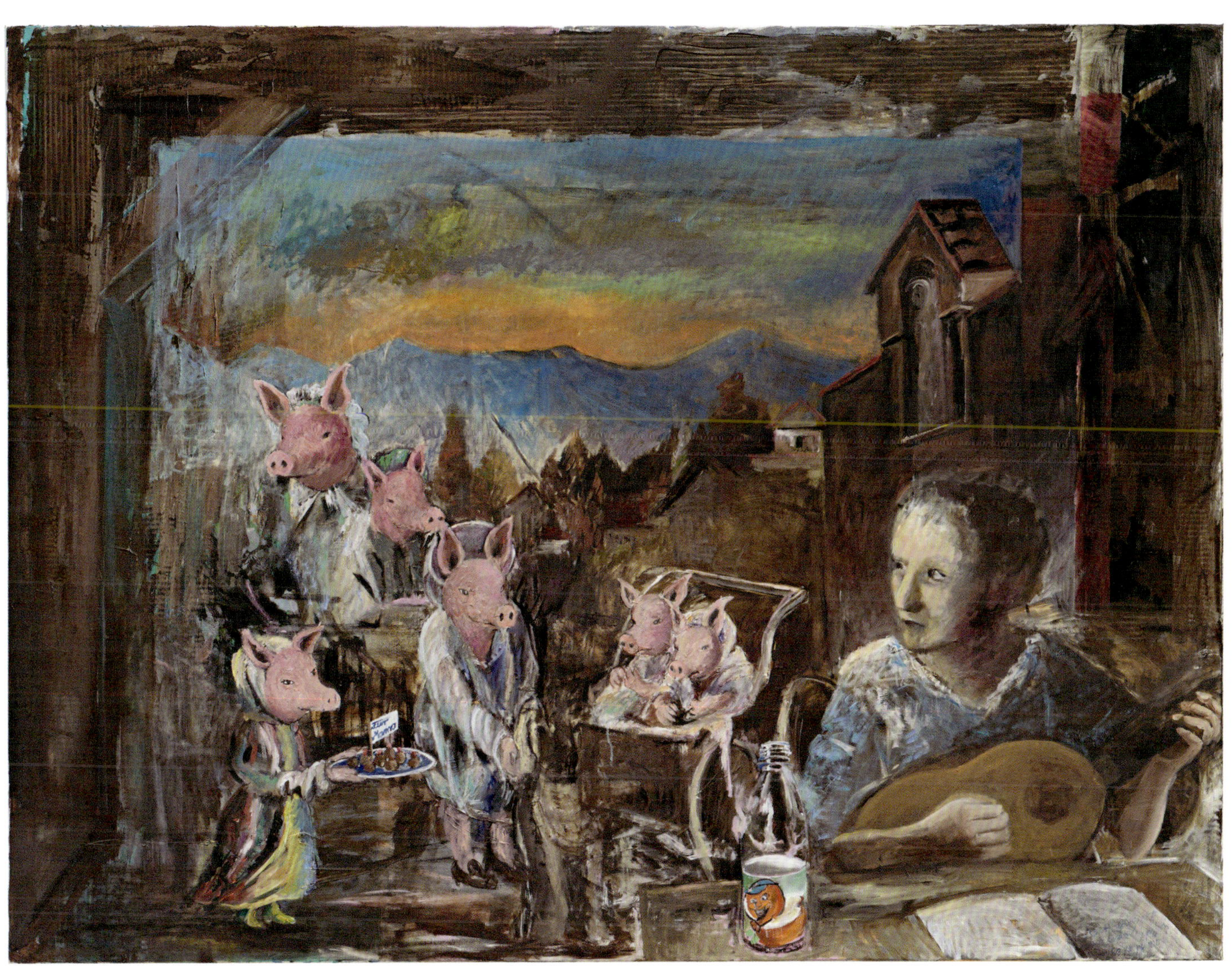

Musische Mutter, 2019
Öl auf Leinwand / Oil on canvas
140 × 10 cm

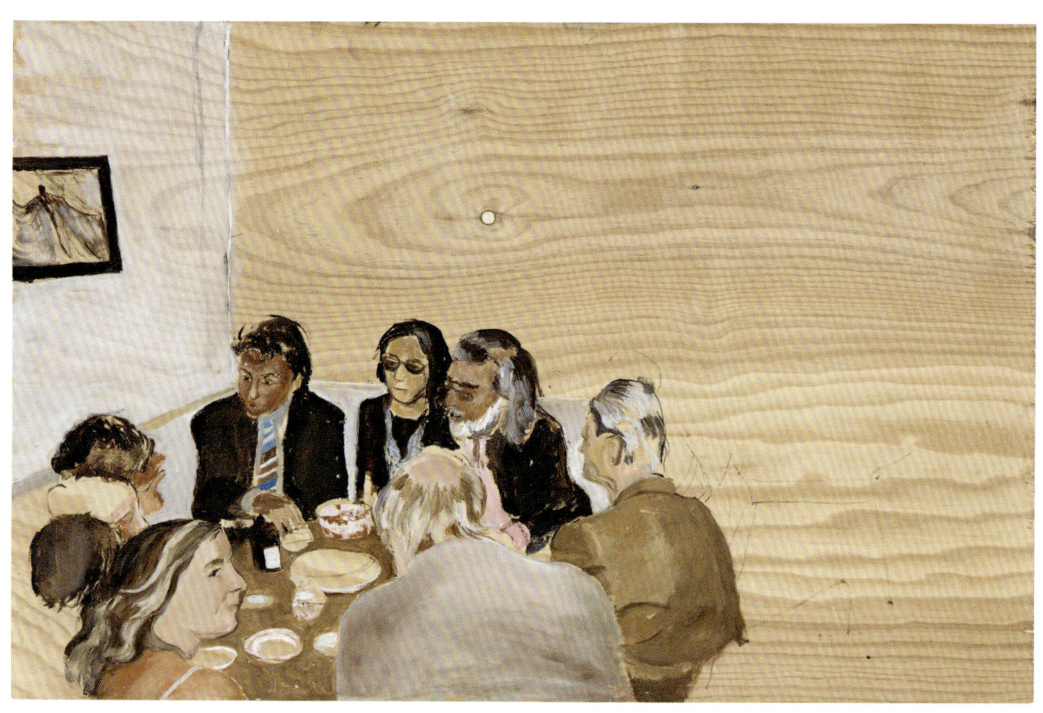

Michael Ende und die Dissidenten, 2019
Öl auf Holz / Oil on wood
60 × 90 cm

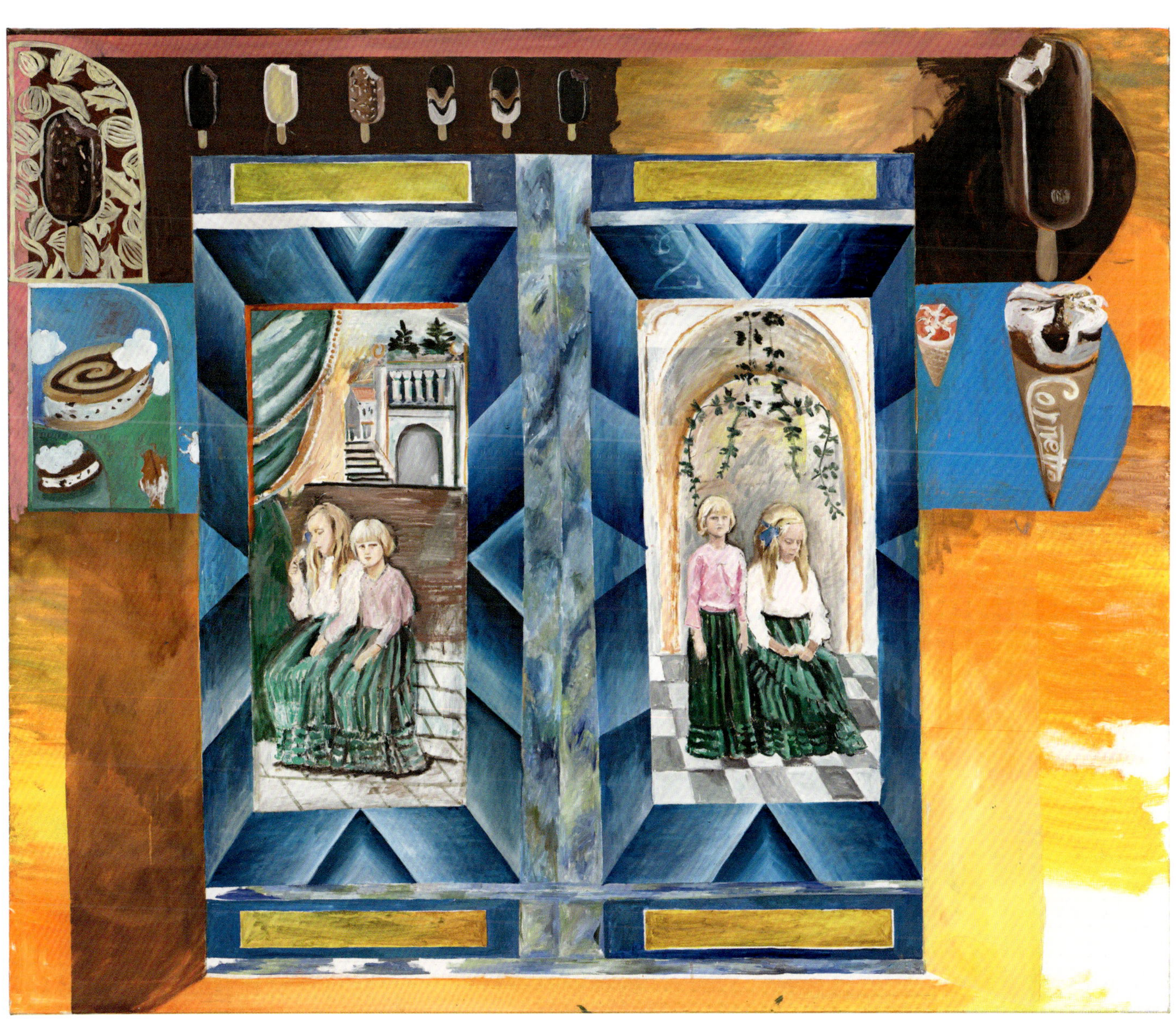

Schwestern im Schrank, 2020
Öl auf Leinwand / Oil on canvas
180 × 210 cm

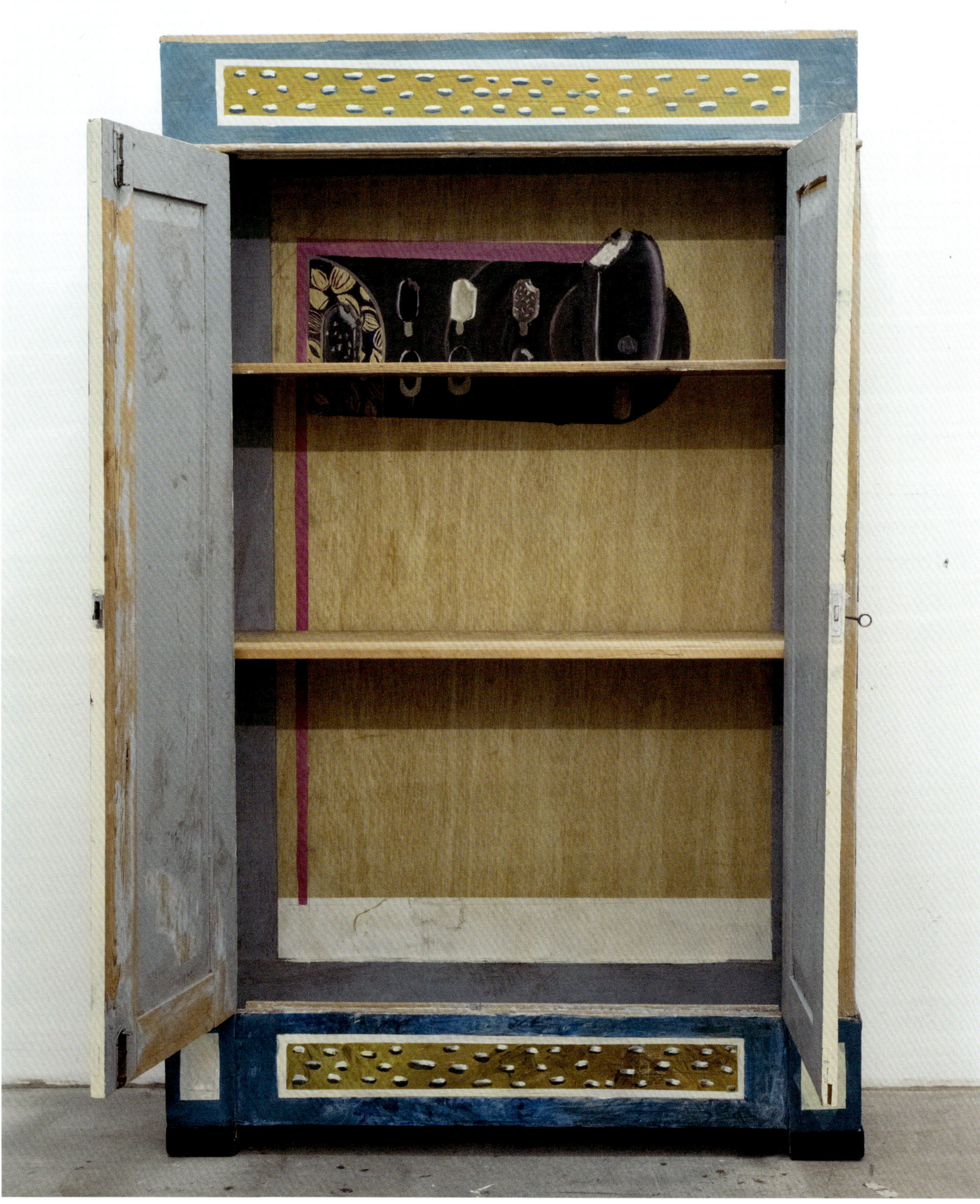

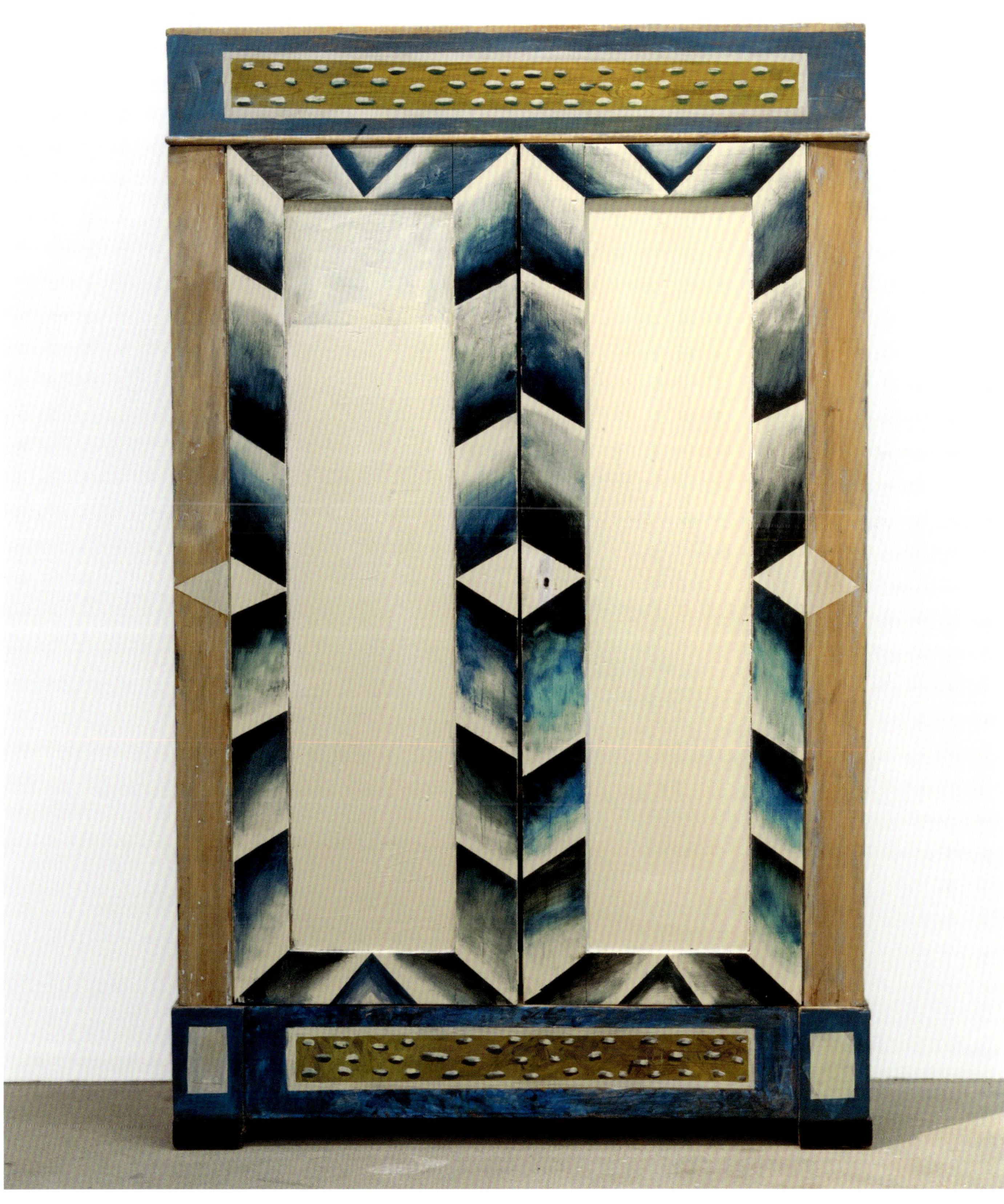

O.T. / Untitled (M.P.), 2019
Öl auf Holz / Oil on wood
210 × 140 × 55 cm

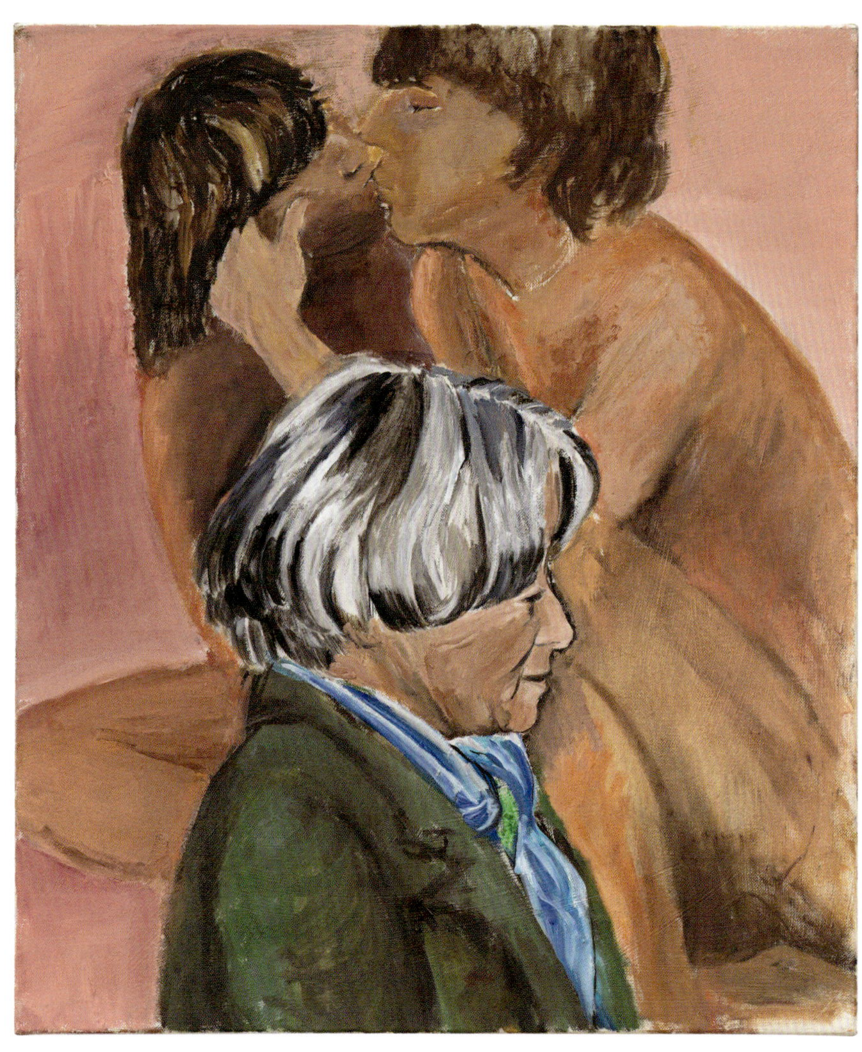

Jugend und Sex, 2019
Öl auf Leinwand / Oil on canvas
60 × 50 cm

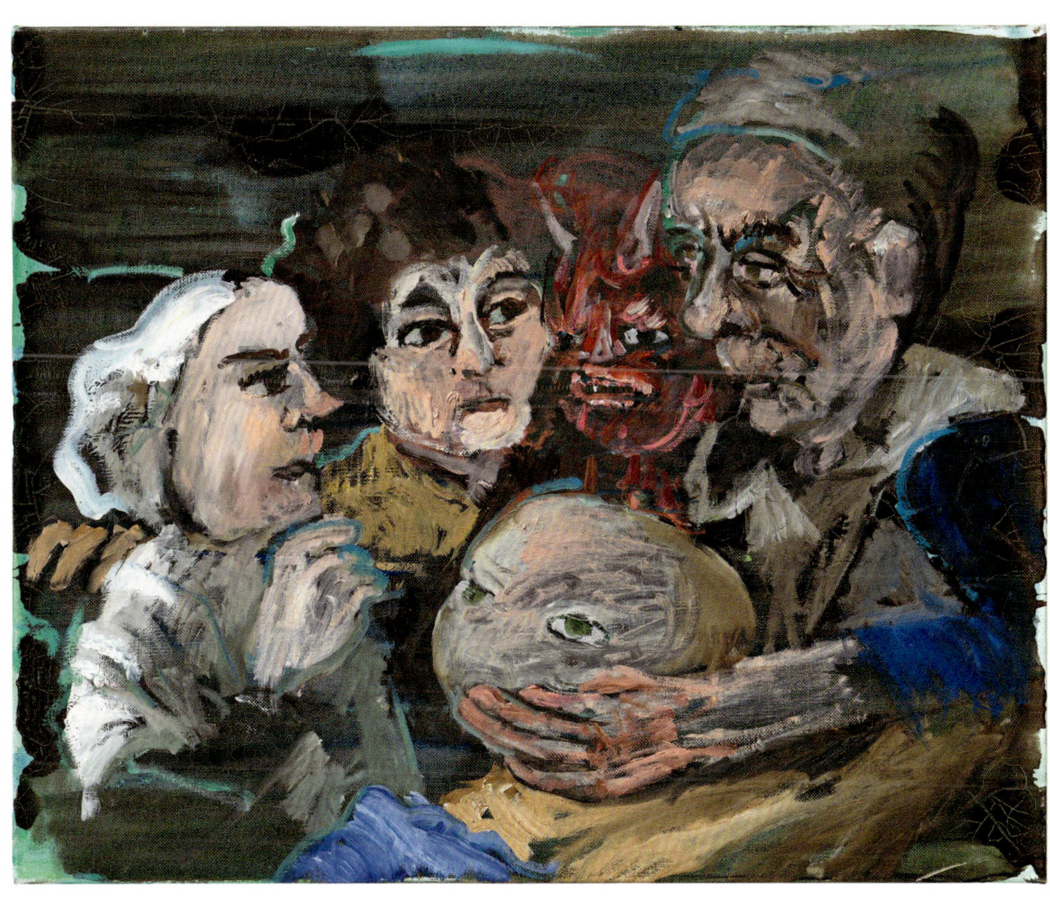

Großmutters Aufklärungskunde, 2019
Öl auf Leinwand / Oil on canvas
50 × 60 cm

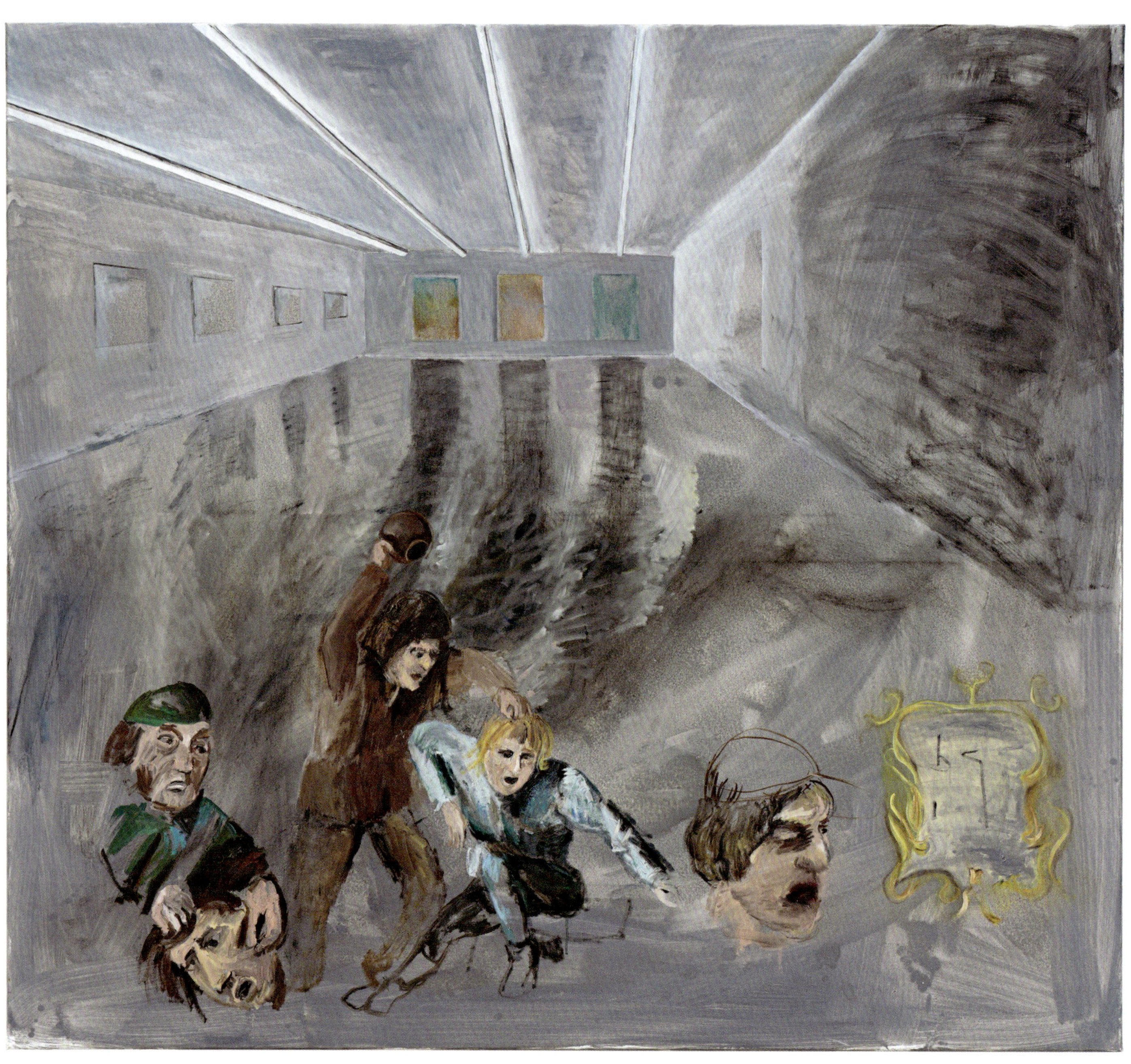

Einige Bürger, 2019
Öl auf Leinwand / Oil on canvas
130 × 140 cm

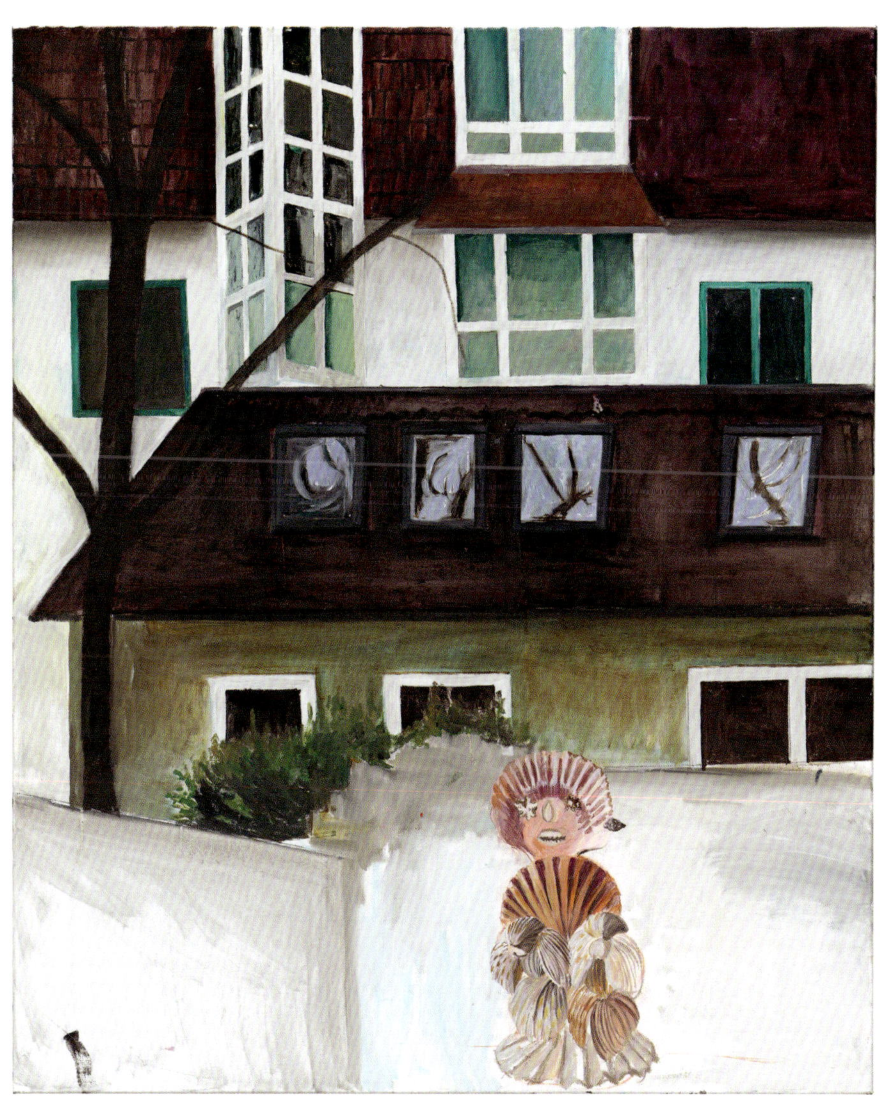

Muschelfigur im Studio, 2020
Öl auf Leinwand / Oil on canvas
100 × 80 cm

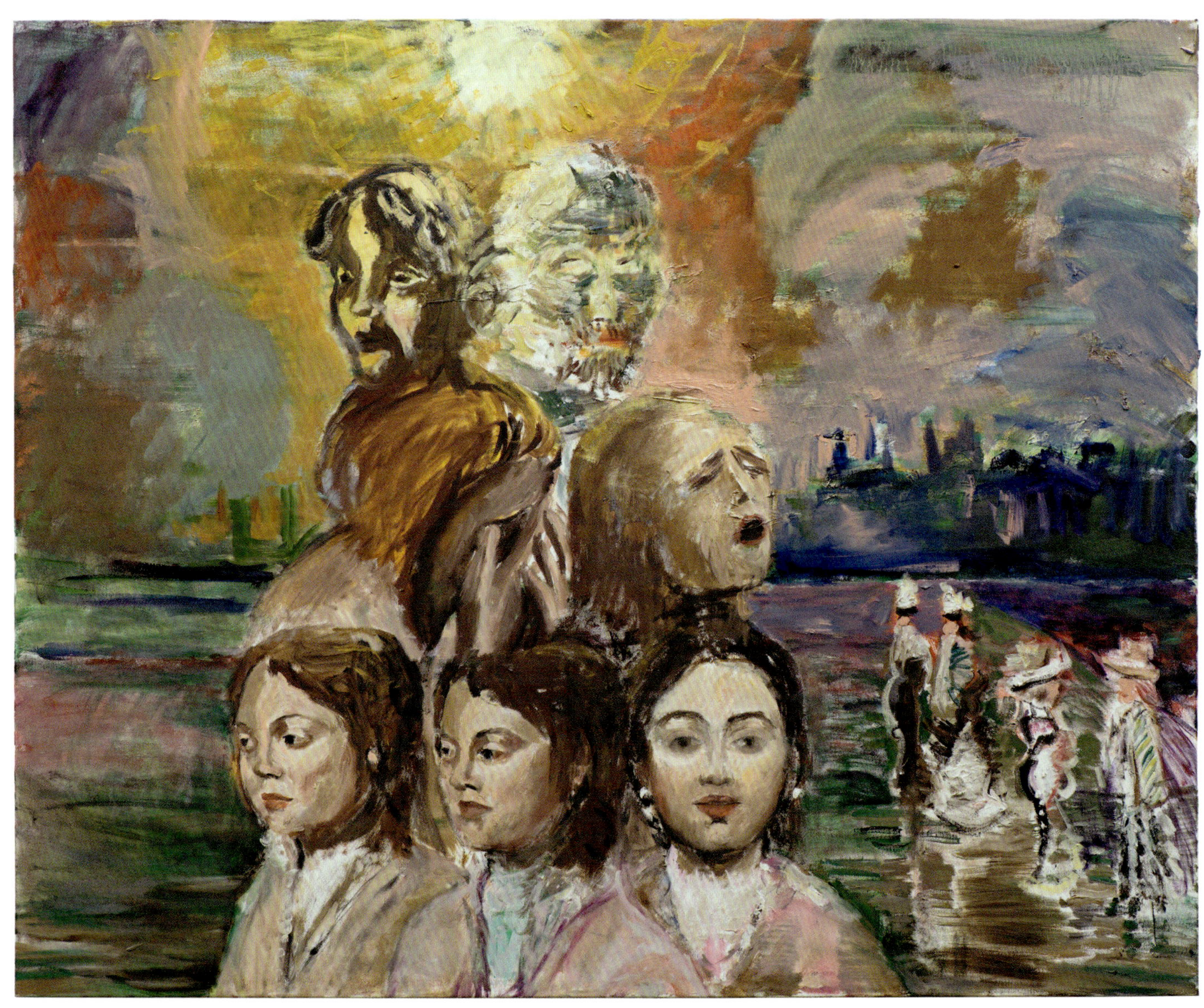

Dreimal die Wäscherin, 2020
Öl auf Leinwand / Oil on canvas
100 × 110 cm

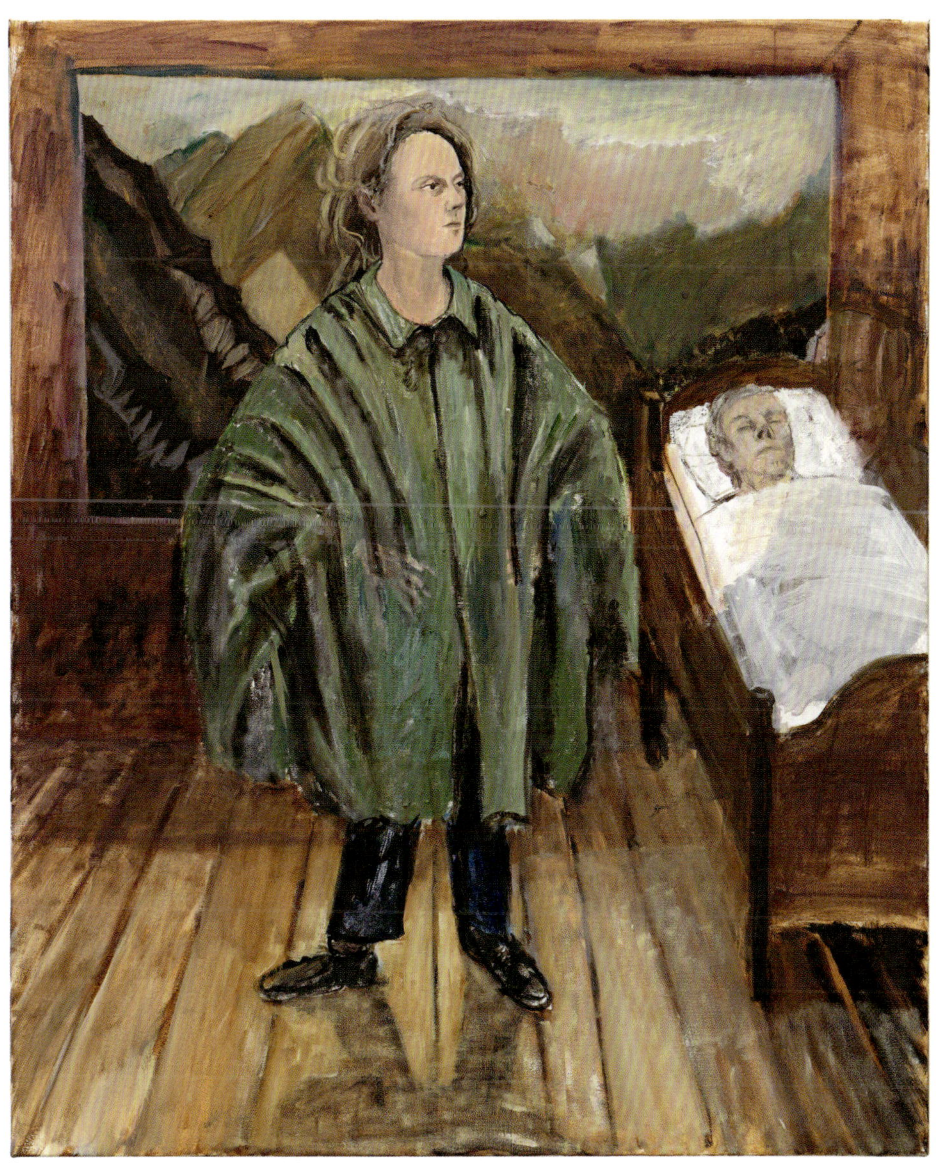

O.T. / Untitled, 2020
Öl auf Leinwand / Oil on canvas
100 × 80 cm

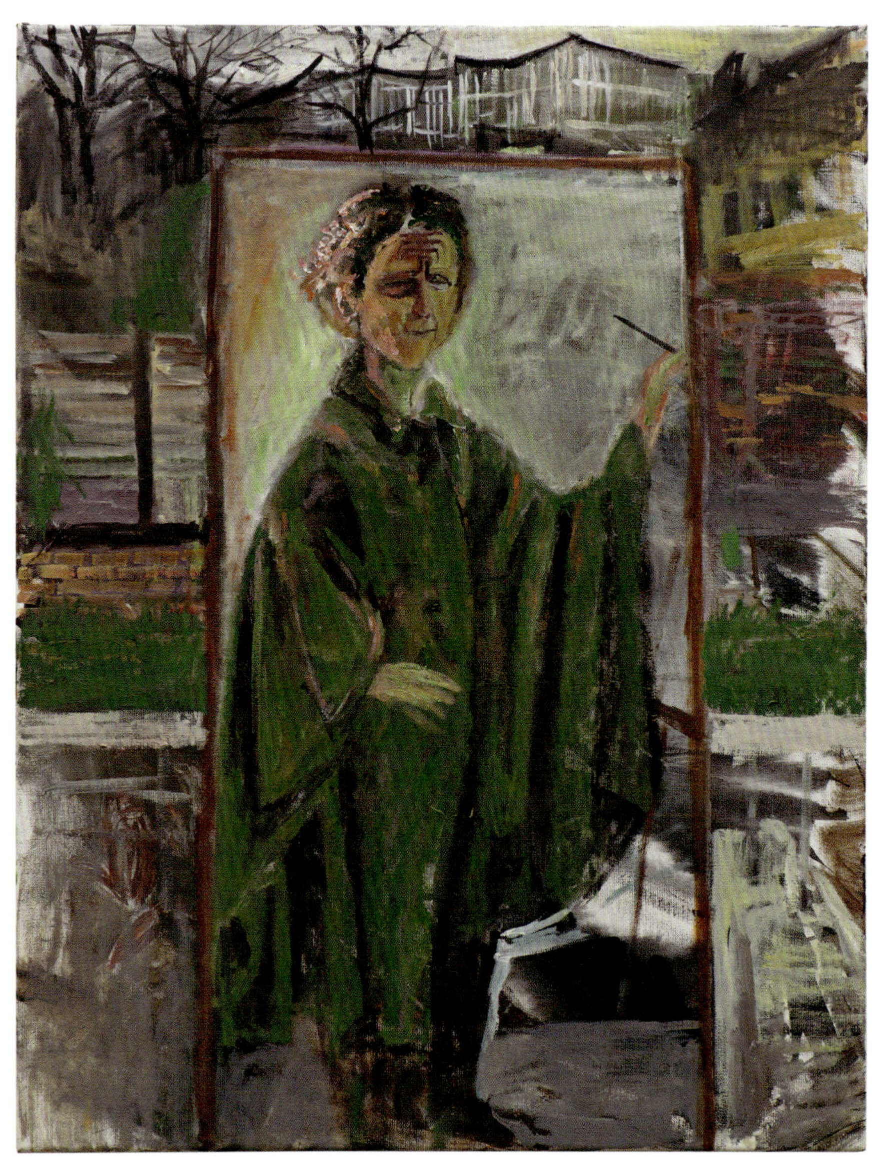

Selbst im Lodencape, 2020
Öl auf Leinwand / Oil on canvas
90 × 60 cm

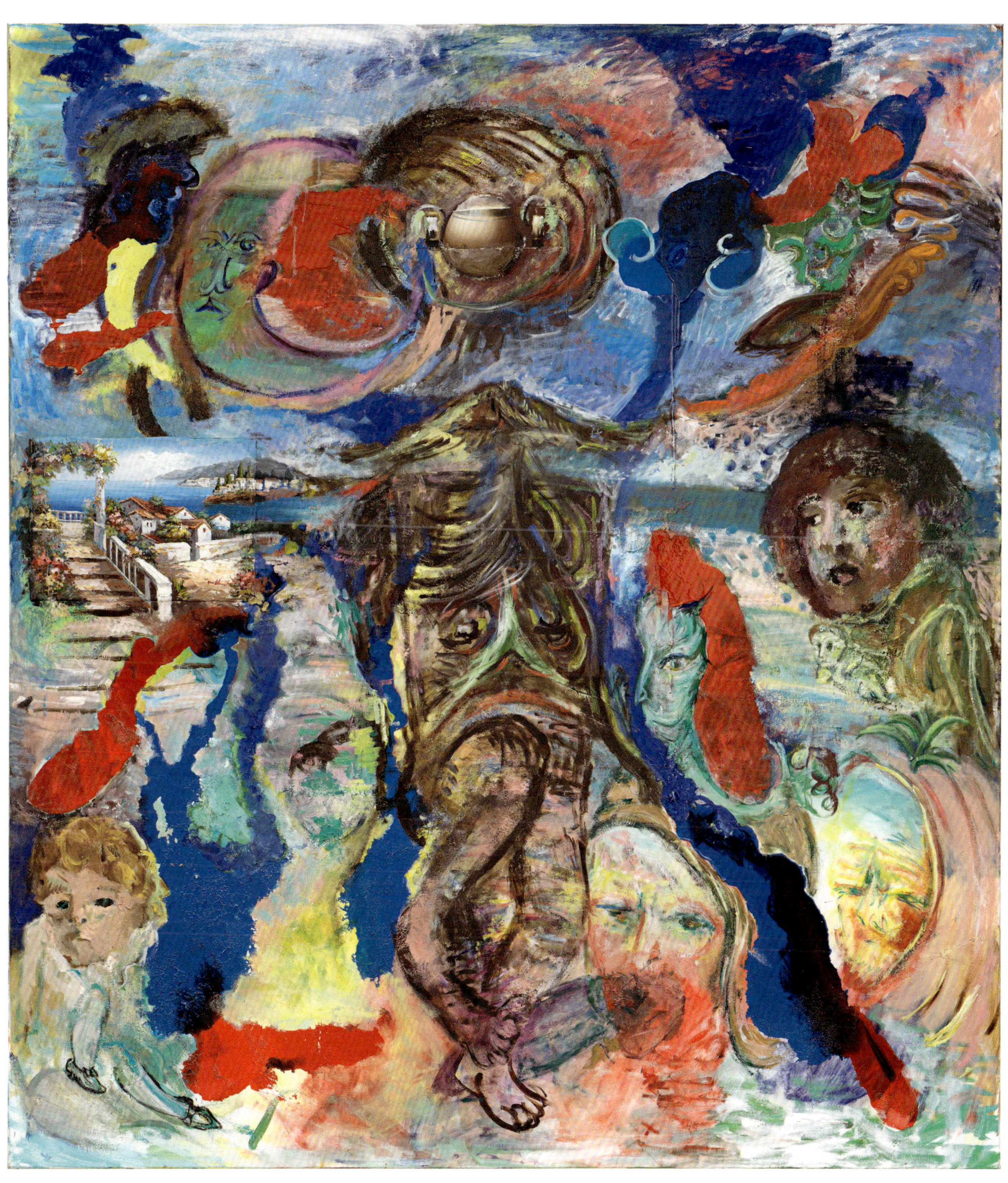

O.T. / Untitled, 2020
Öl, Ölbilder auf Leinwand / Oil, oil
paintings on canvas, 210 × 180 cm

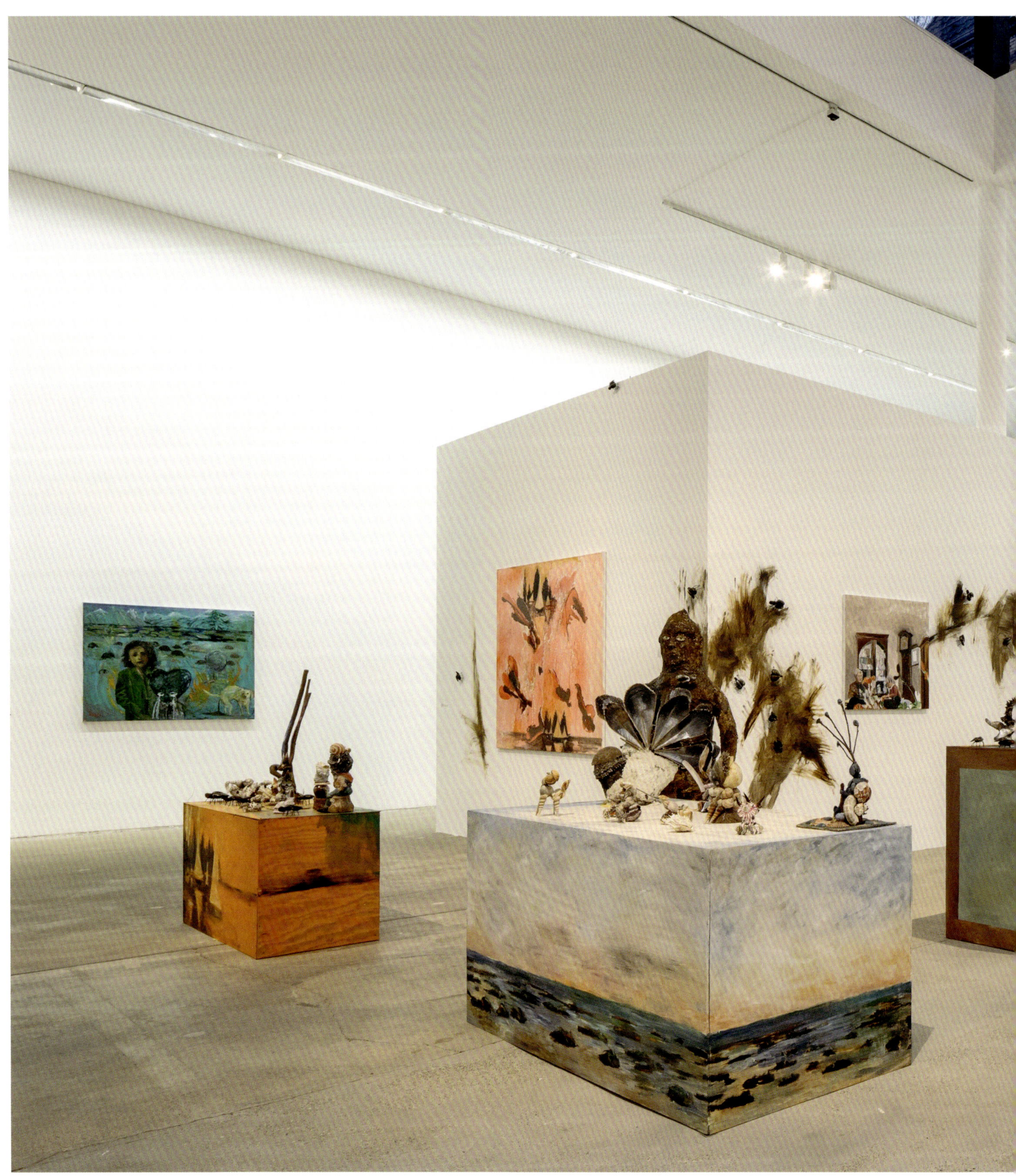

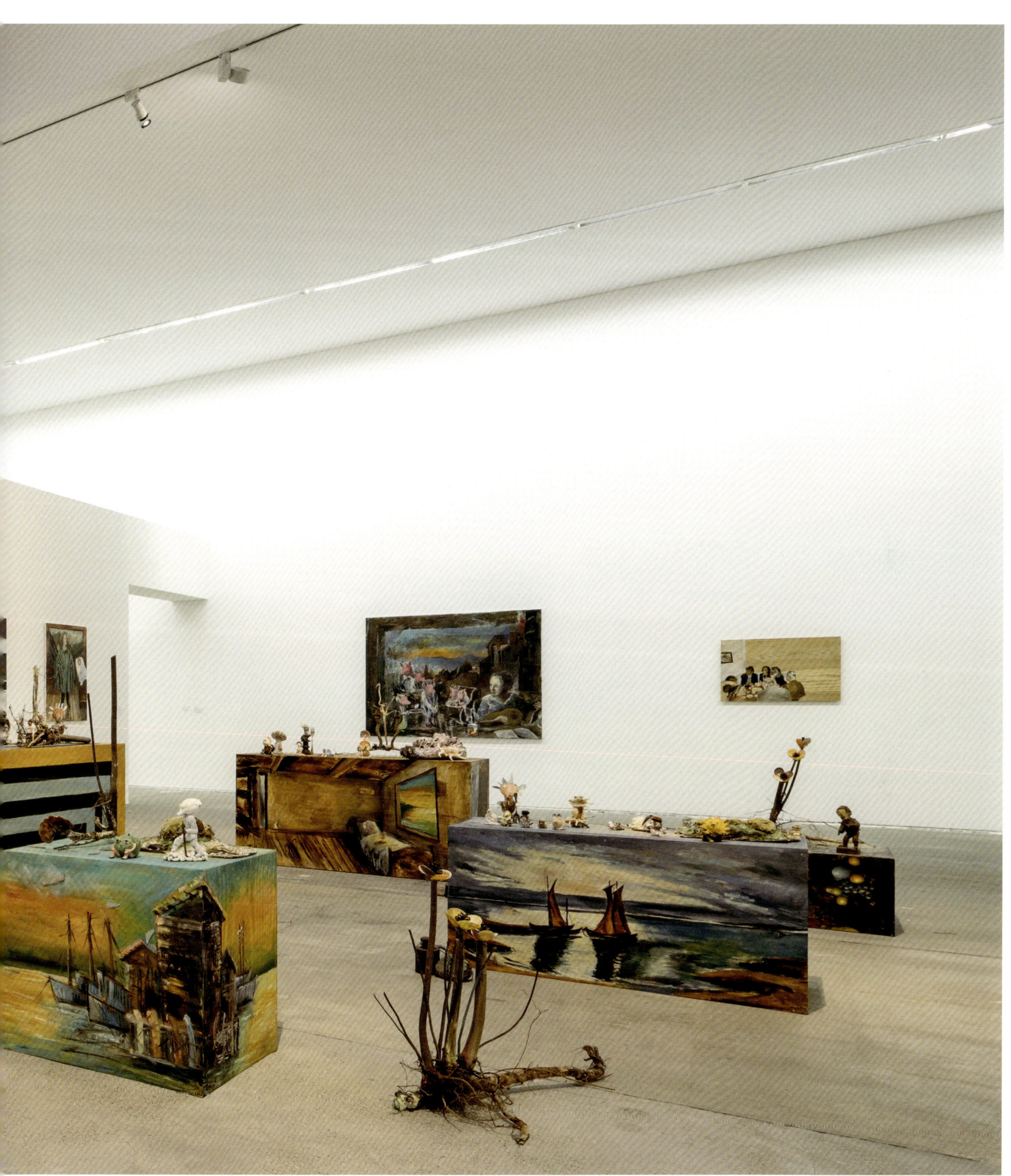

KW Institute for Contemporary Art, Berlin, 2020
Installationsansichten (Seiten 94–129) /
Installation views (pages 94–129)

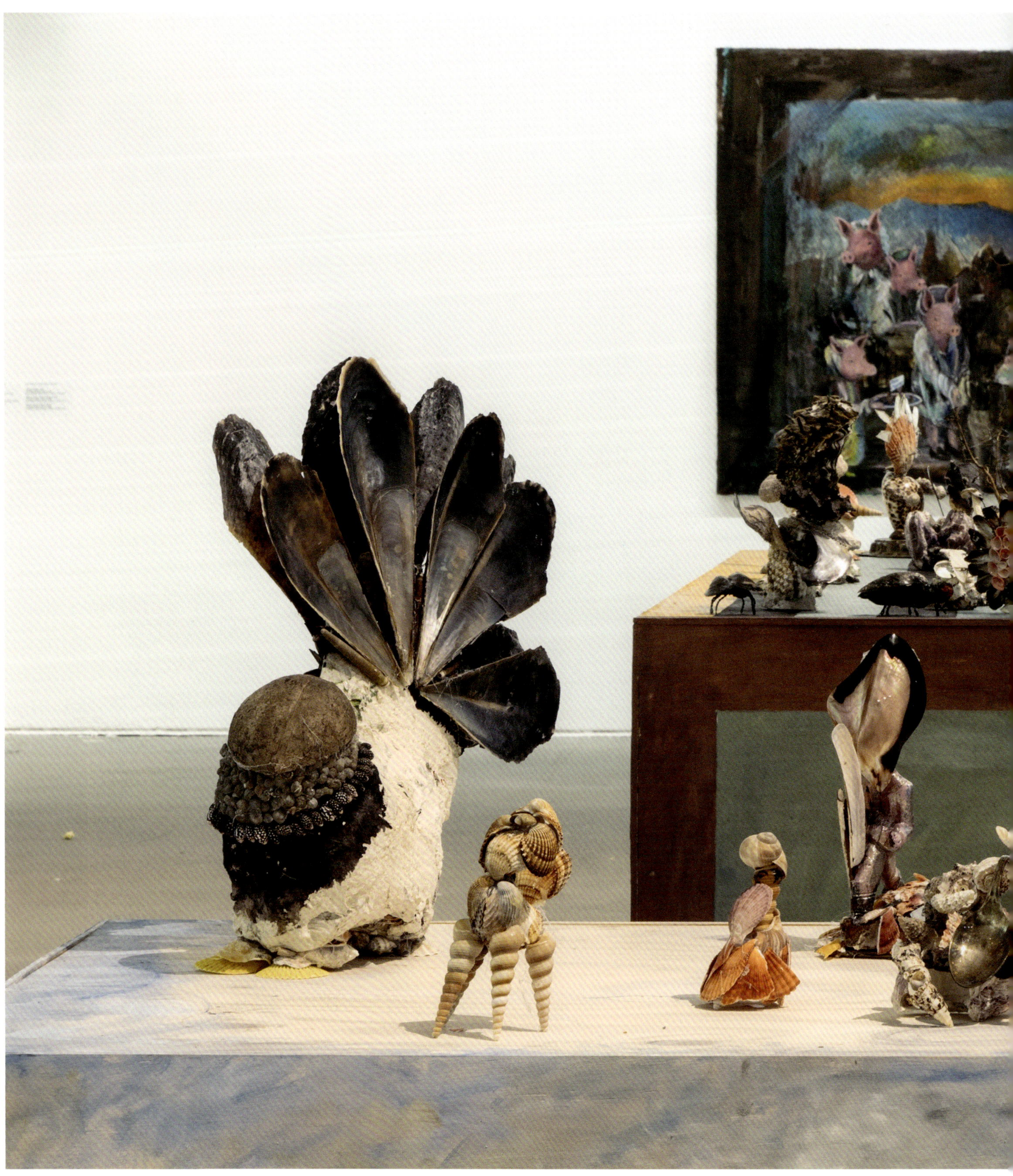

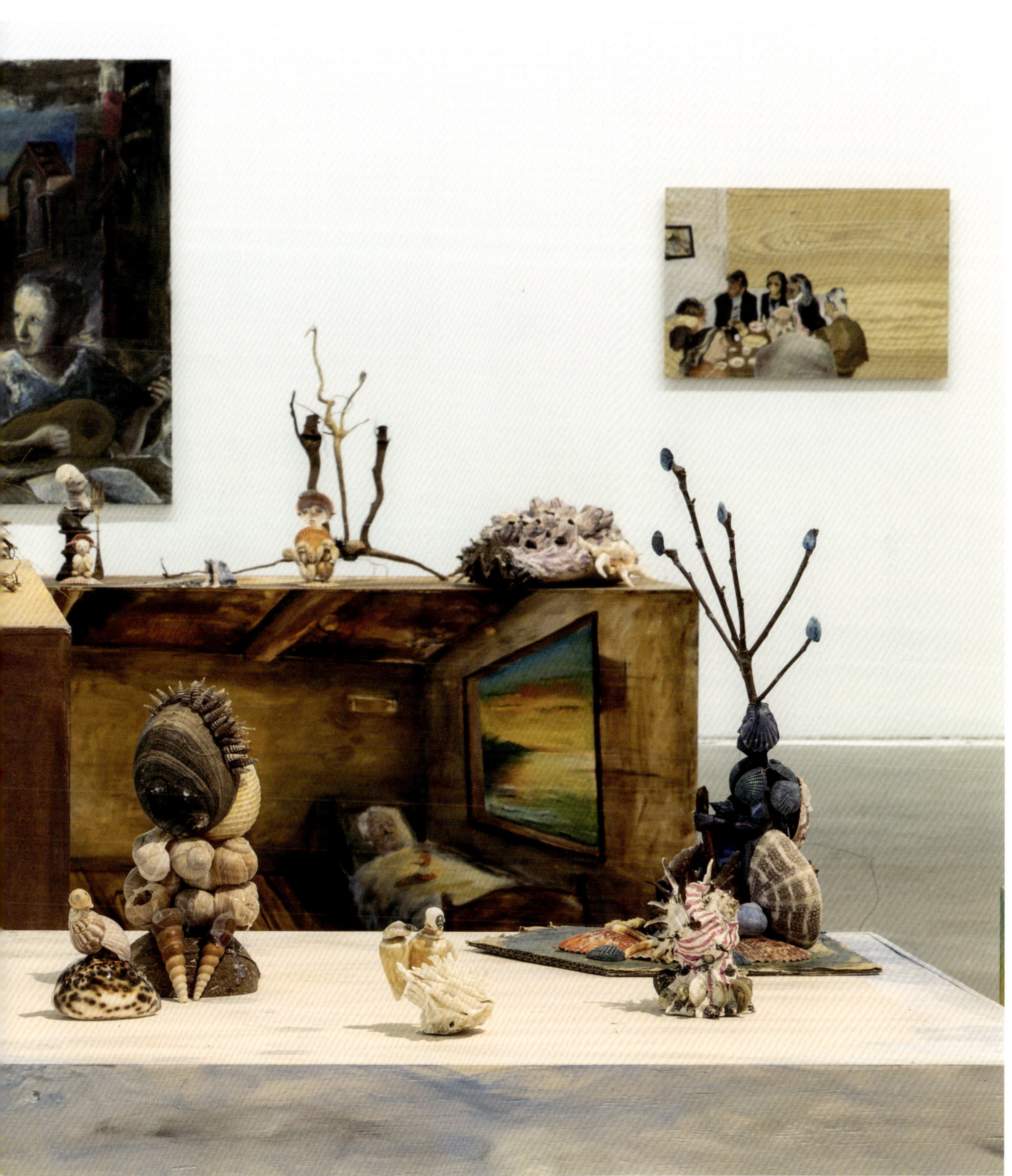

Muscheln, Papiermaché, Holz, Strohblumen, Moos, Steine, Eisen, Acryl und Ölfarbe / Sea shells, papier-mâché, wood, everlasting flowers, moss, stones, iron, acrylic and oil color (Seiten / pages 96–129)

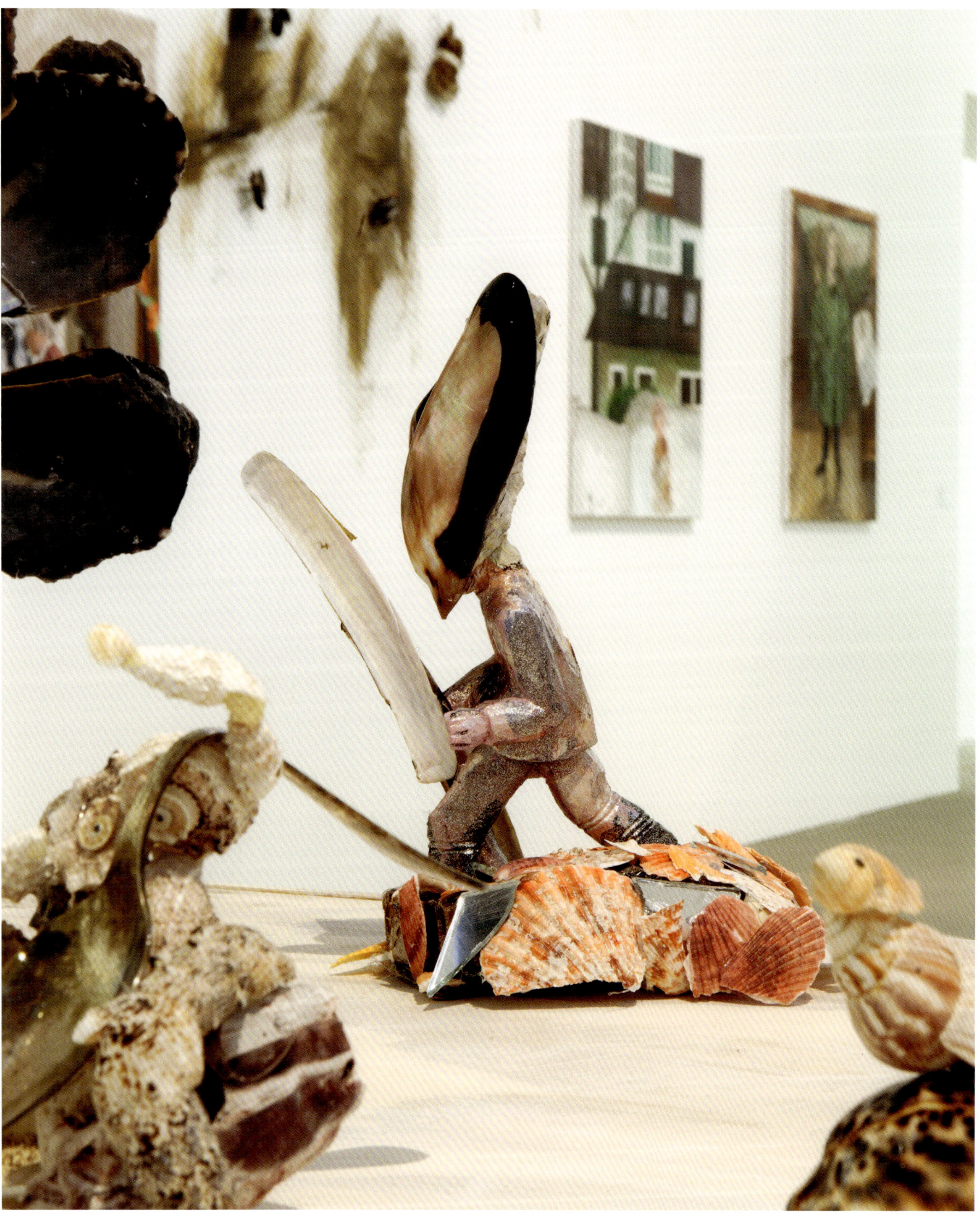

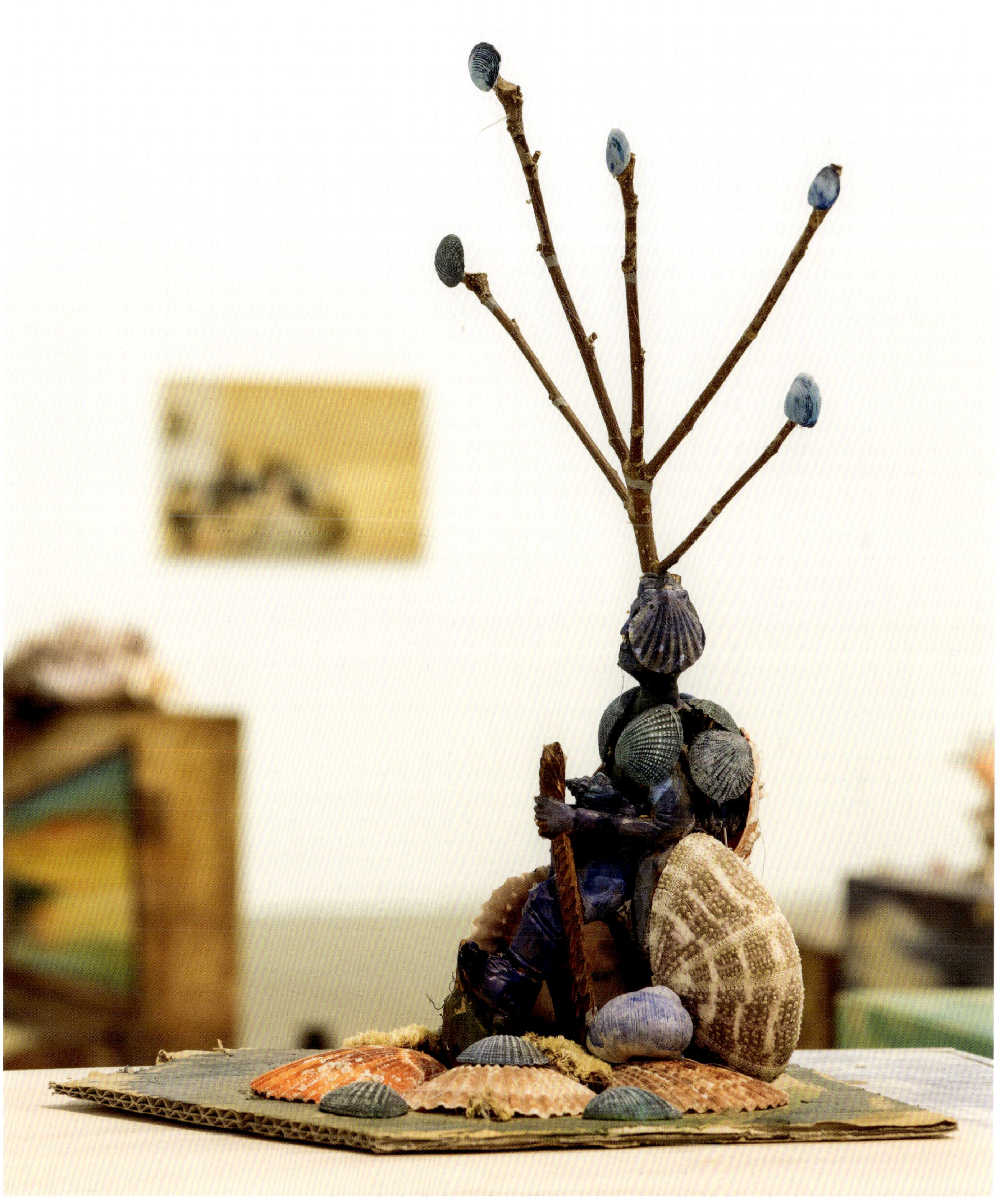

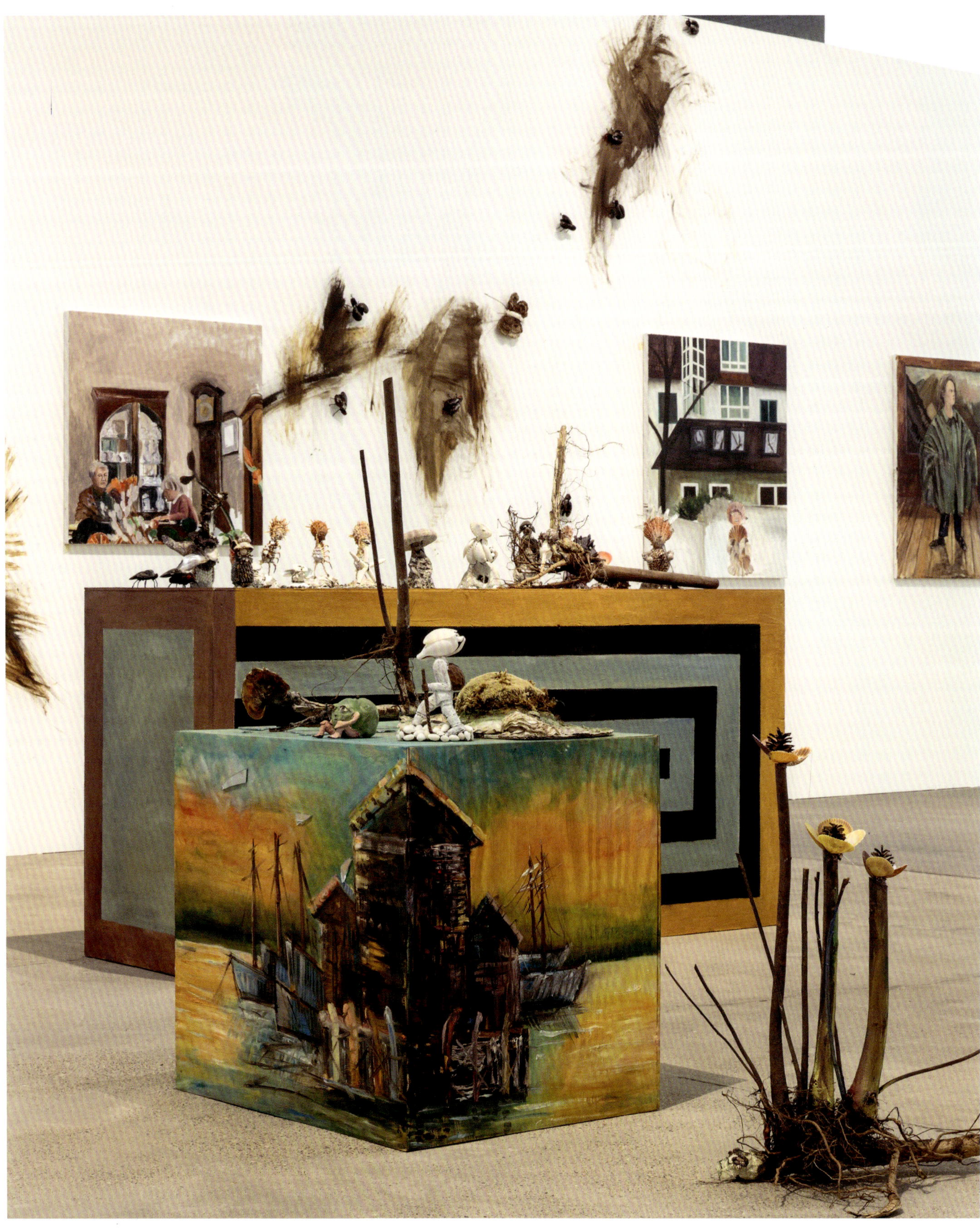

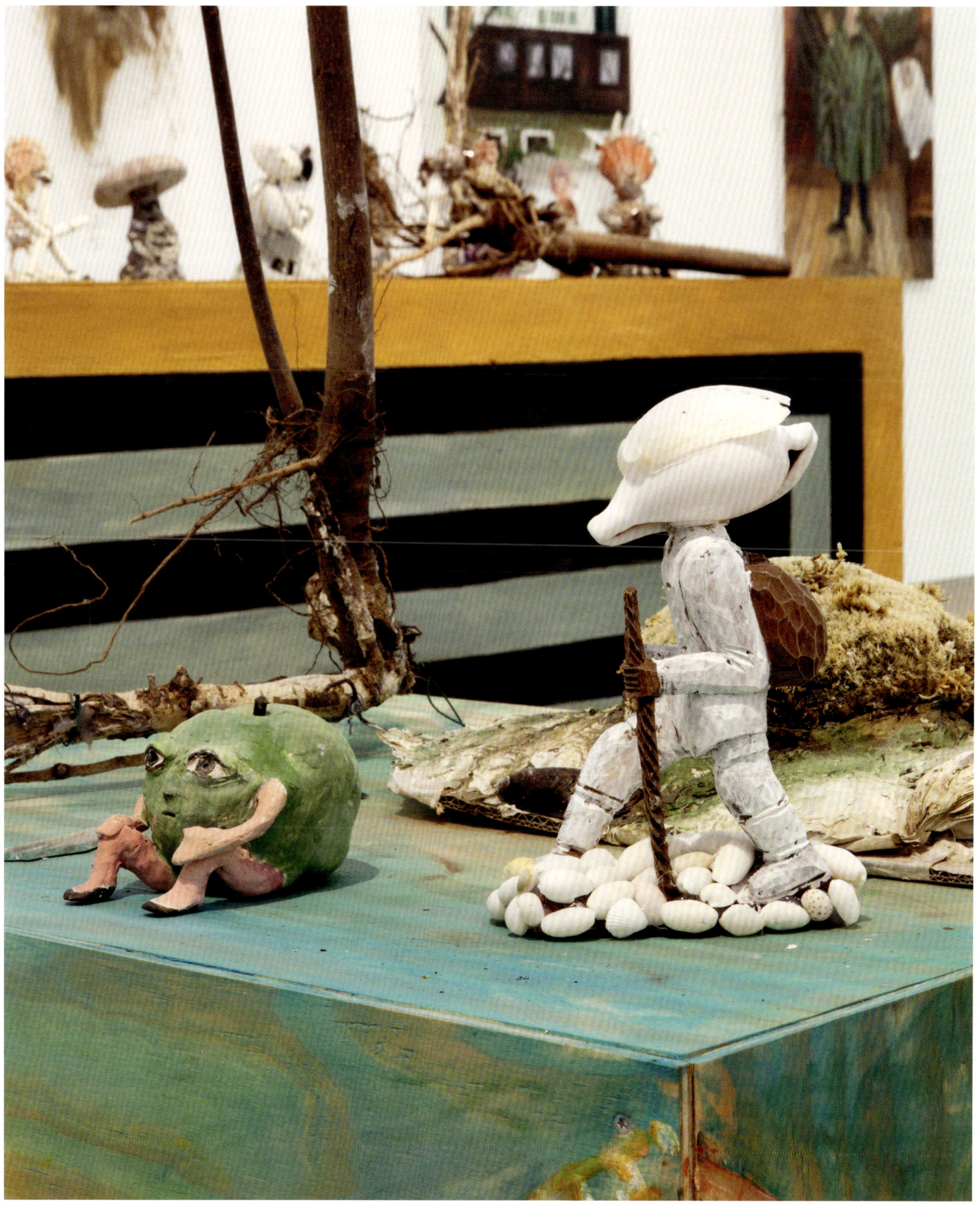

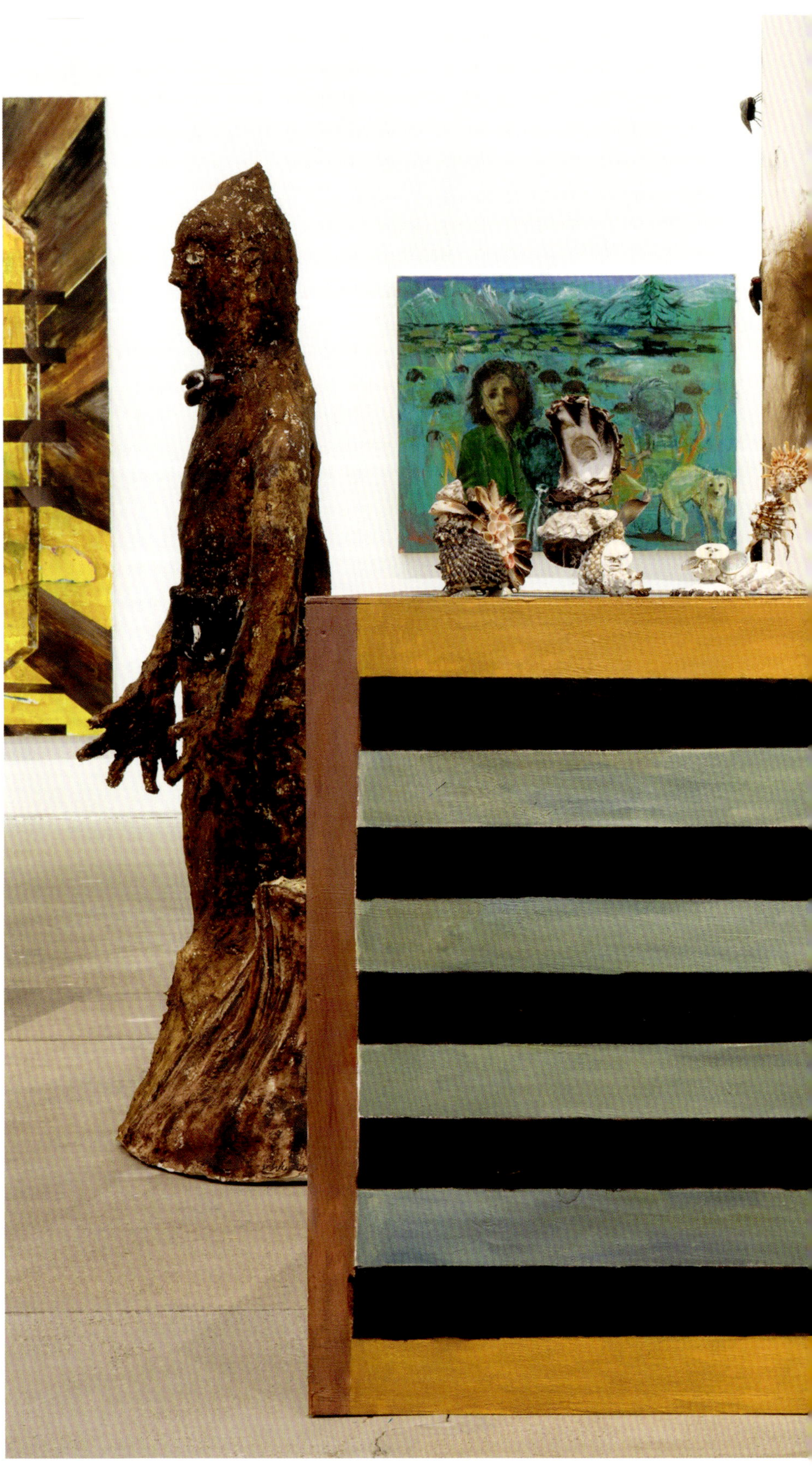

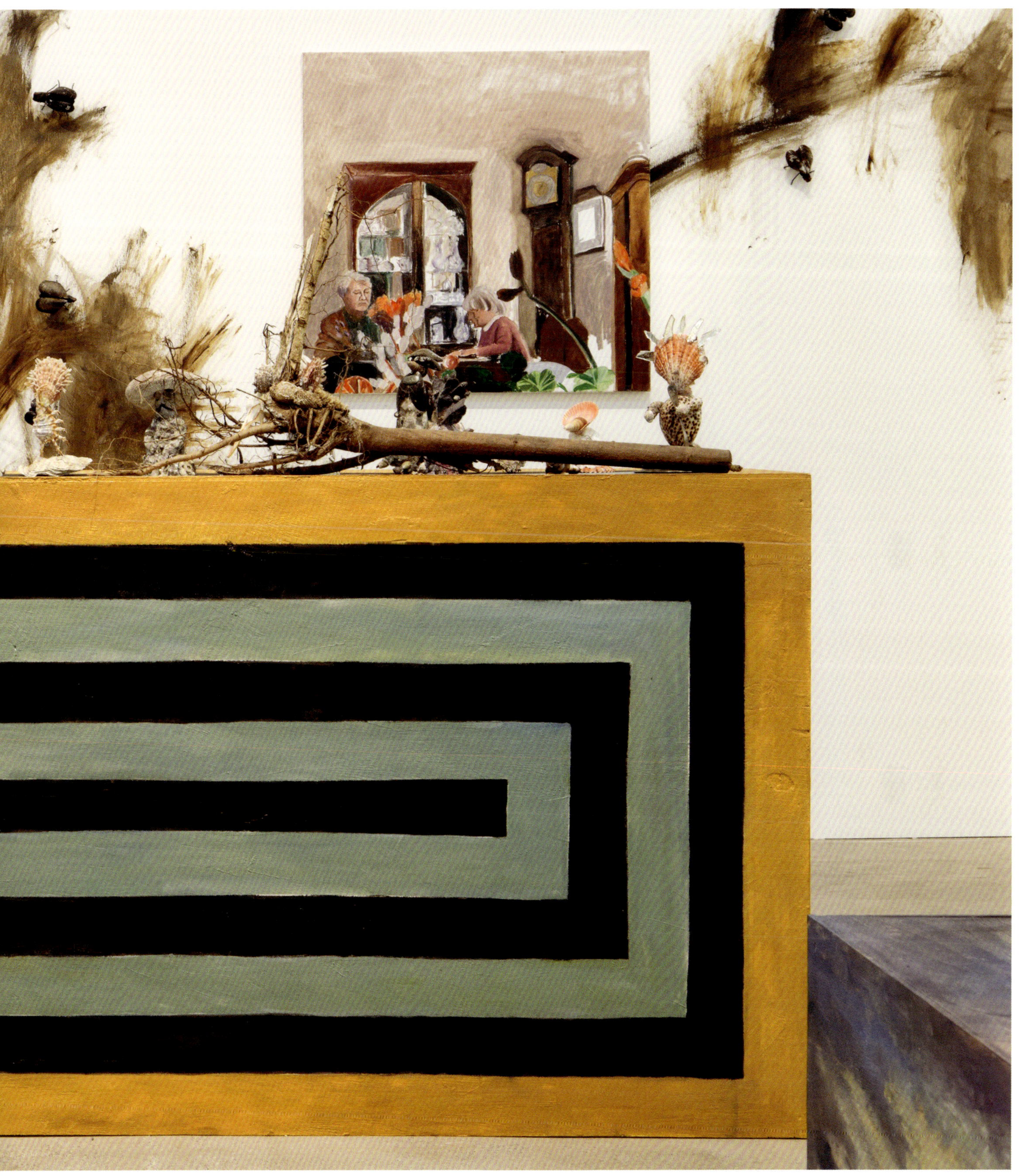

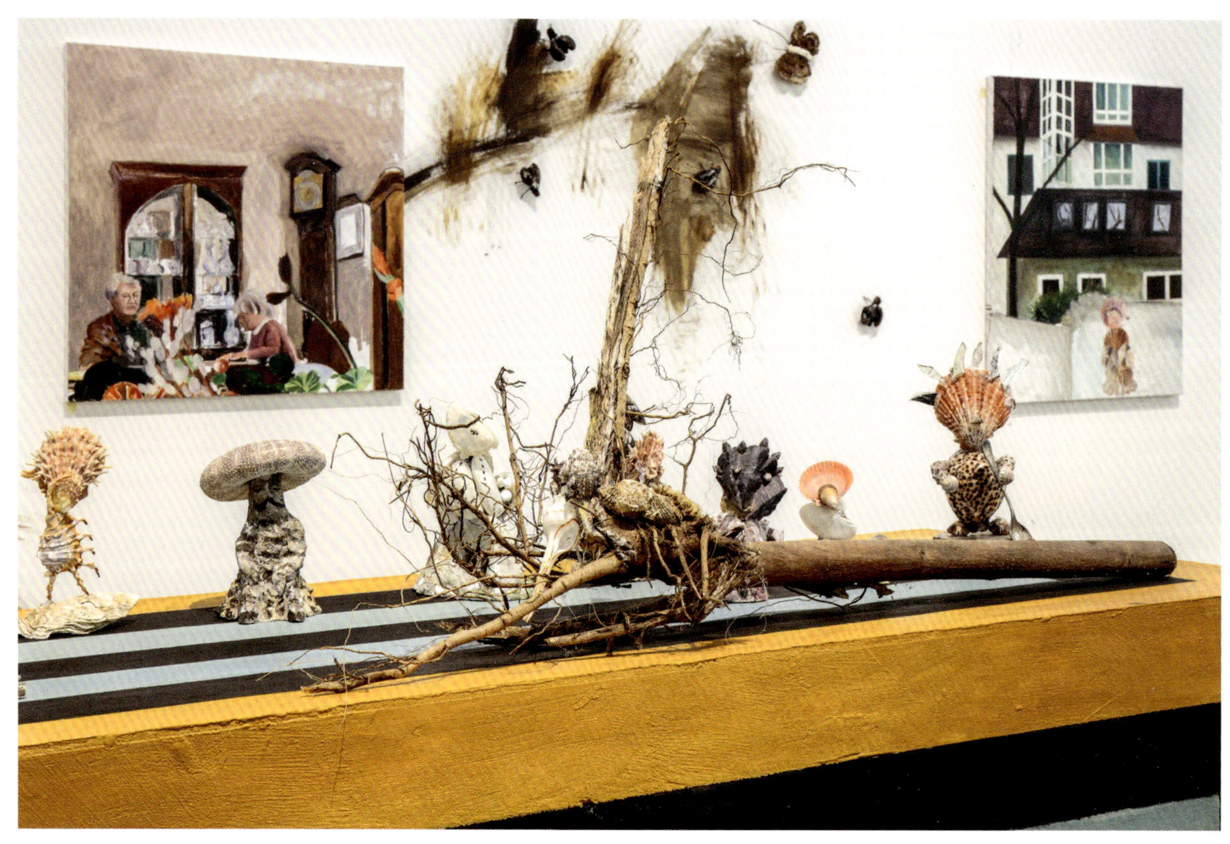

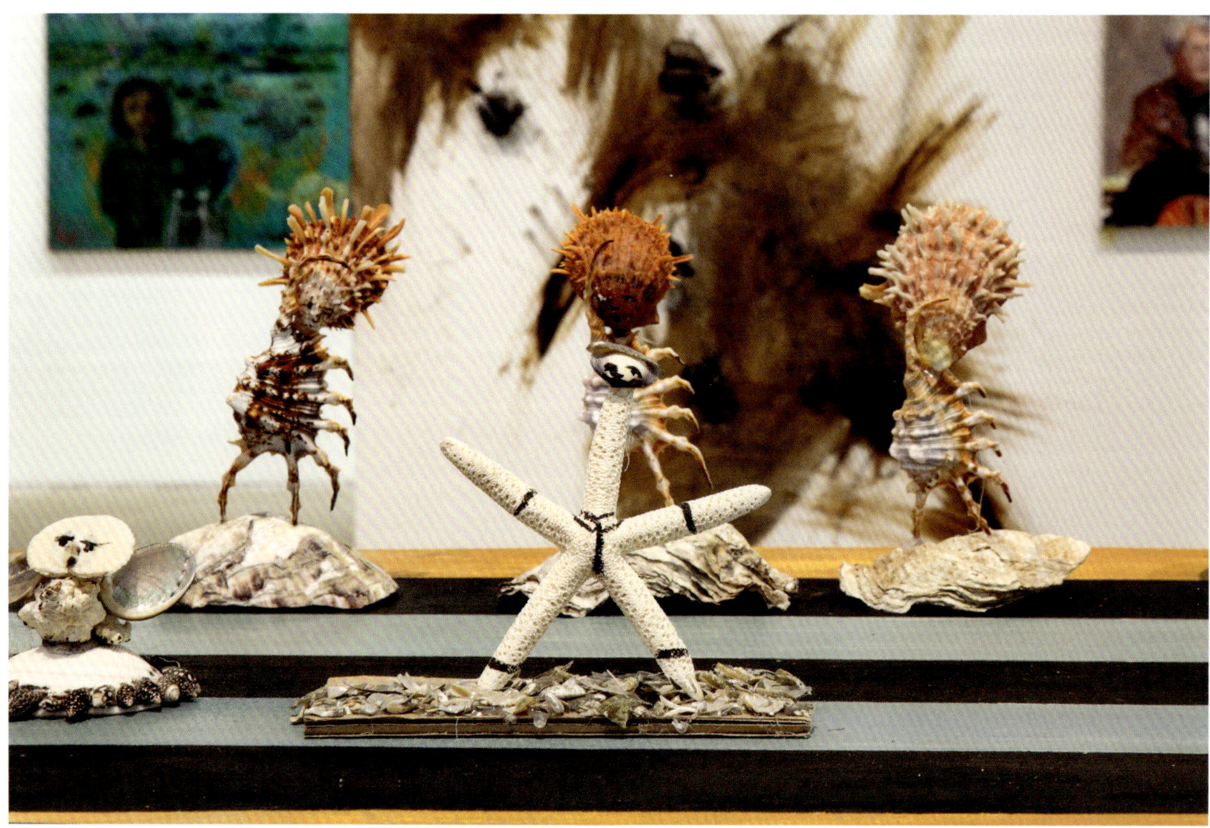

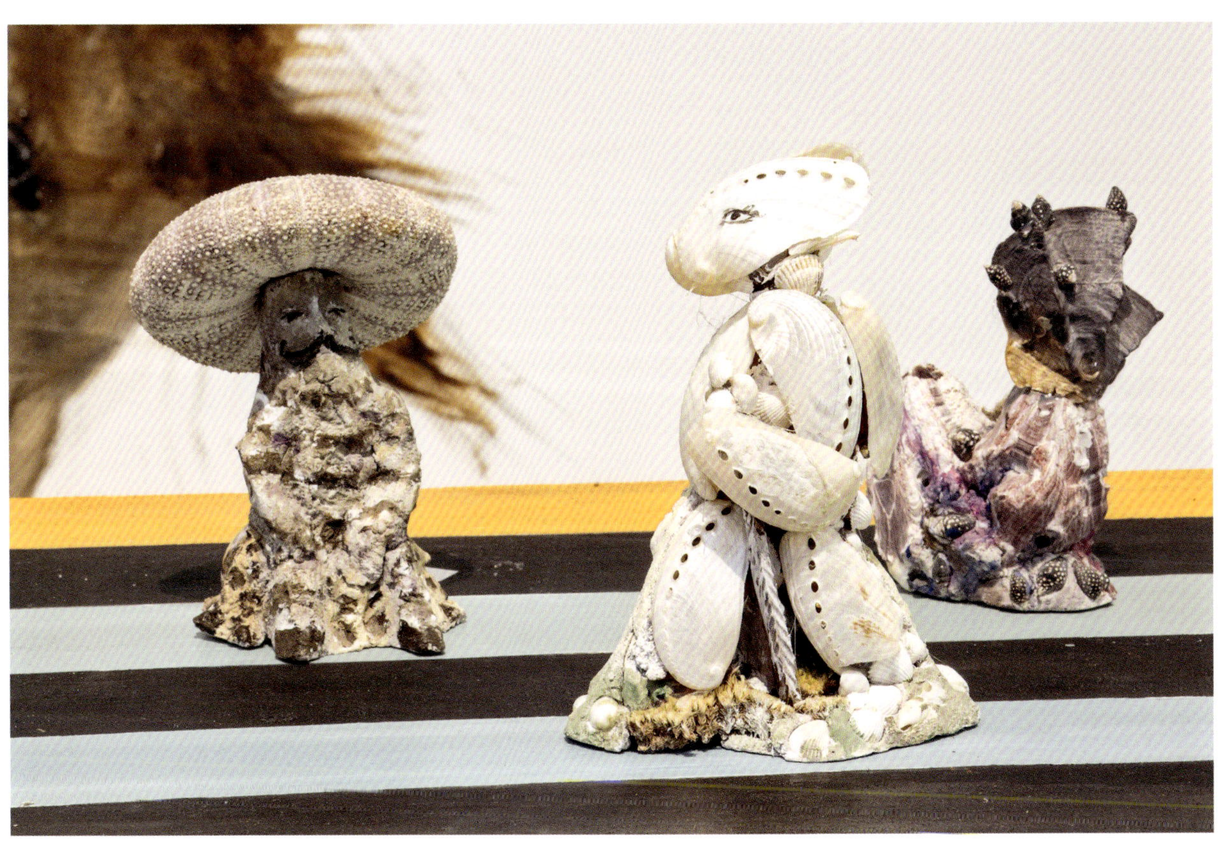

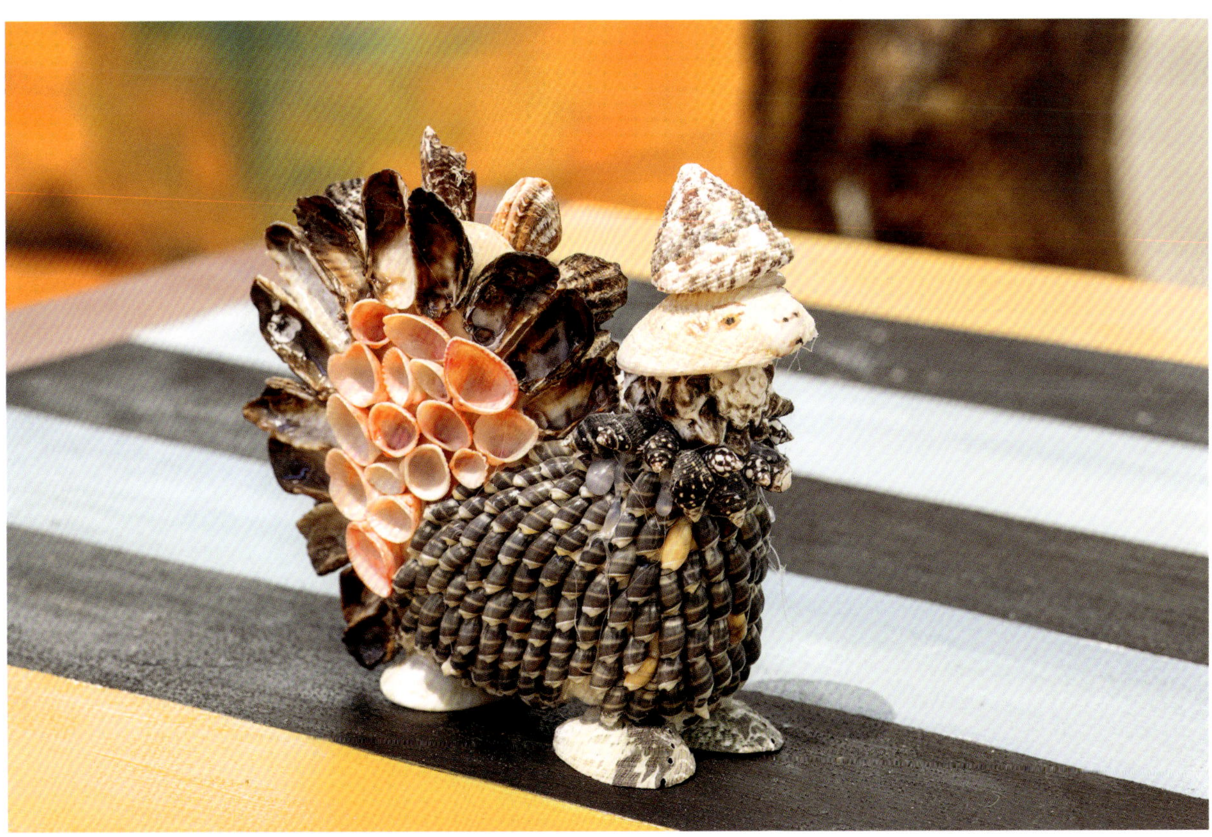

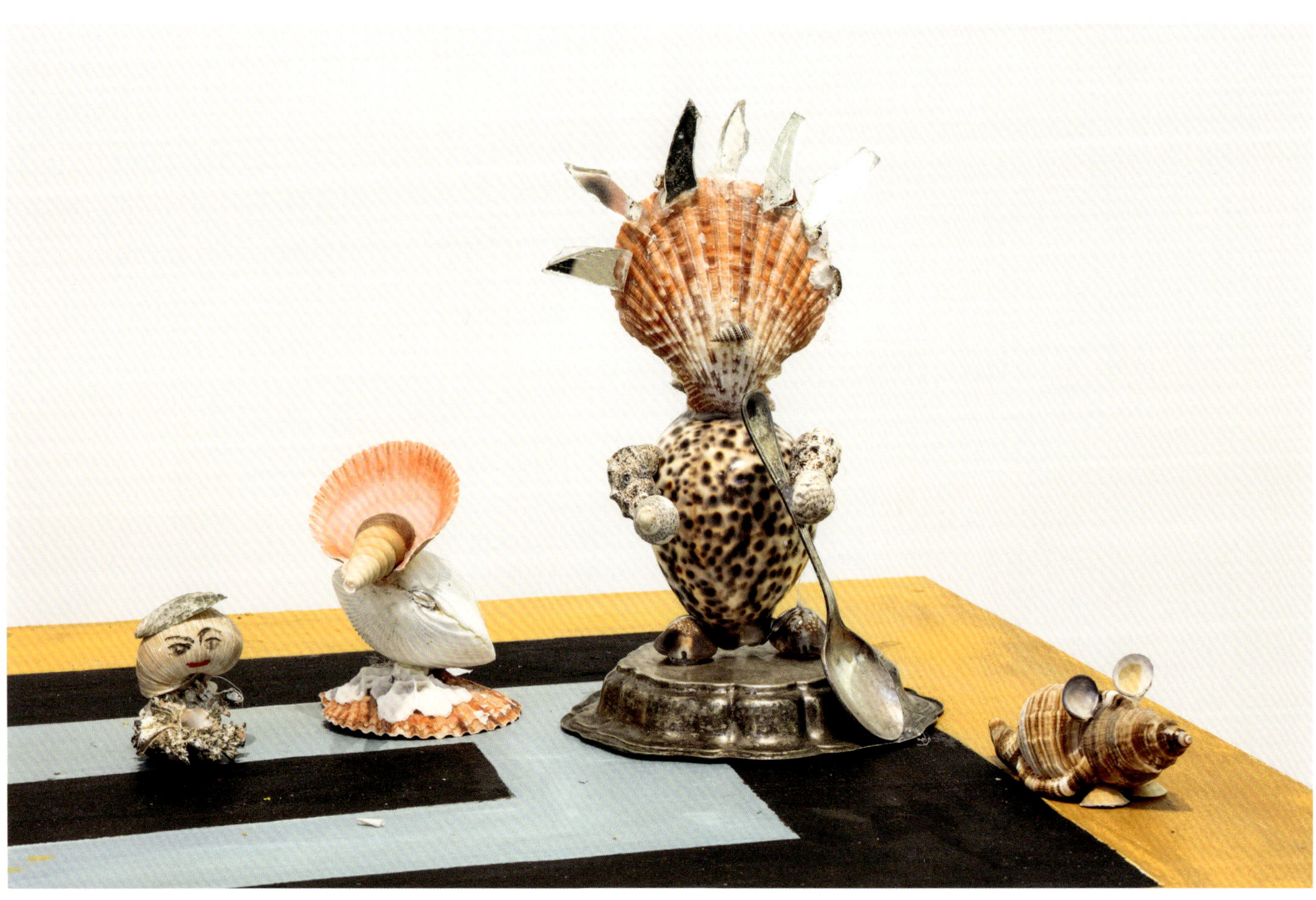

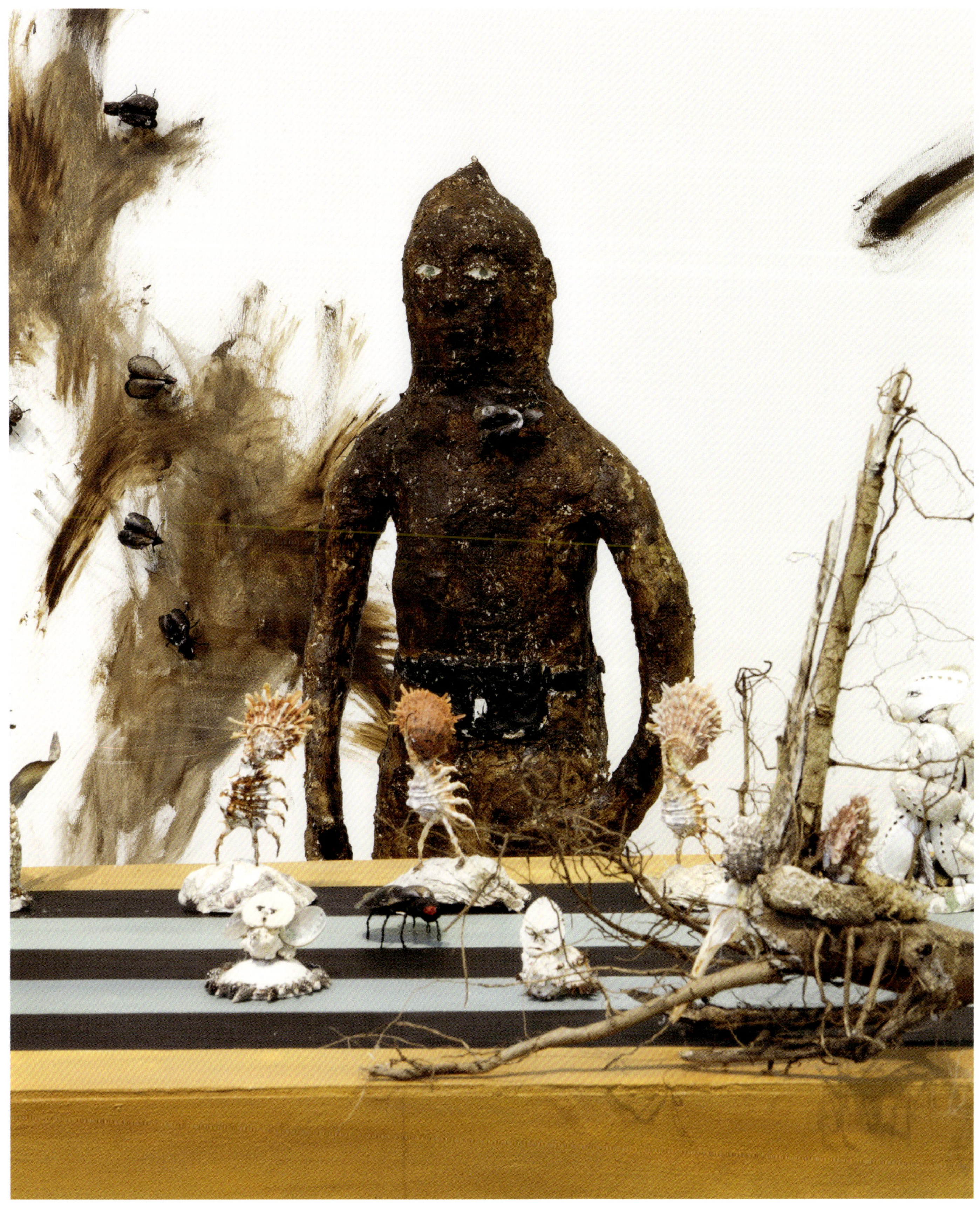

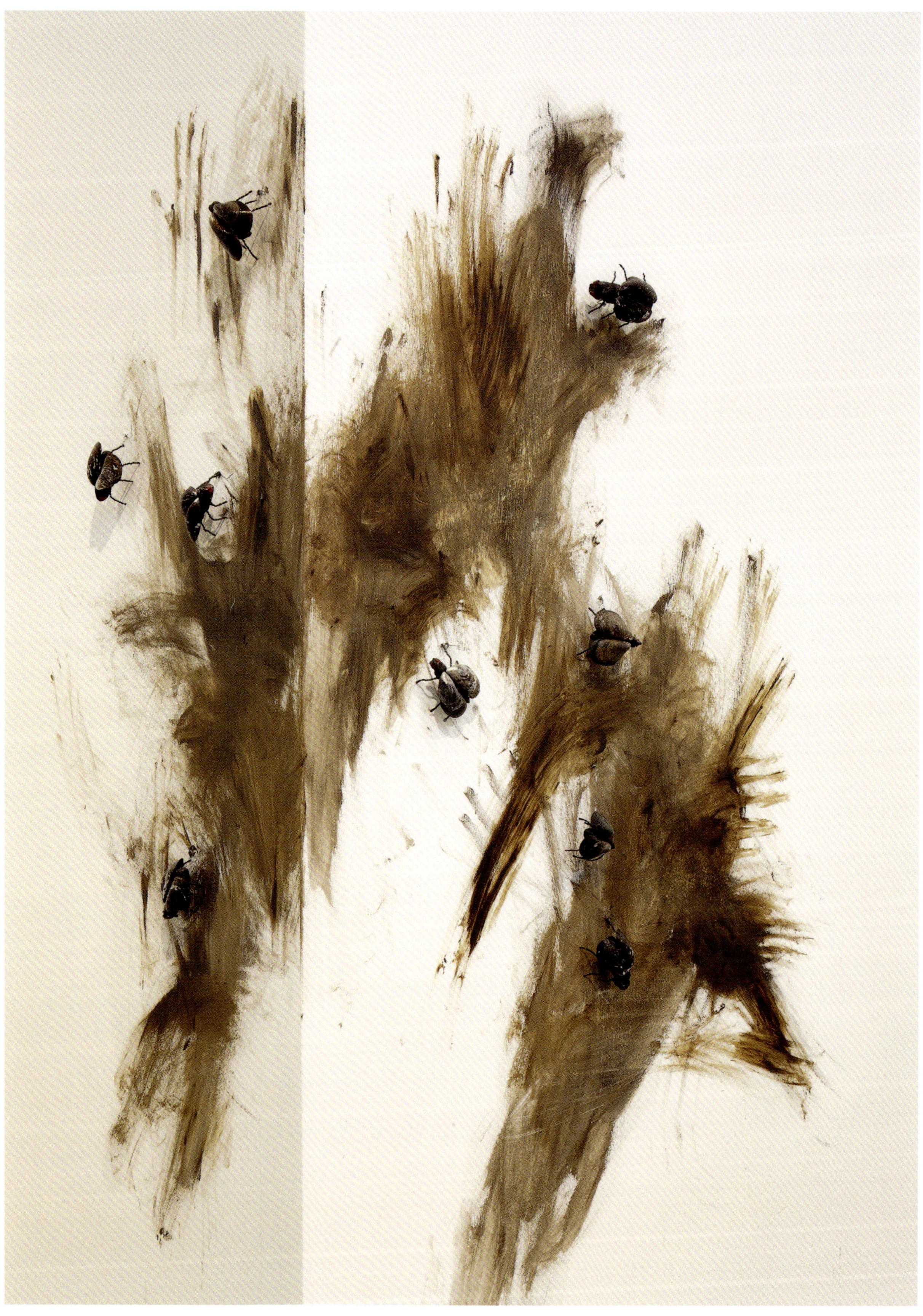

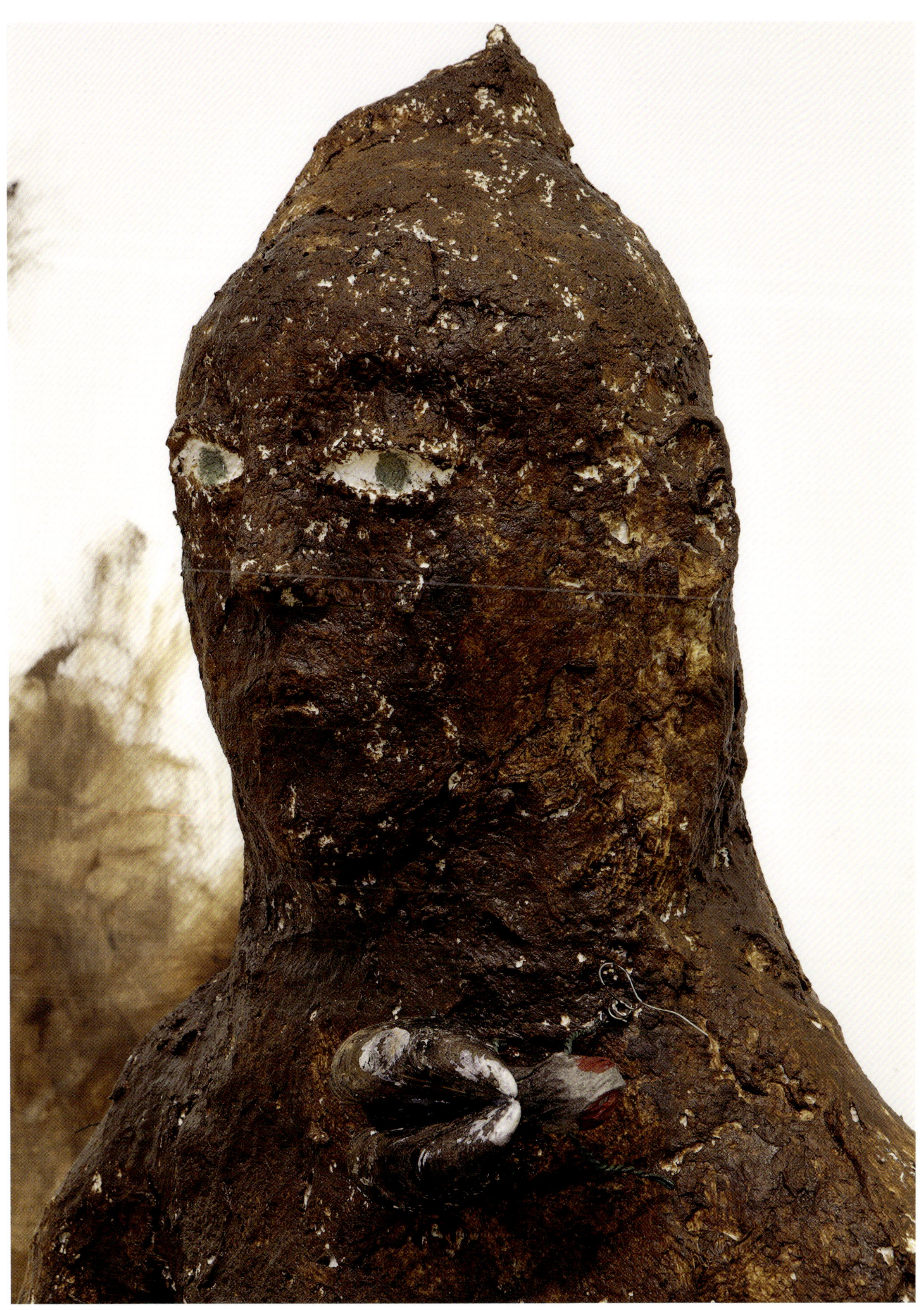

O.T. / Untitled (Detailansicht / Detail), 2020
Acryl, Papiermaché, Draht / Acrylic,
papier-mâché, wire
160 × 60 × 90 cm

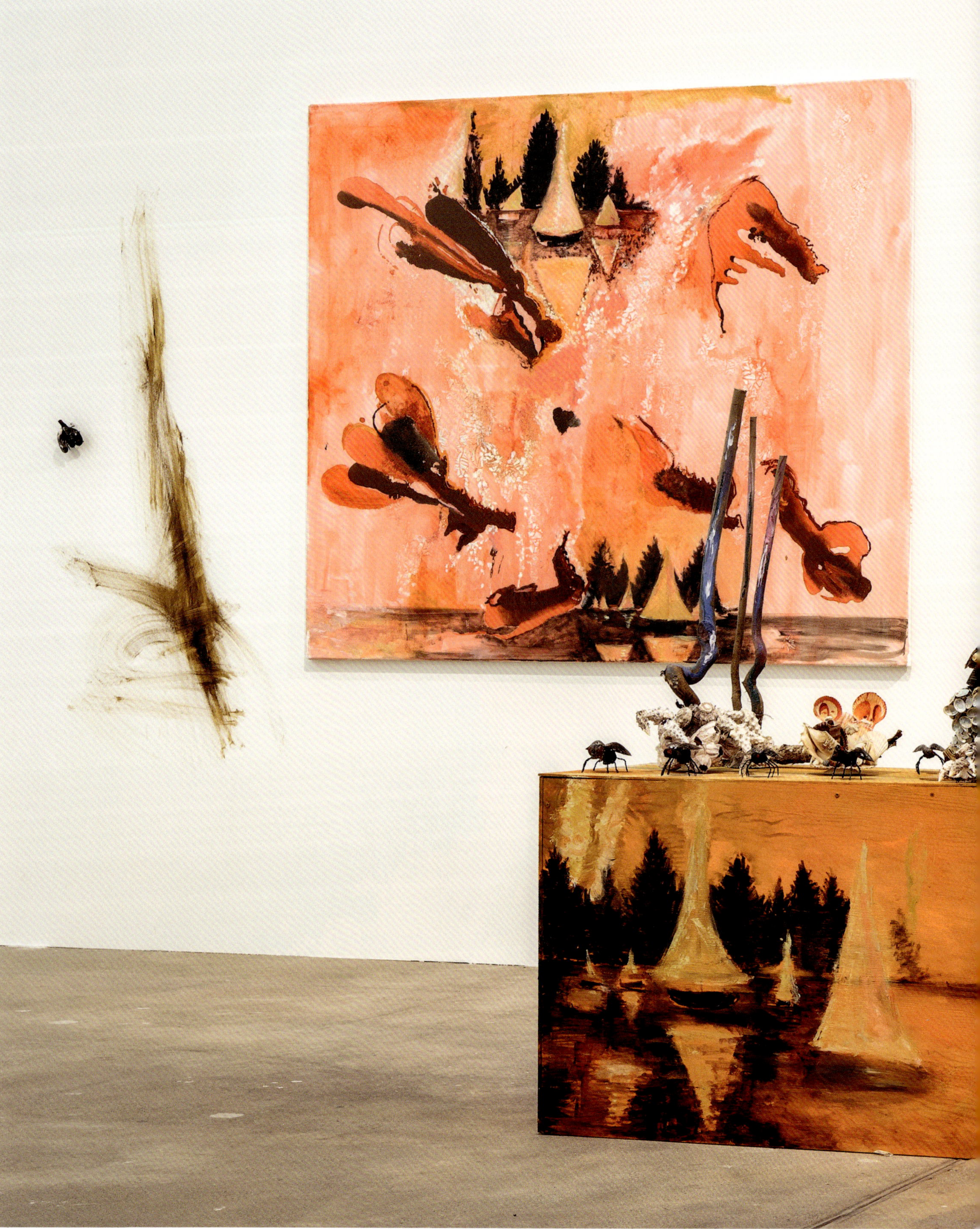

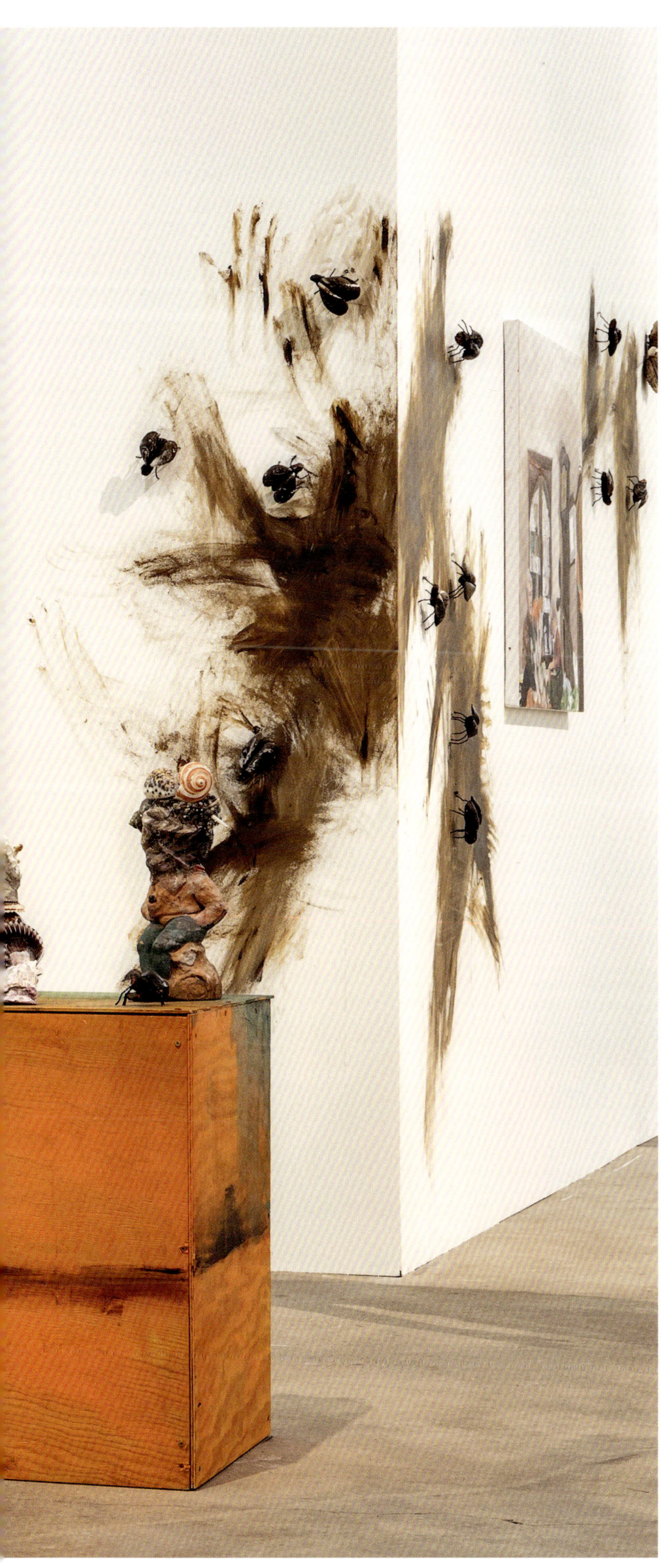

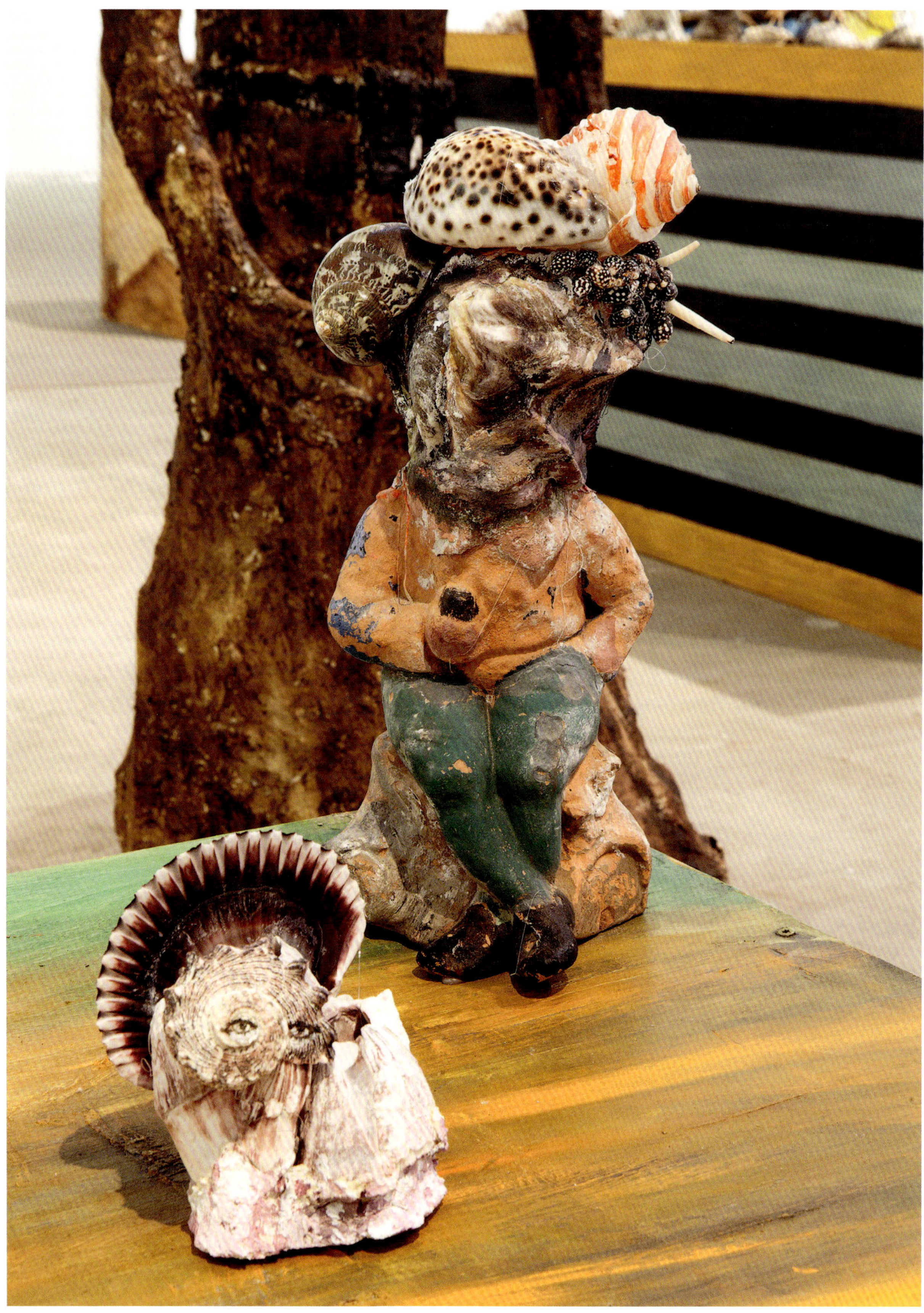

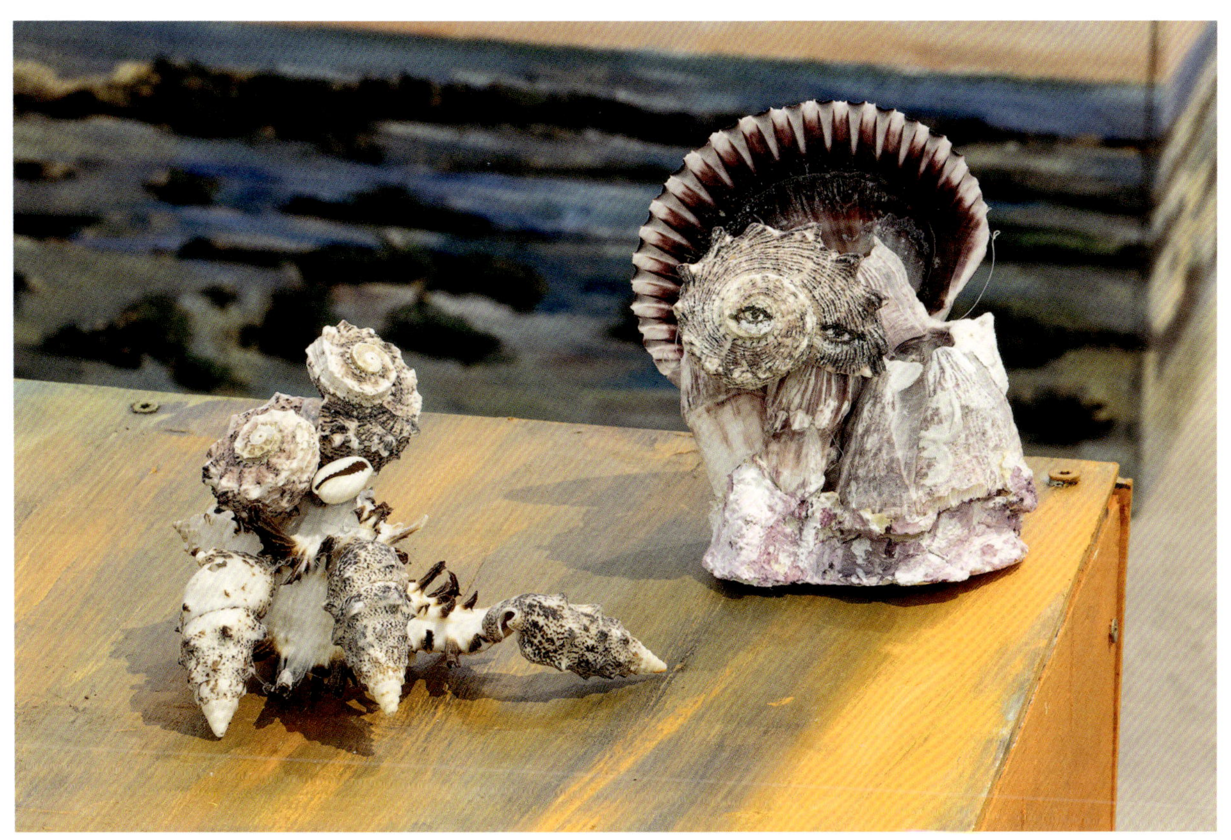

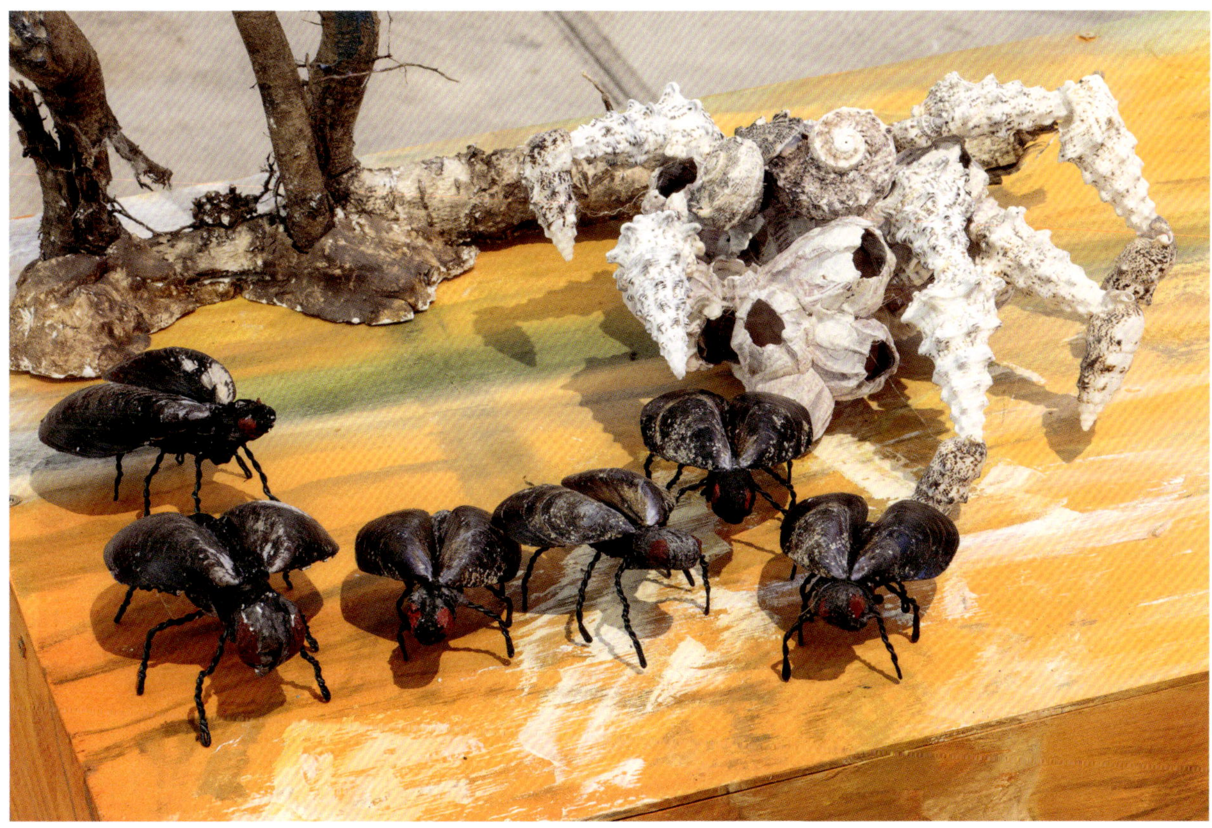

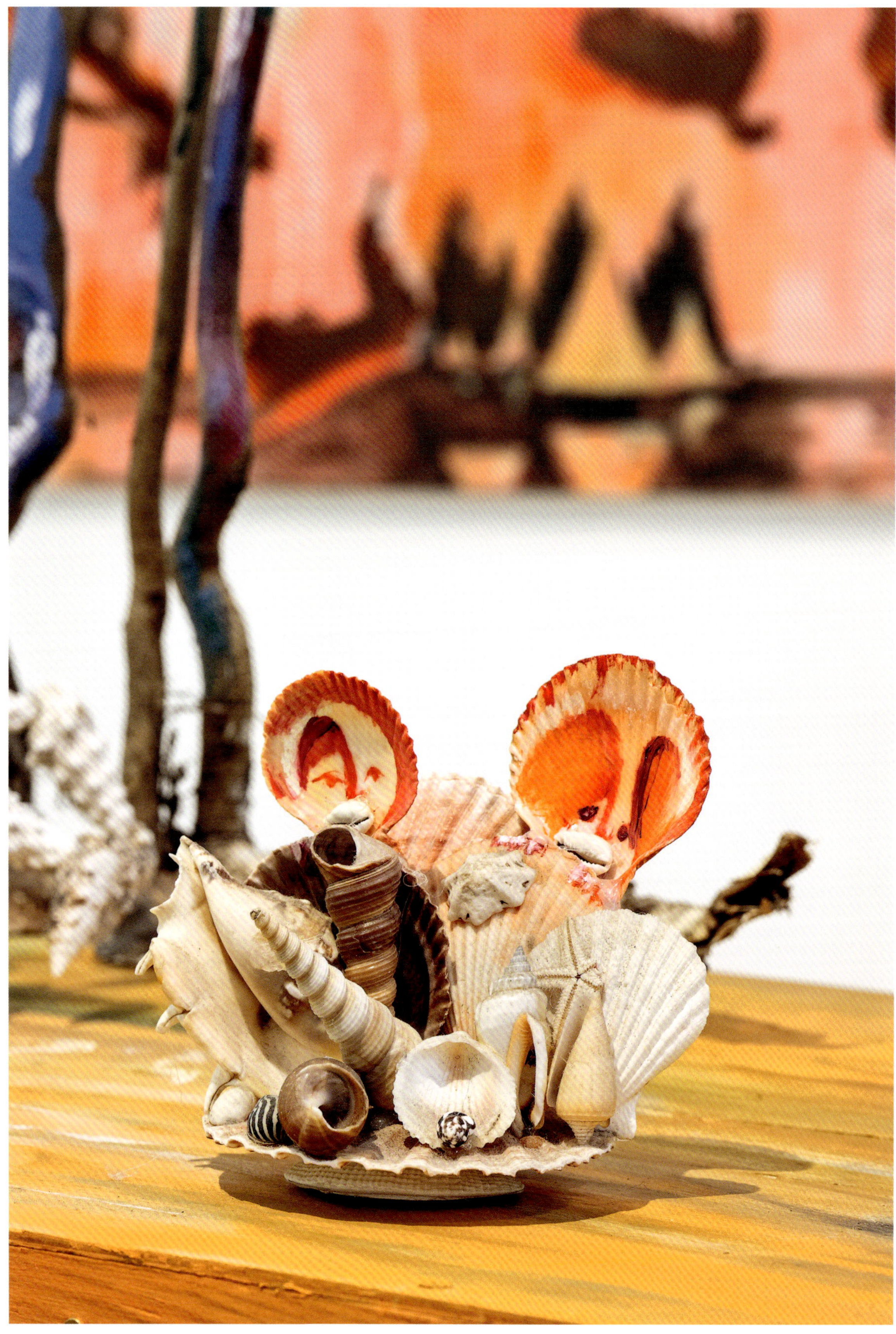

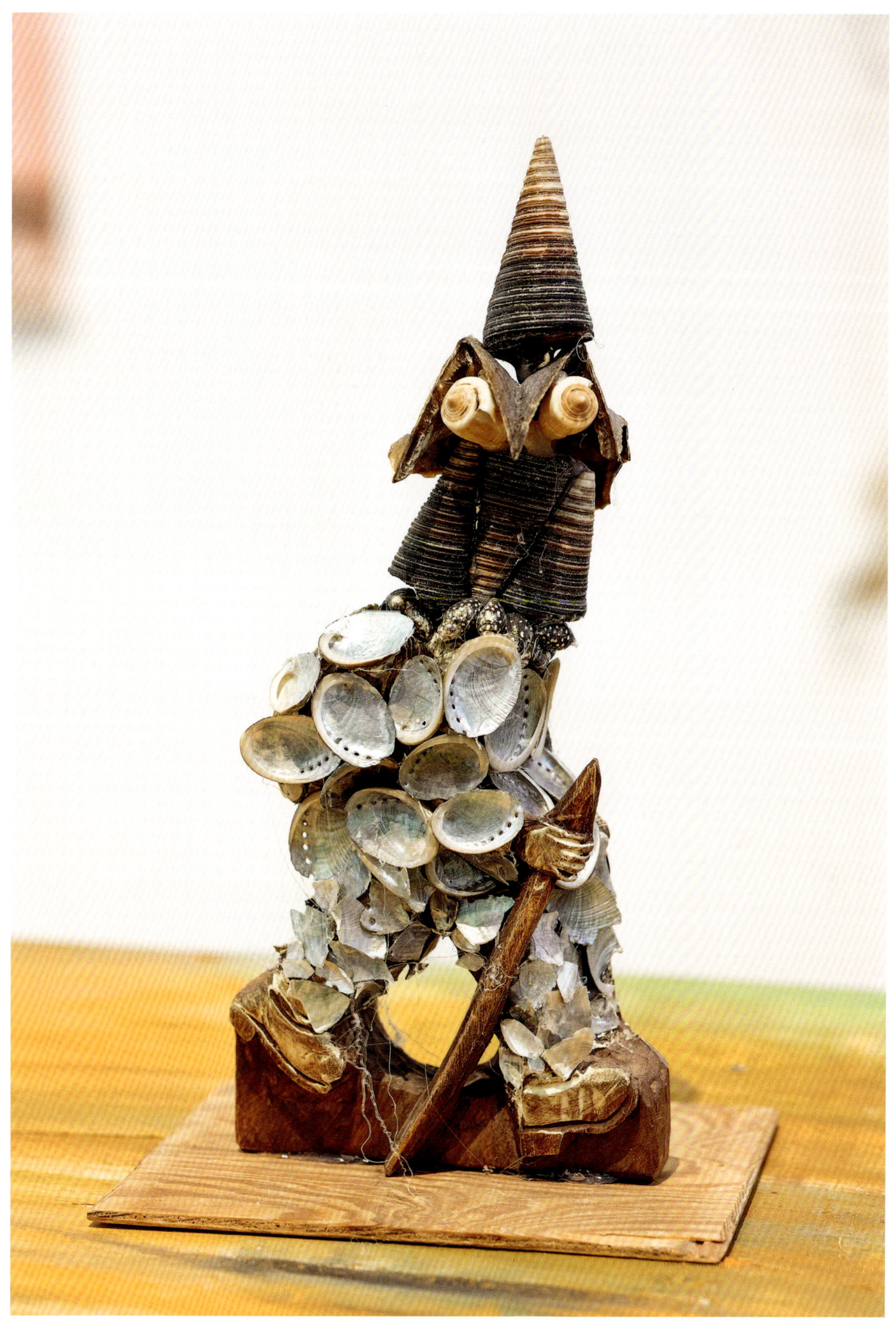

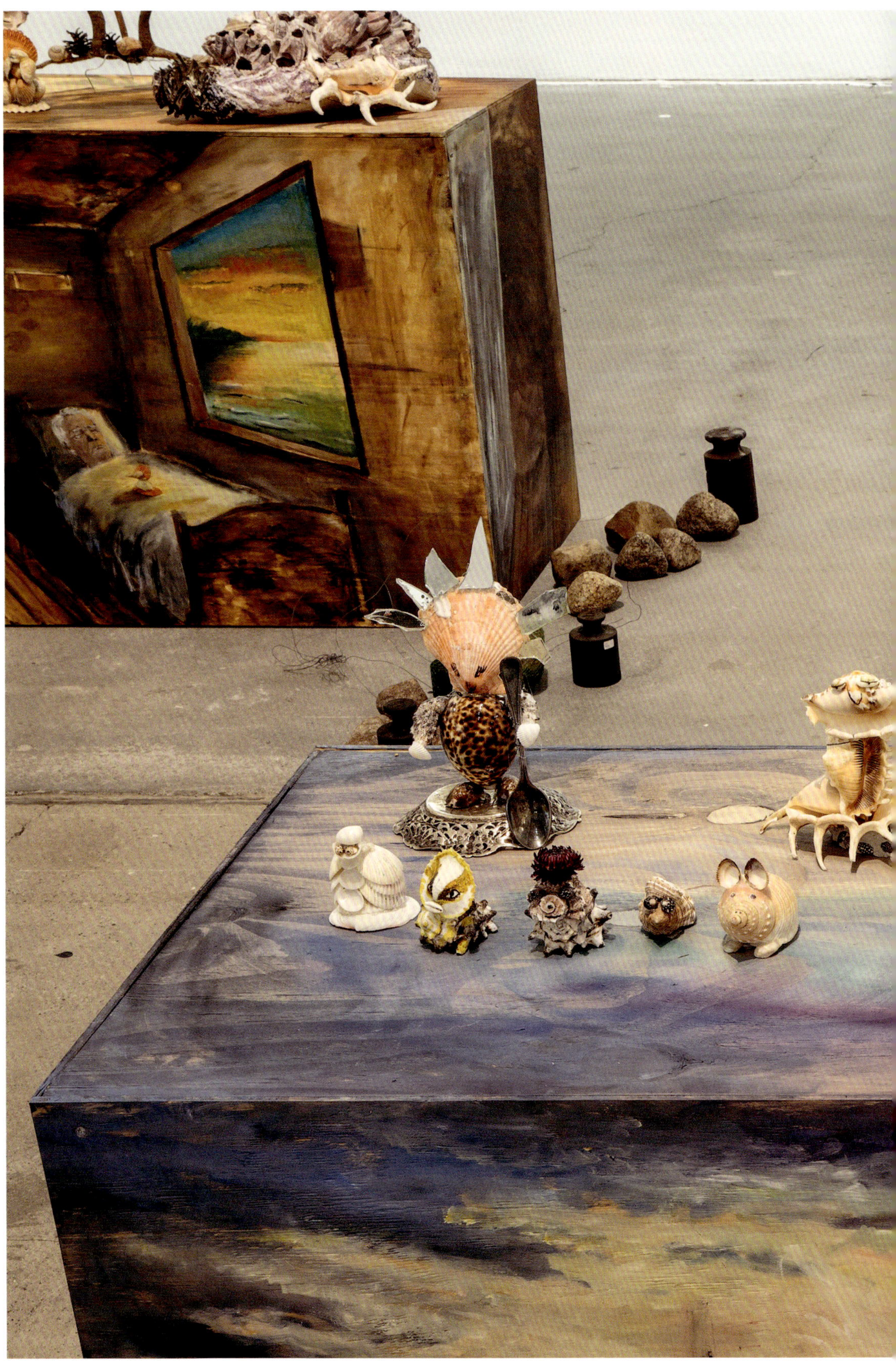

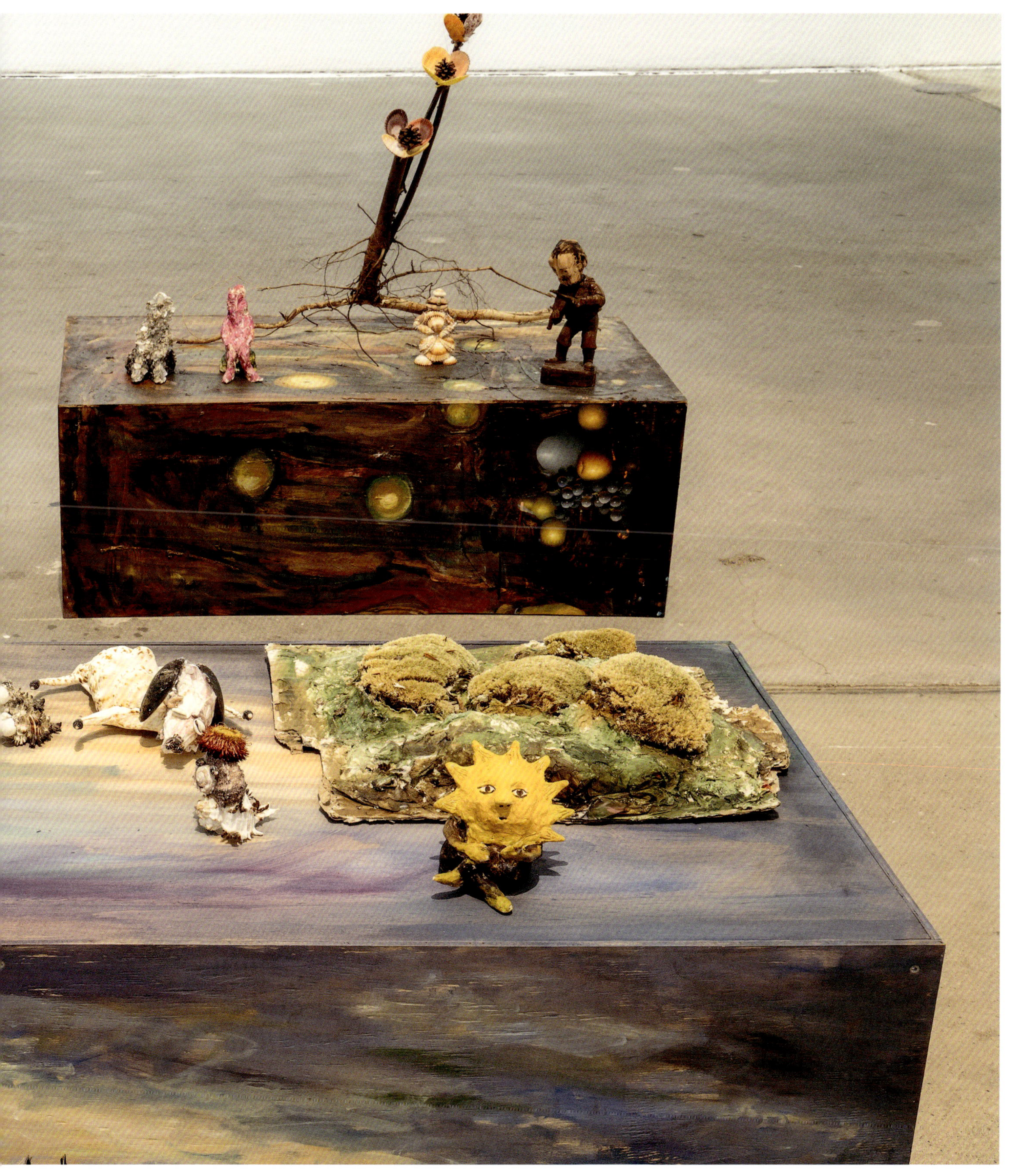

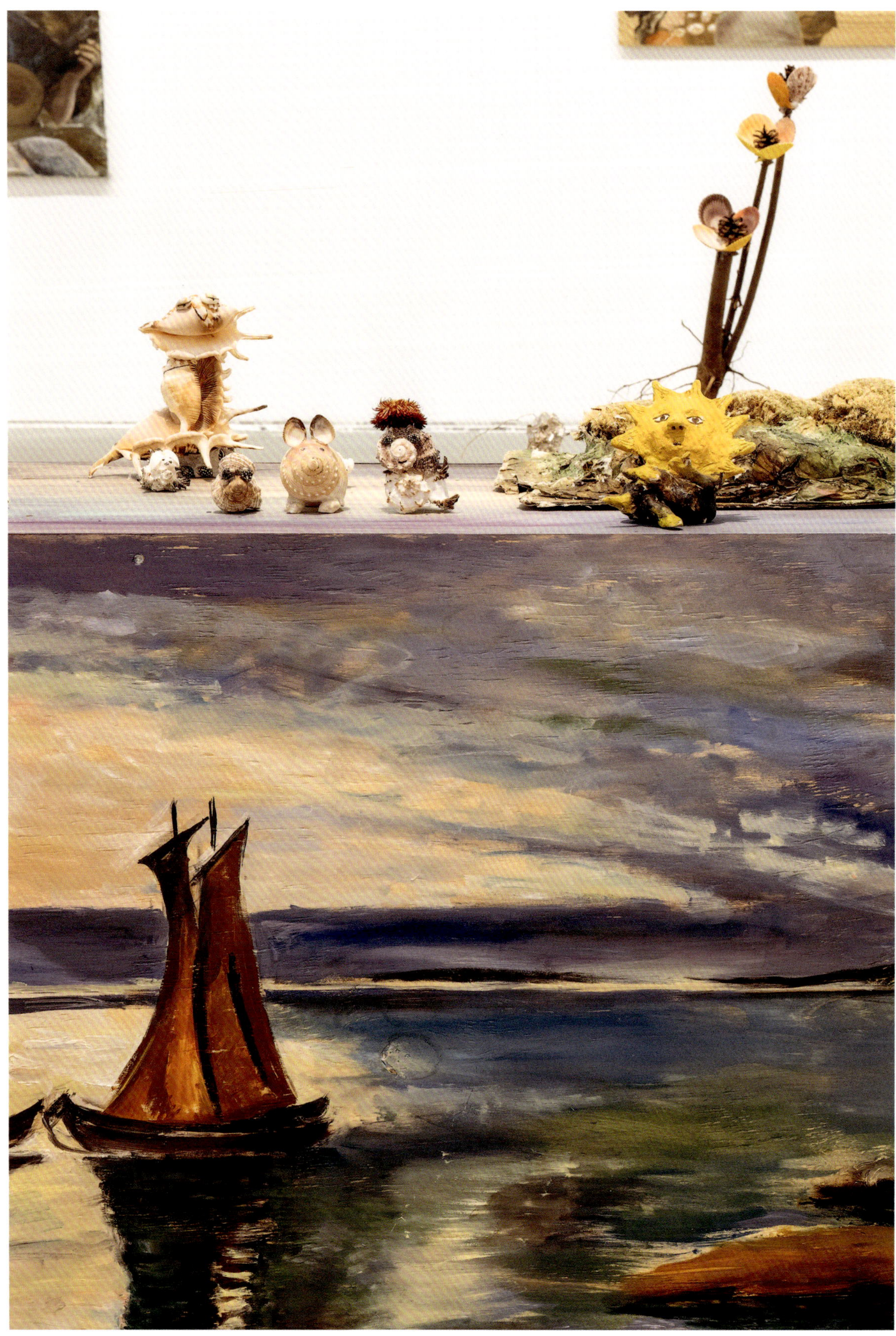

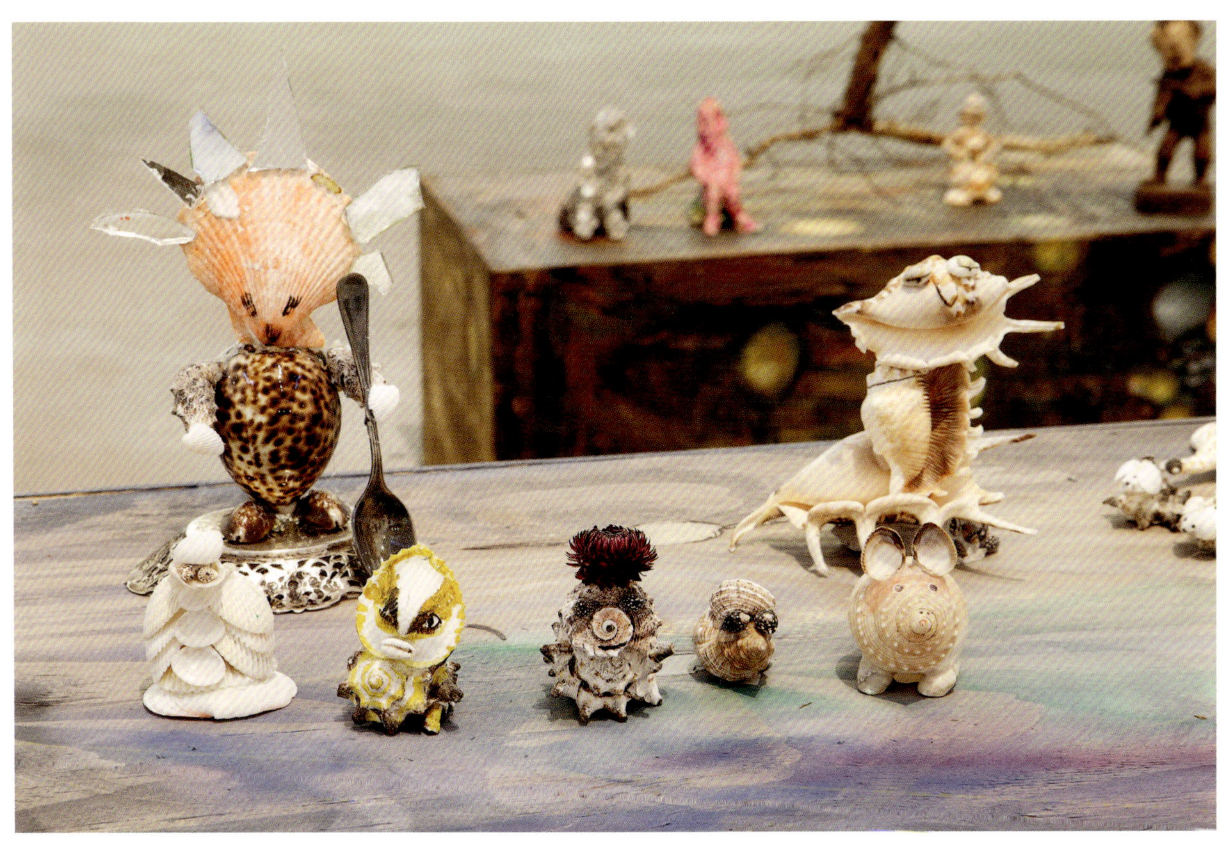

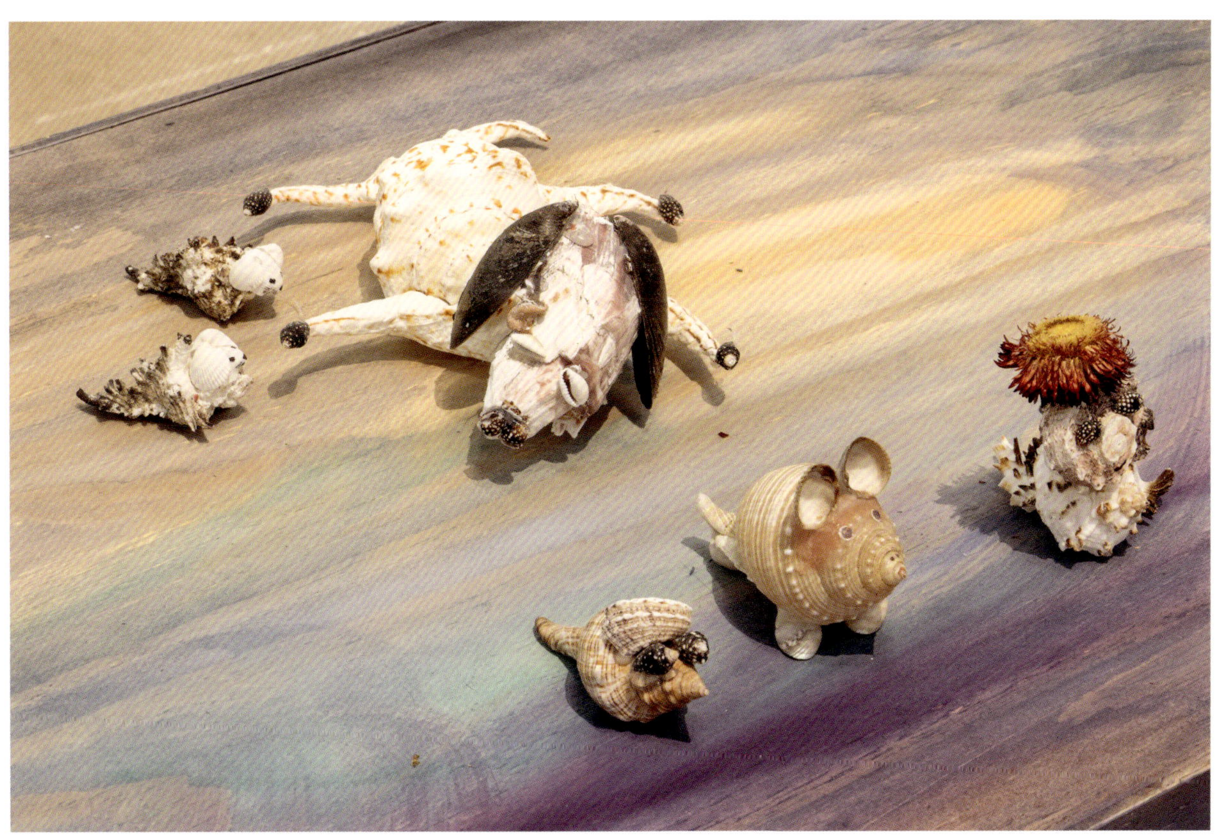

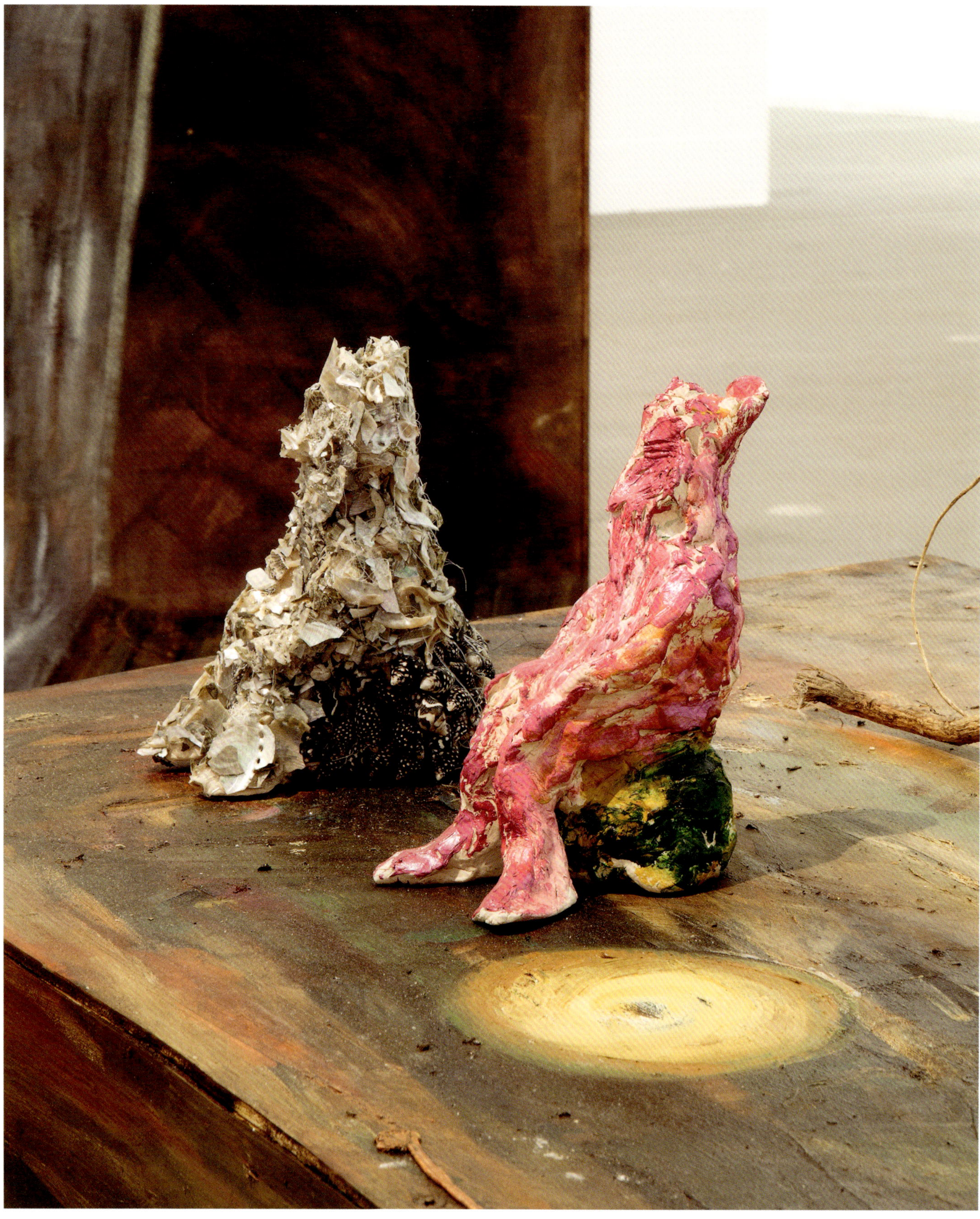

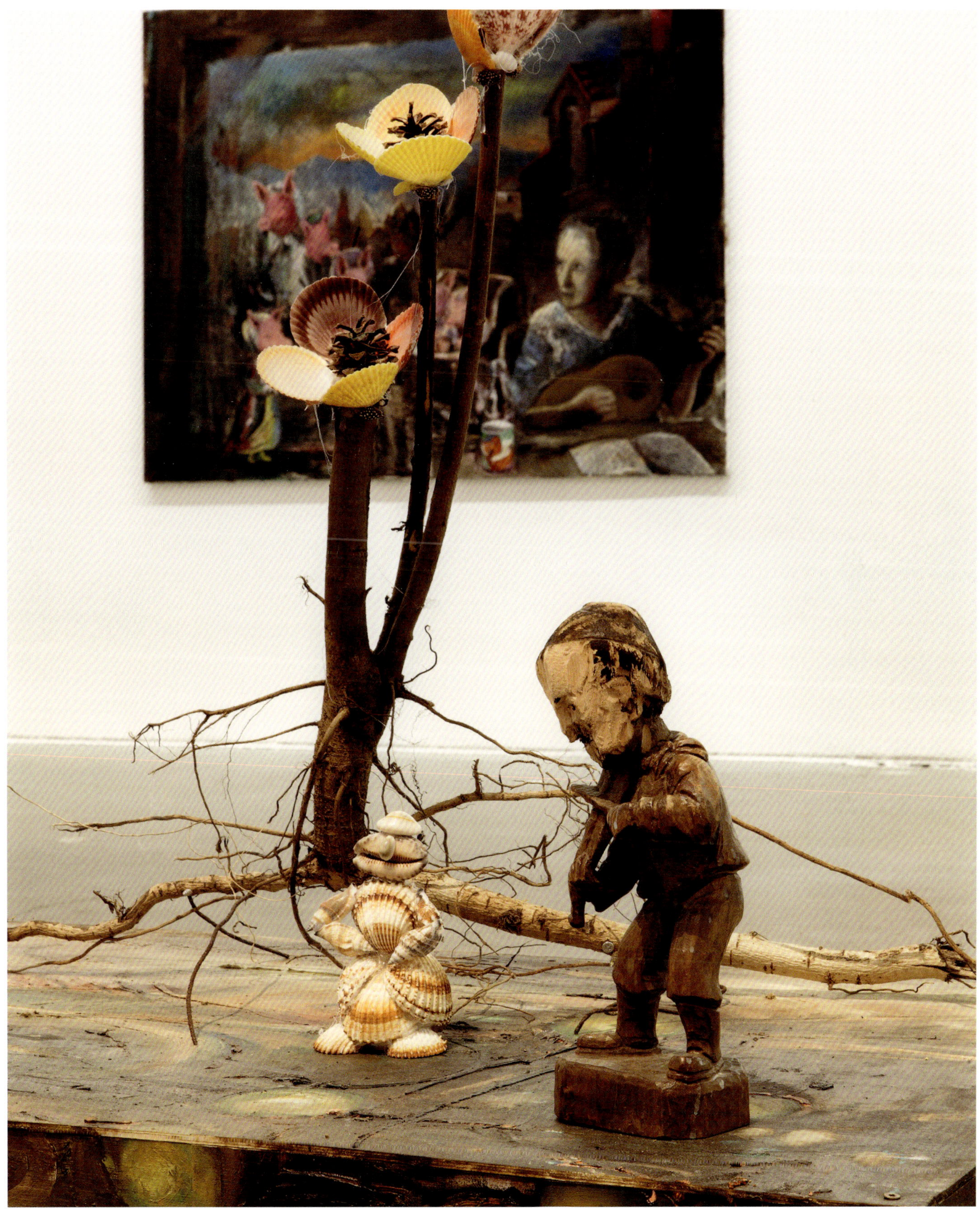

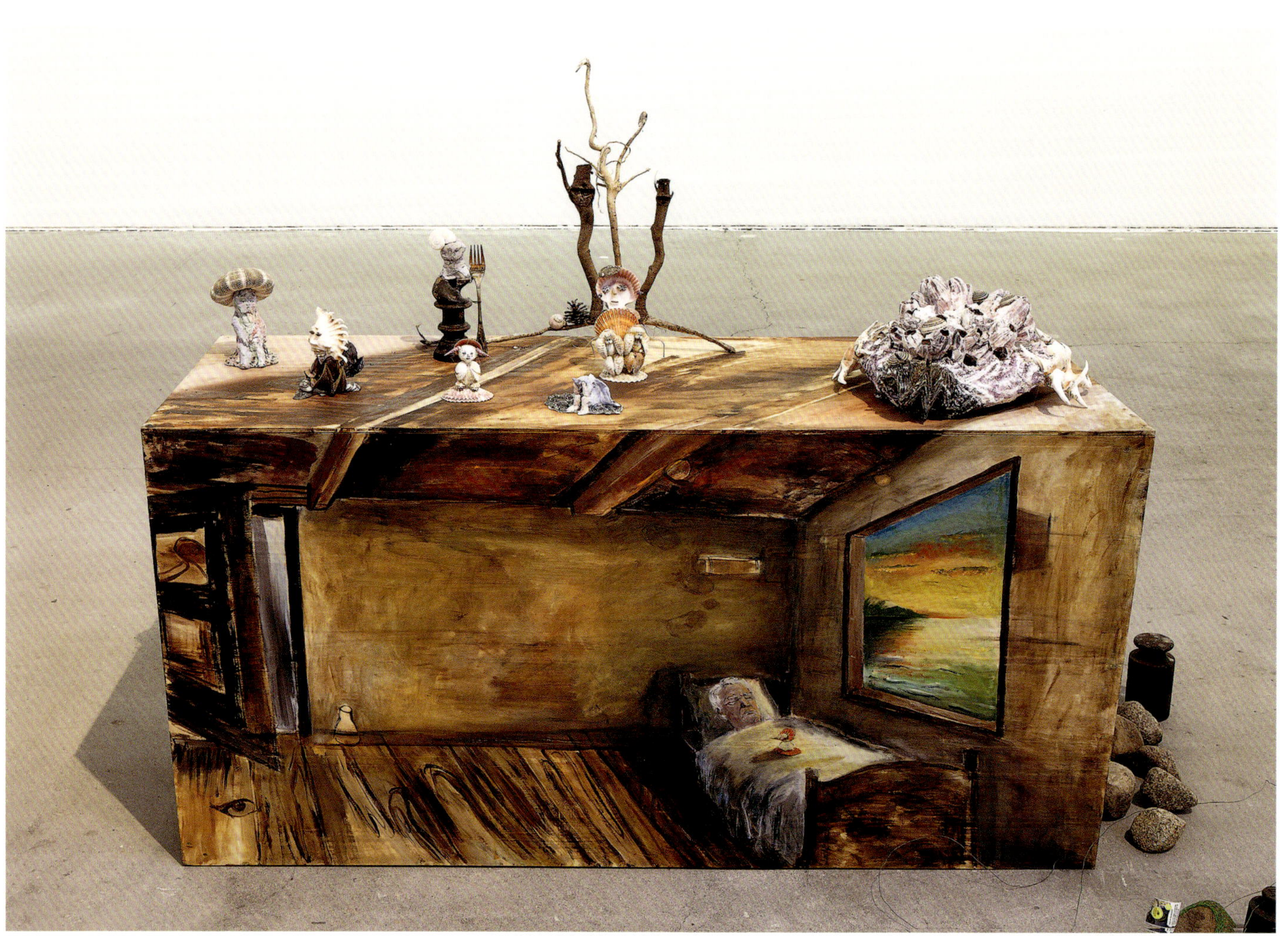

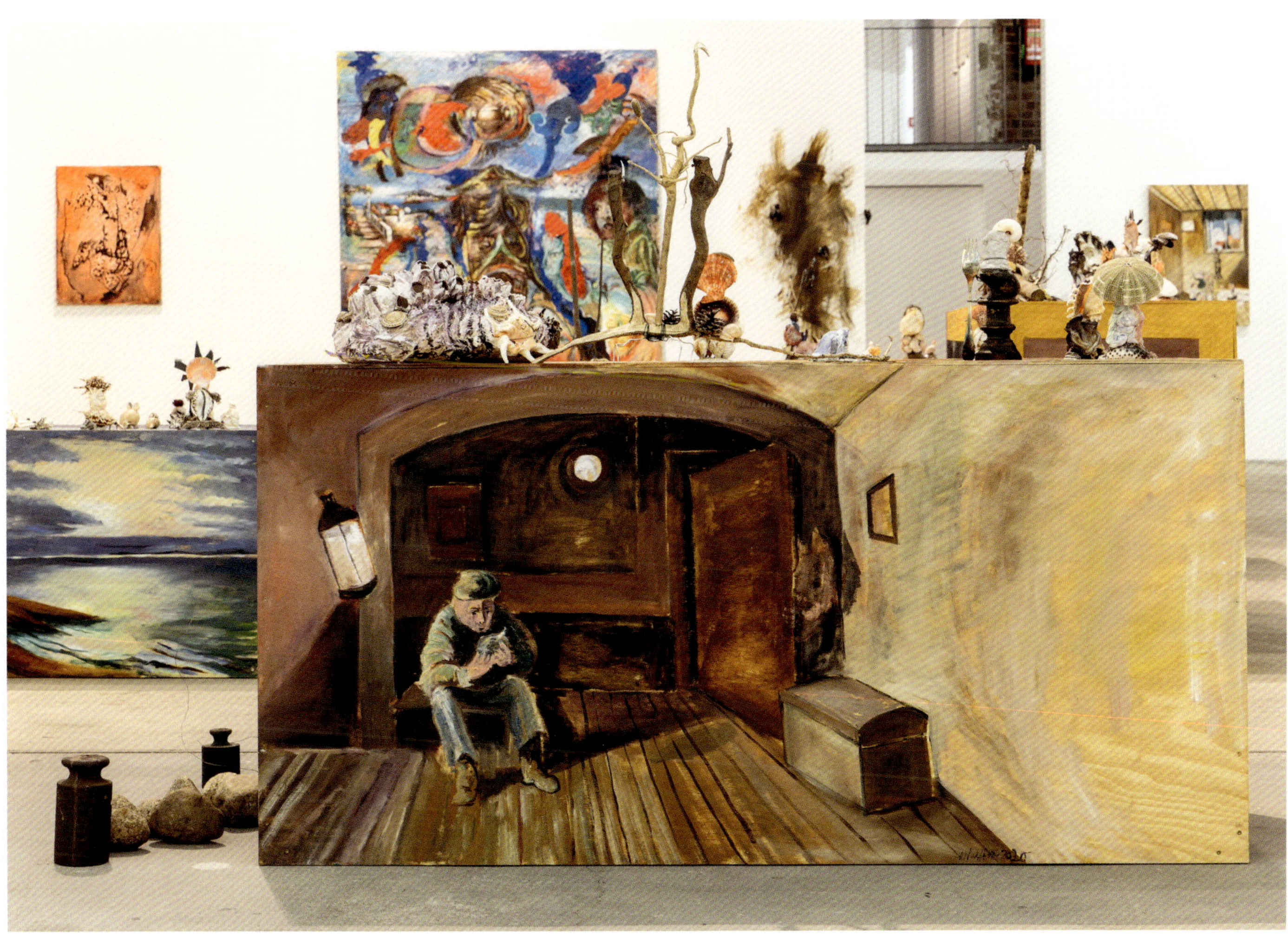

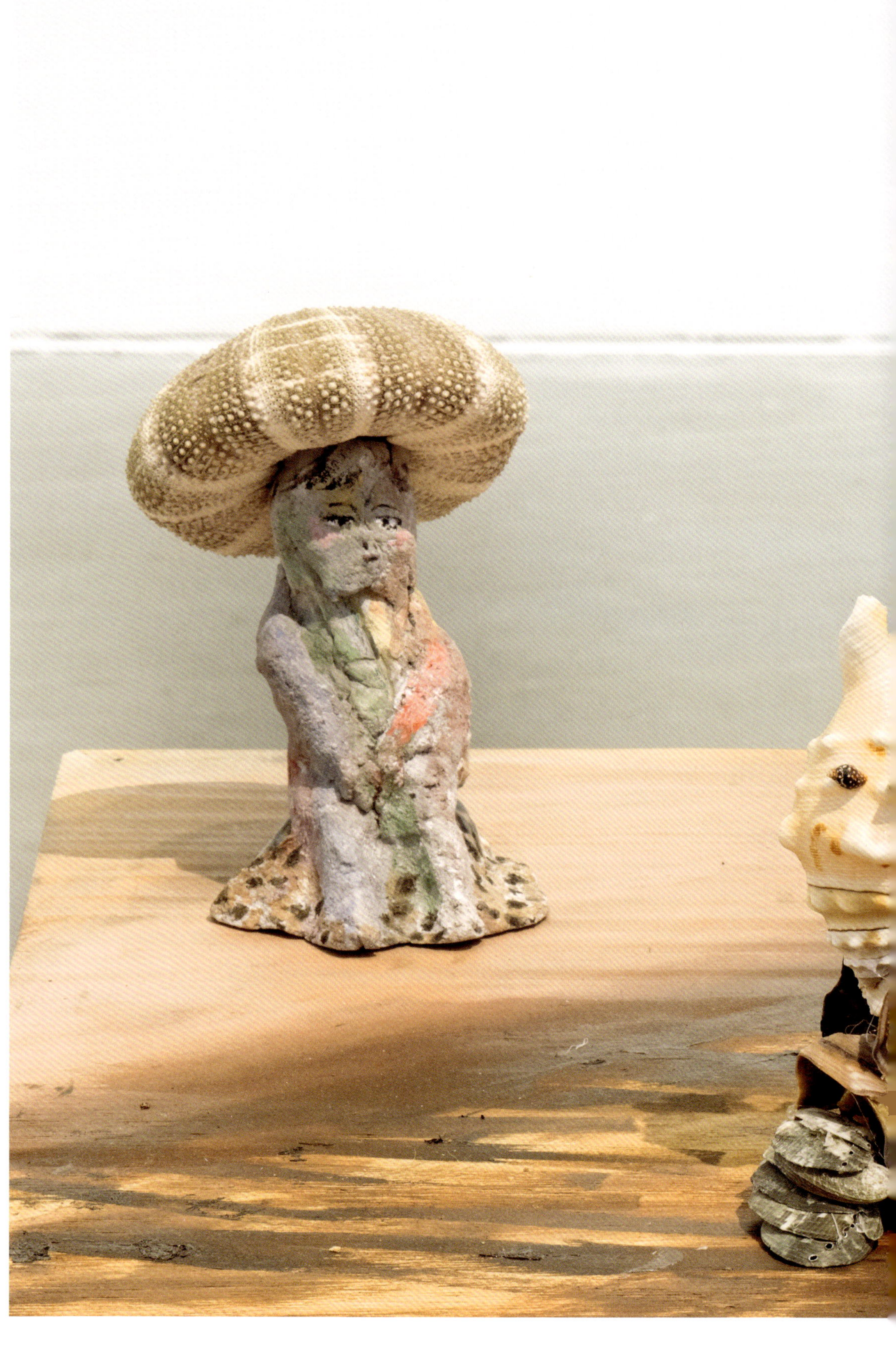

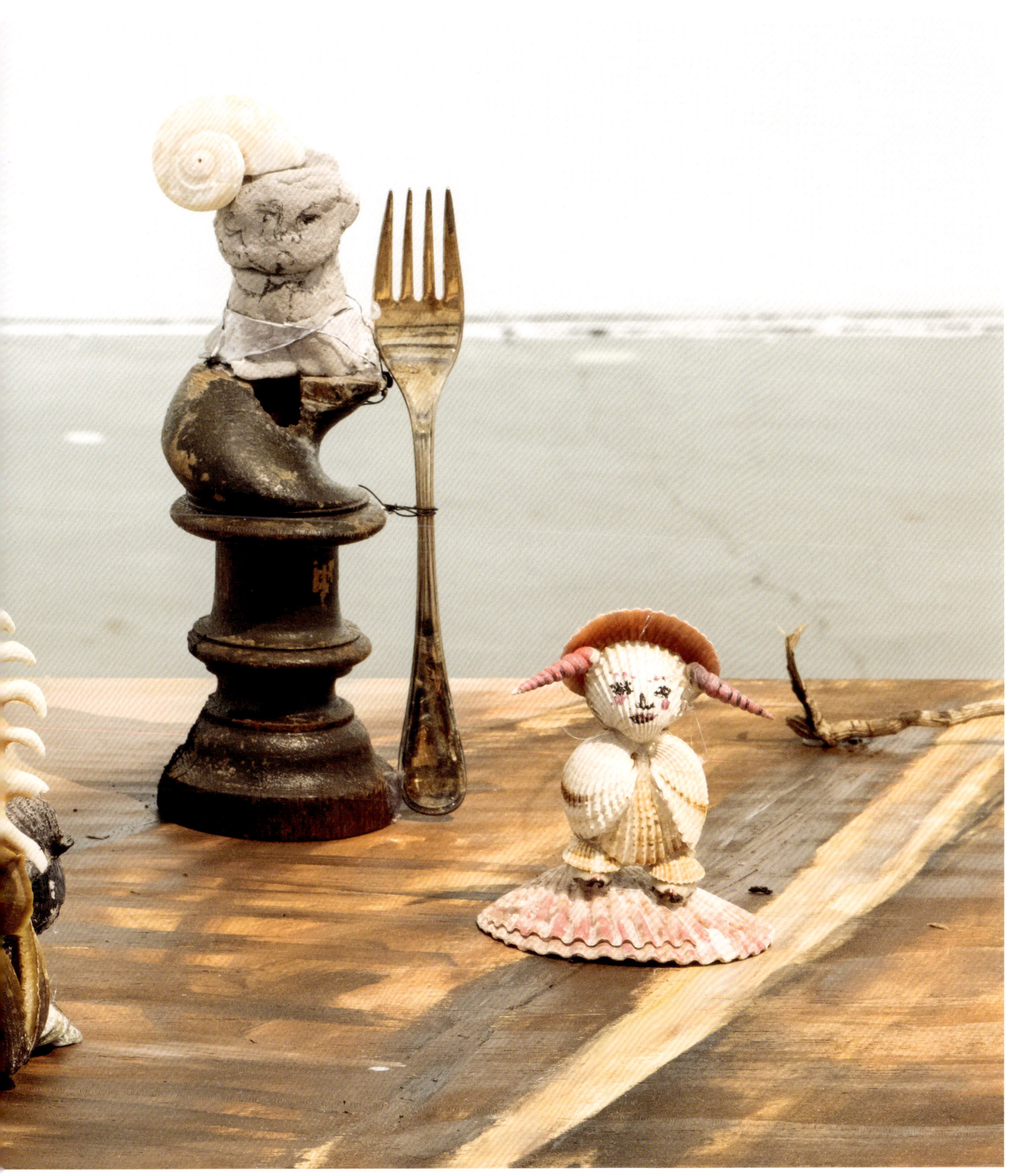

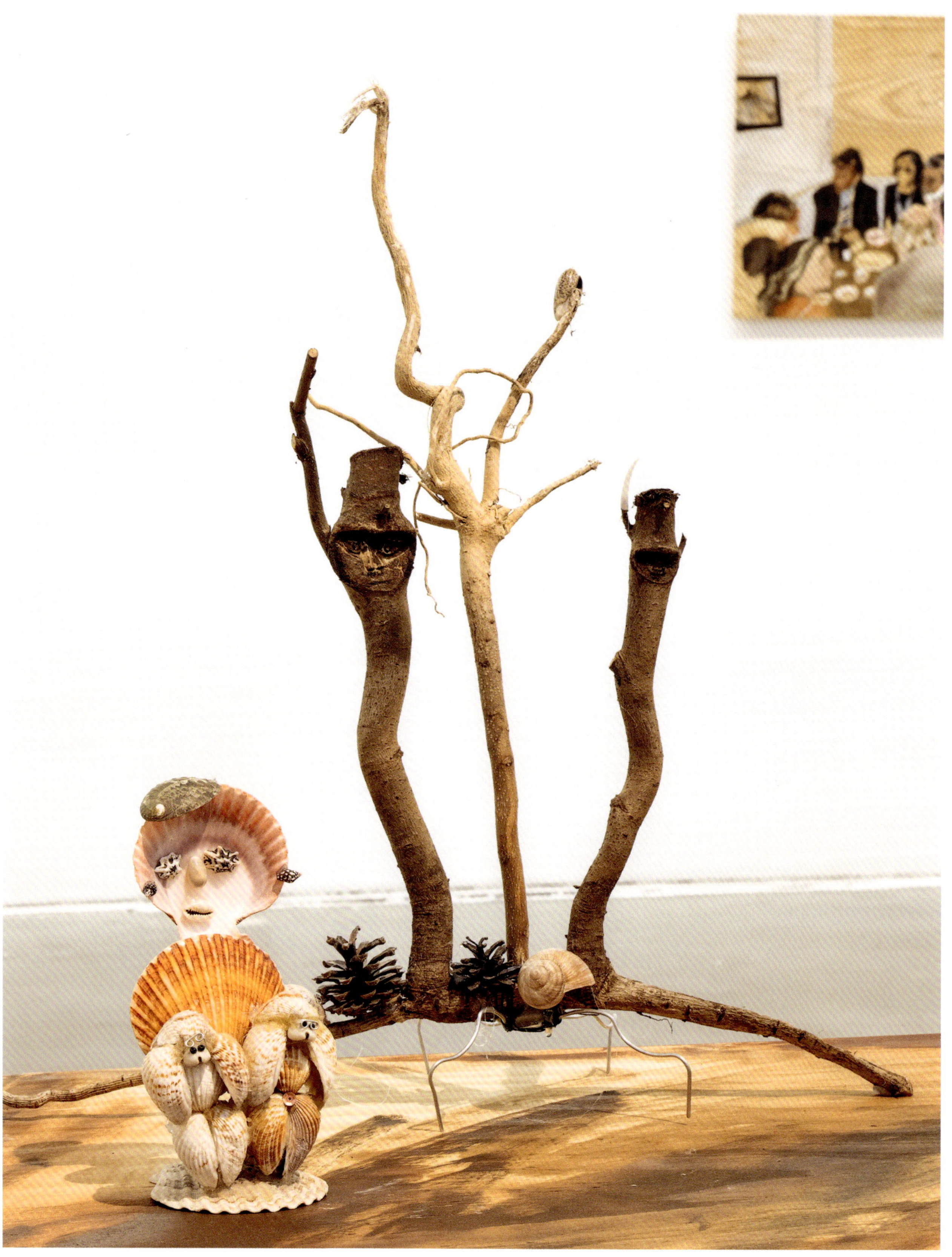

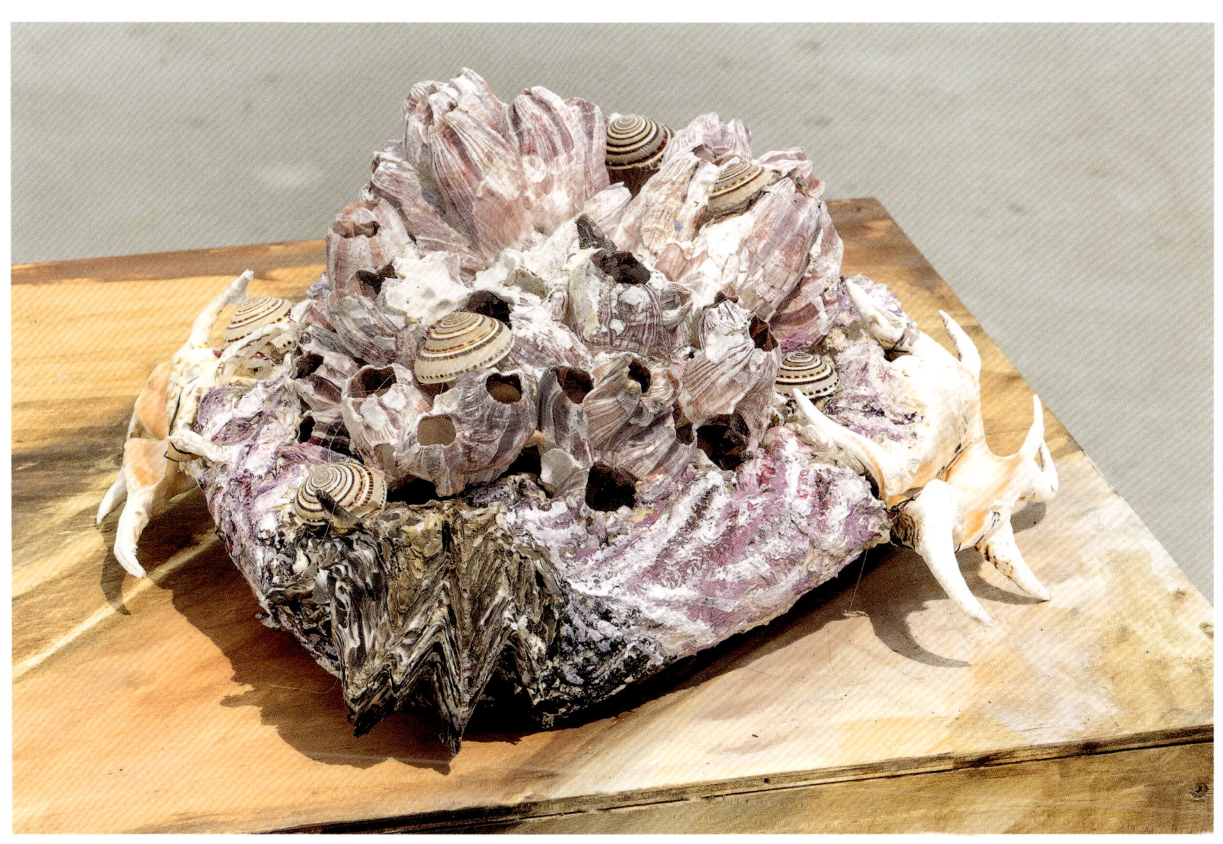

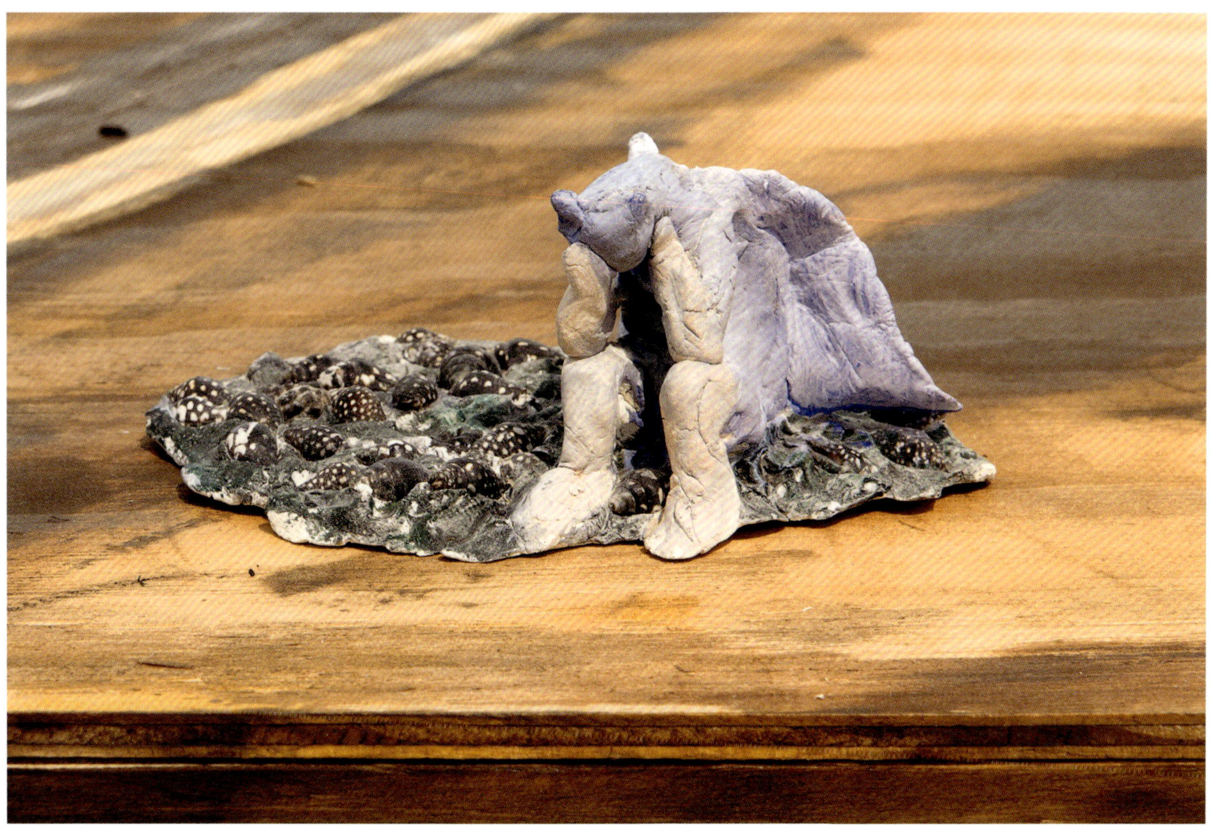

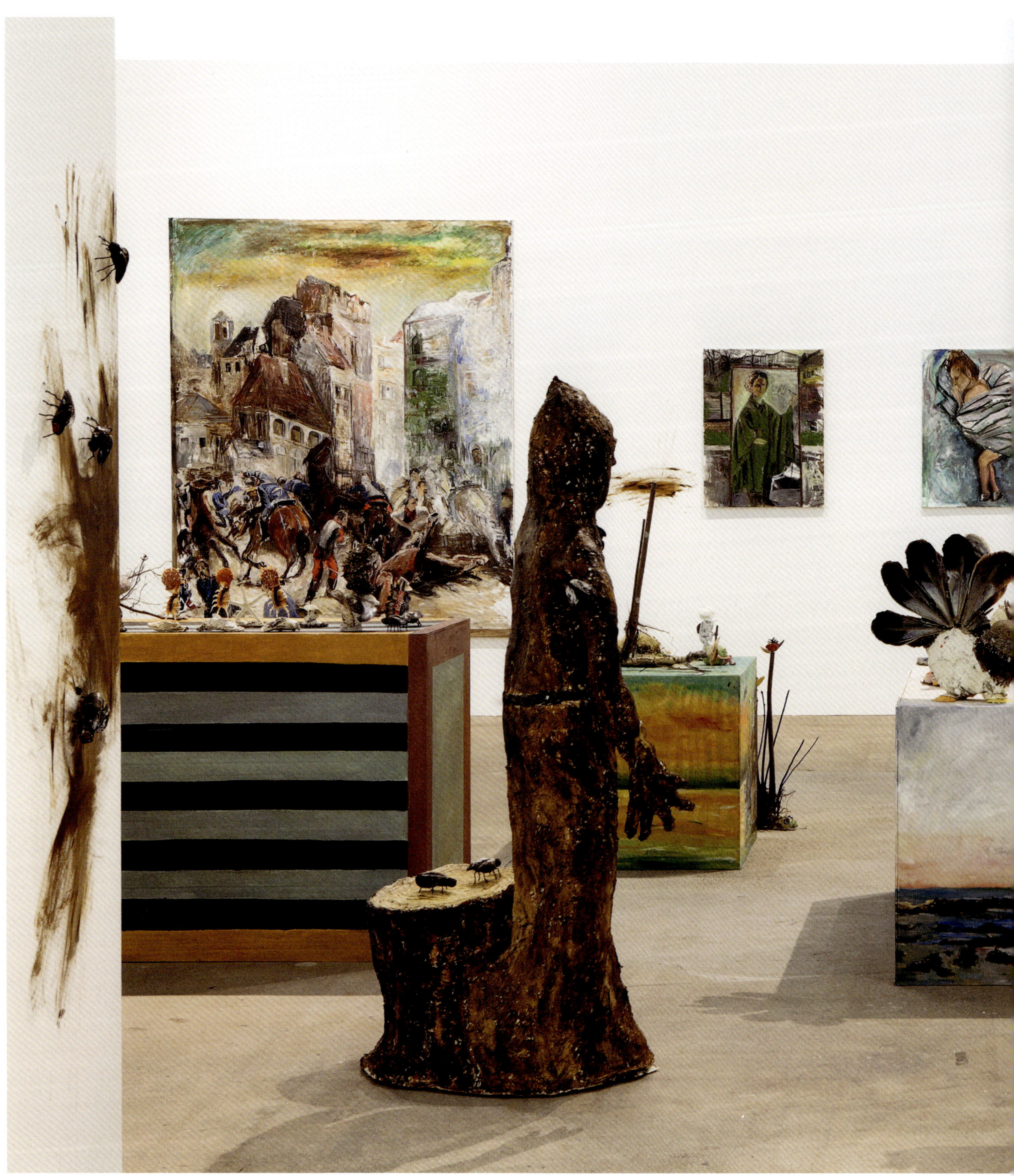

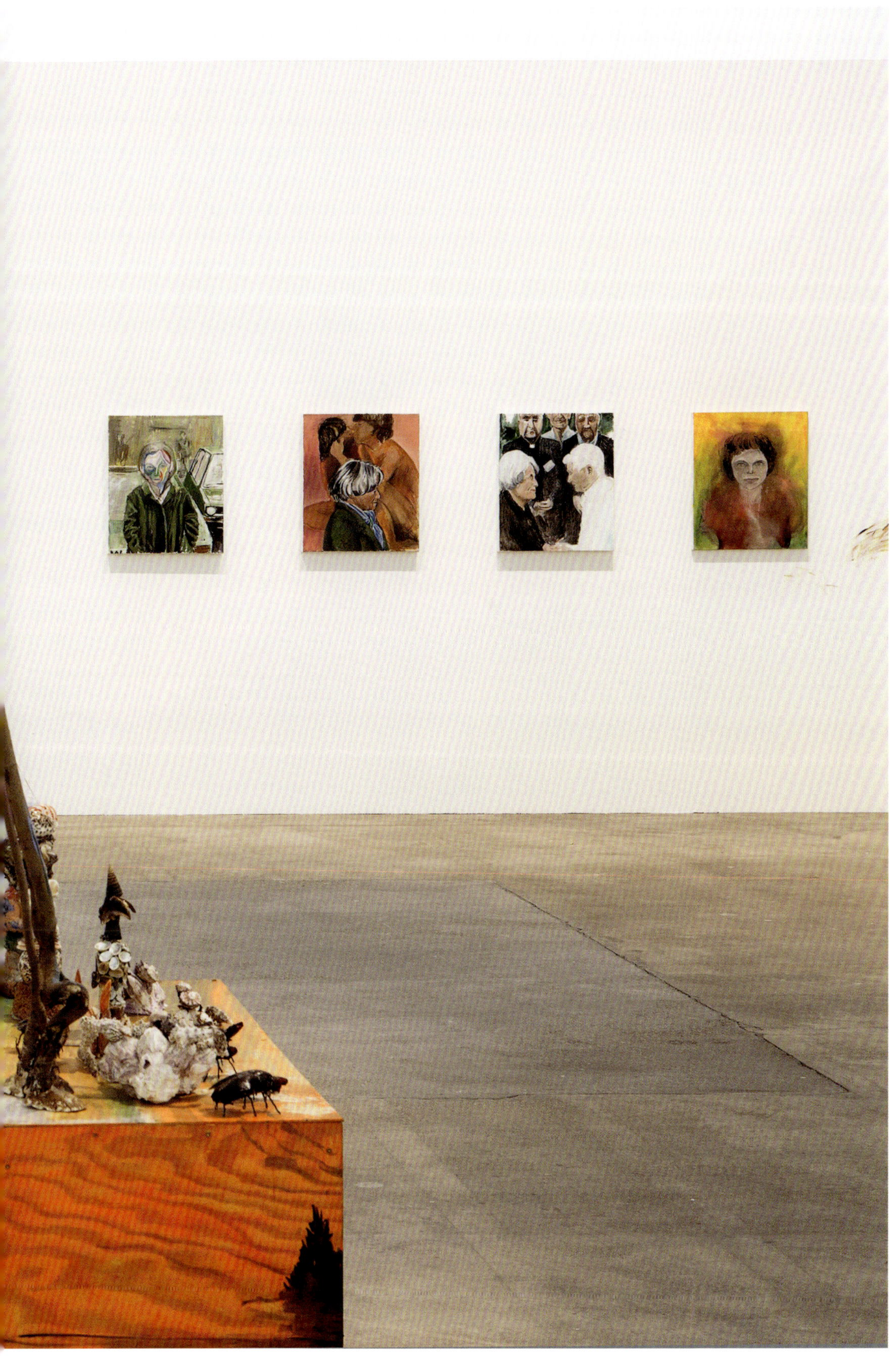

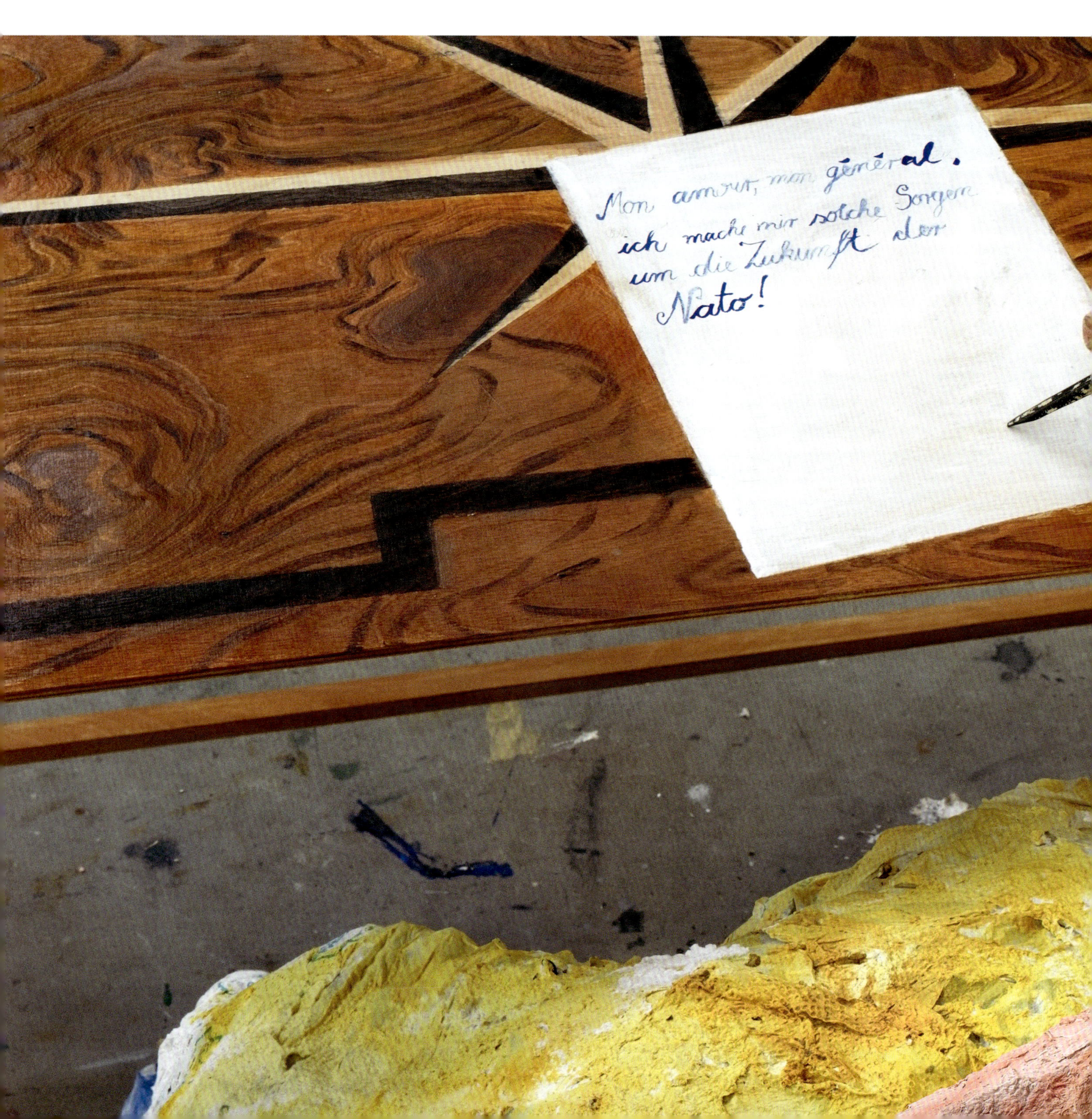
Mon amour, mon général.
ich mache mir solche Sorgen
um die Zukunft der
Nato!

Attention, les enfants
Etablissement d'en face, Brüssel / Brussels
2.4.– 15.5.2022

Galerie Meyer Kainer, Wien / Vienna
7.4.– 21.5.2022

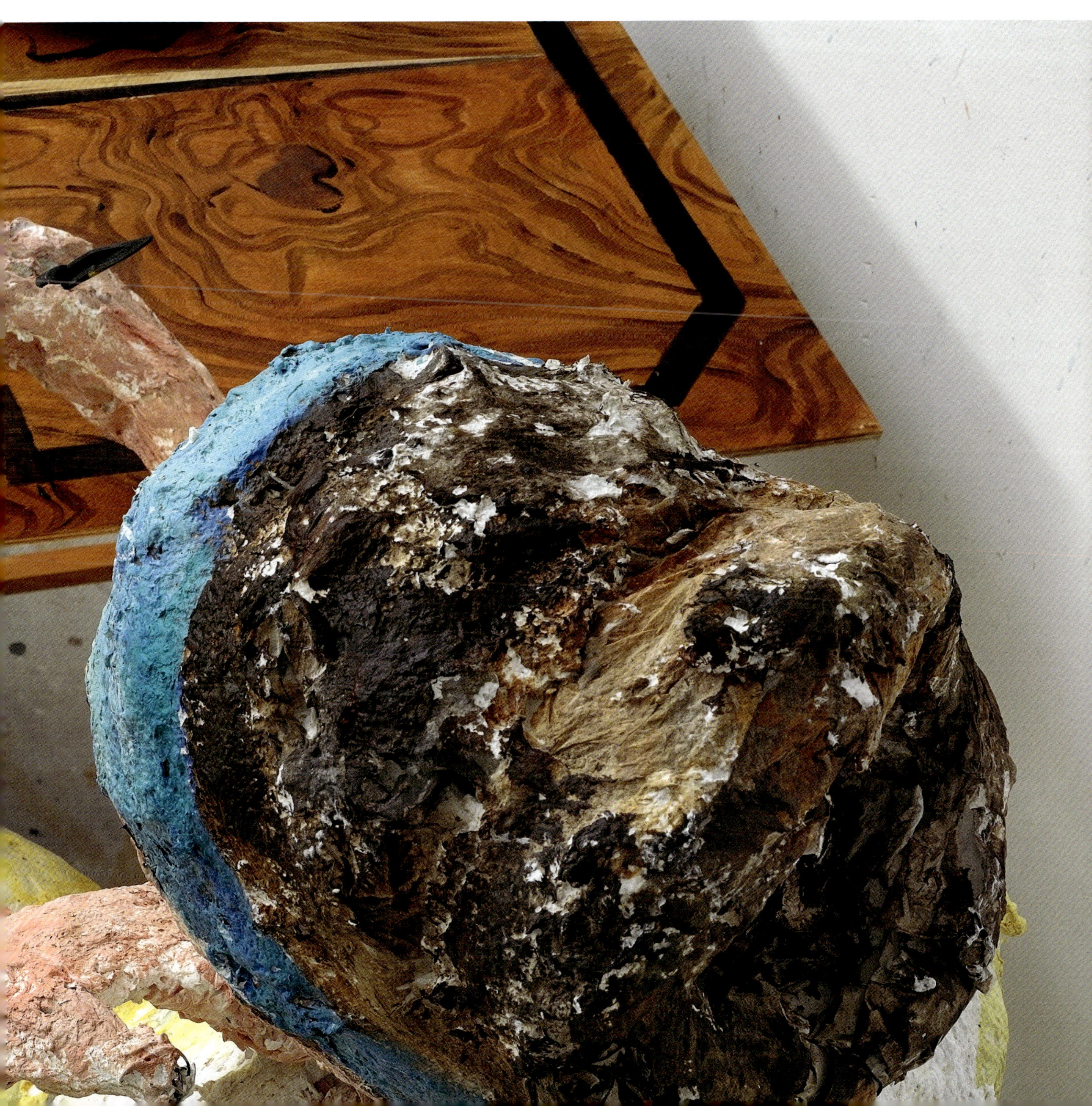

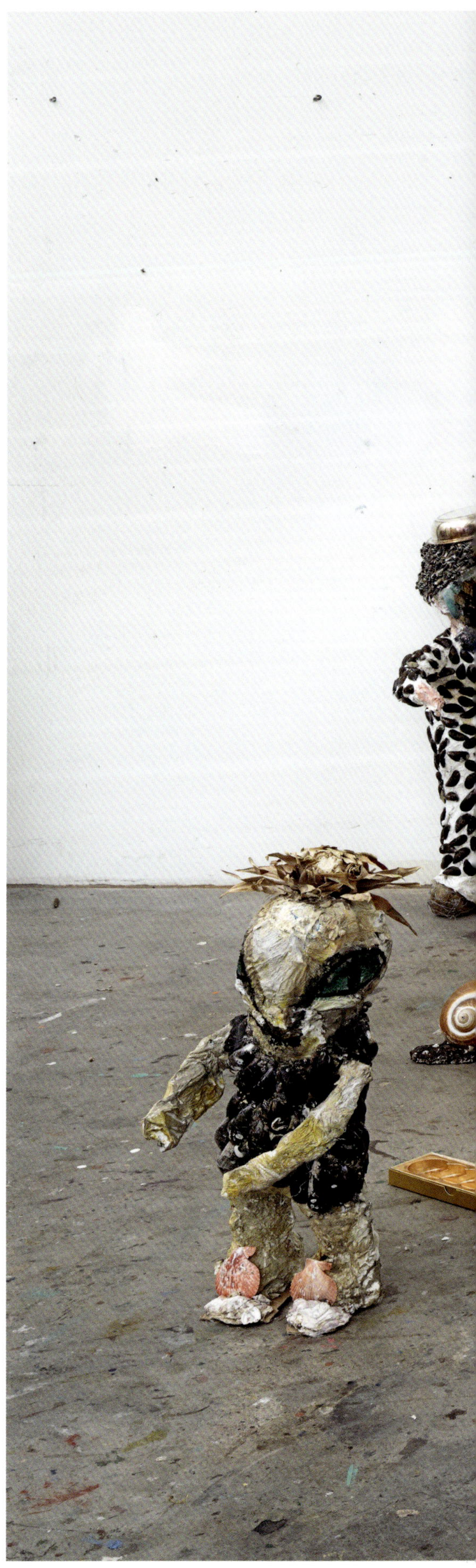

Studioansichten / studio views, 2022
Muscheln, Papiermaché, Holz, Steine, Silberschalen, Pralinenschachteln, Acrylfarbe / Sea shells, papier-mâché, wood, stones, silver bowls, empty chocolate boxes, acrylic
(Seiten / Pages 130 – 135)

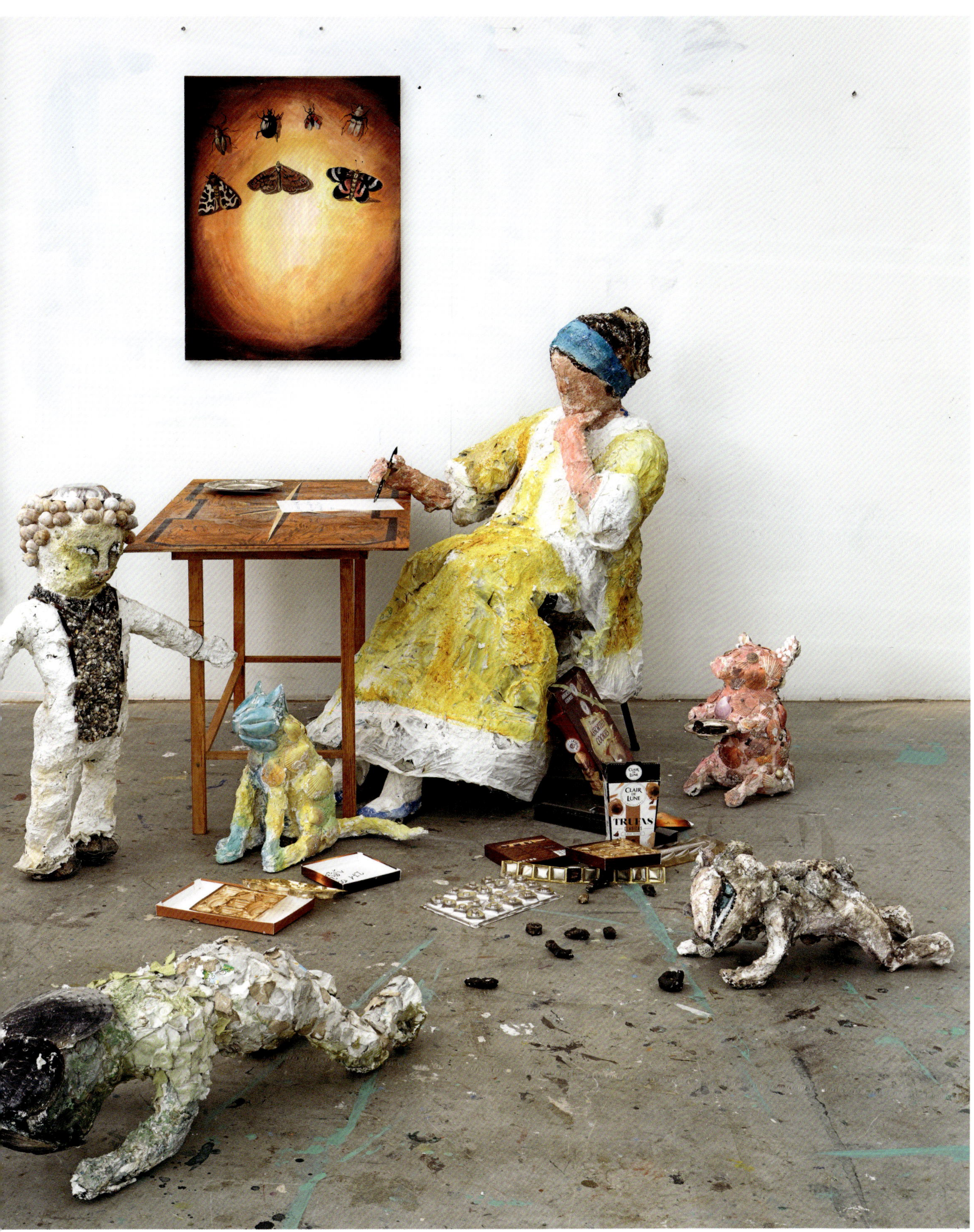
ASSORTED COOKIES
CLAIR DE LUNE
CLAIR DE LUNE
TRUFAS

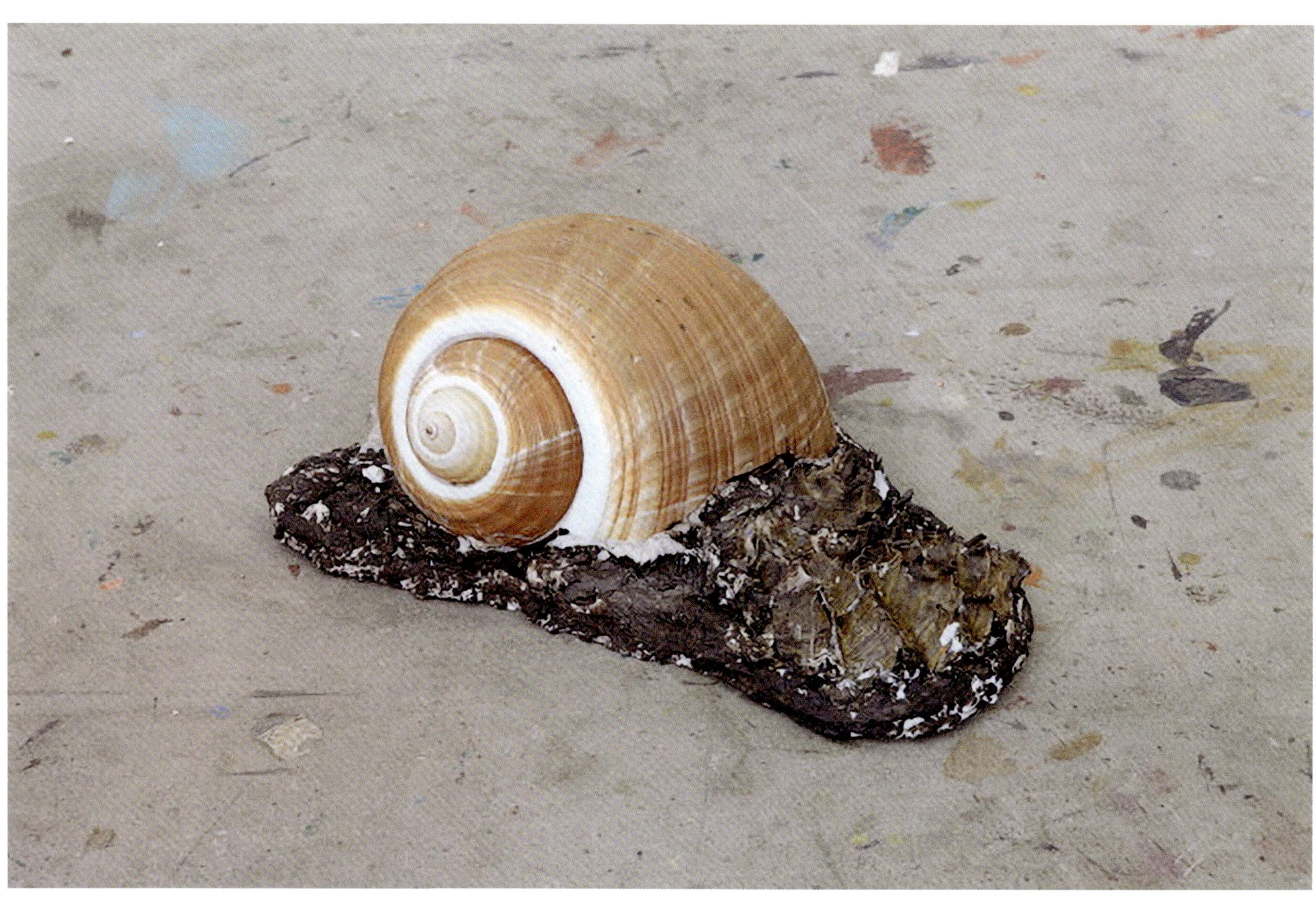

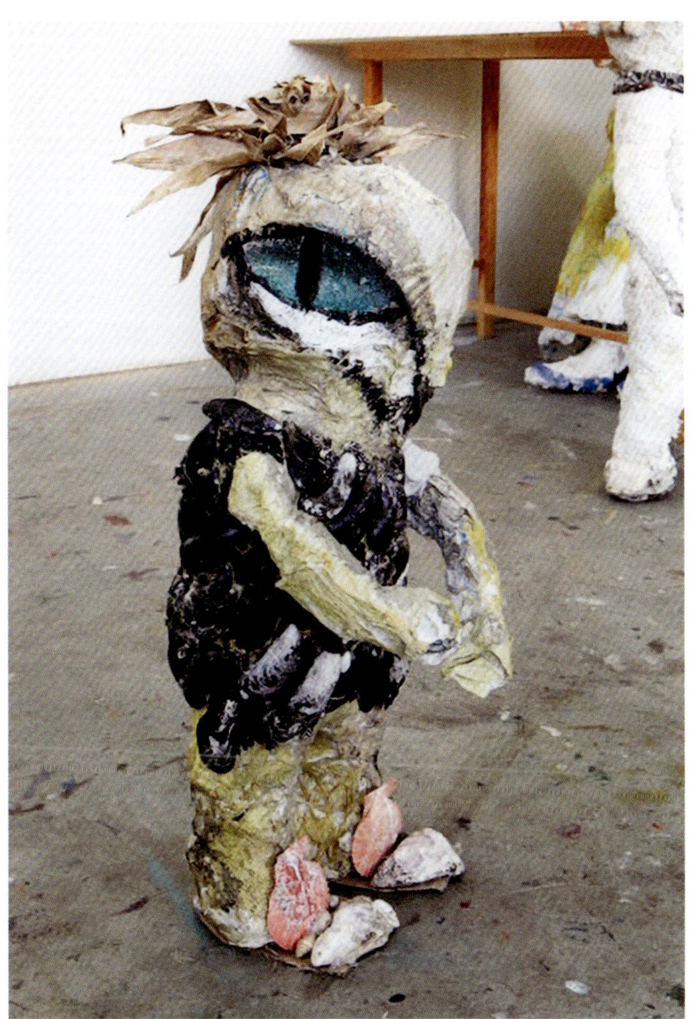

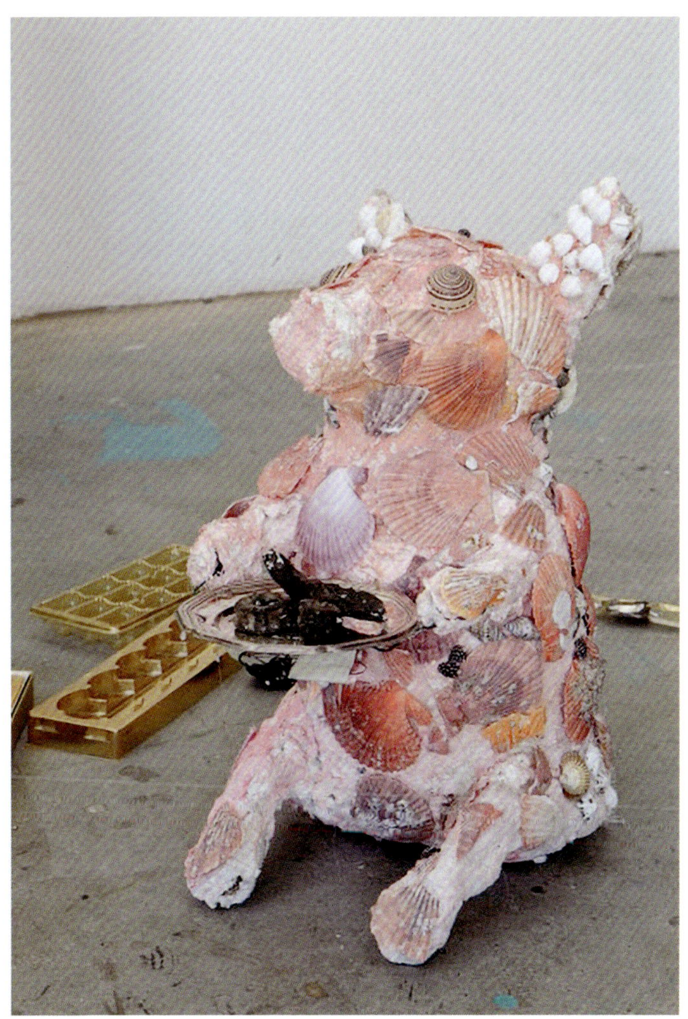

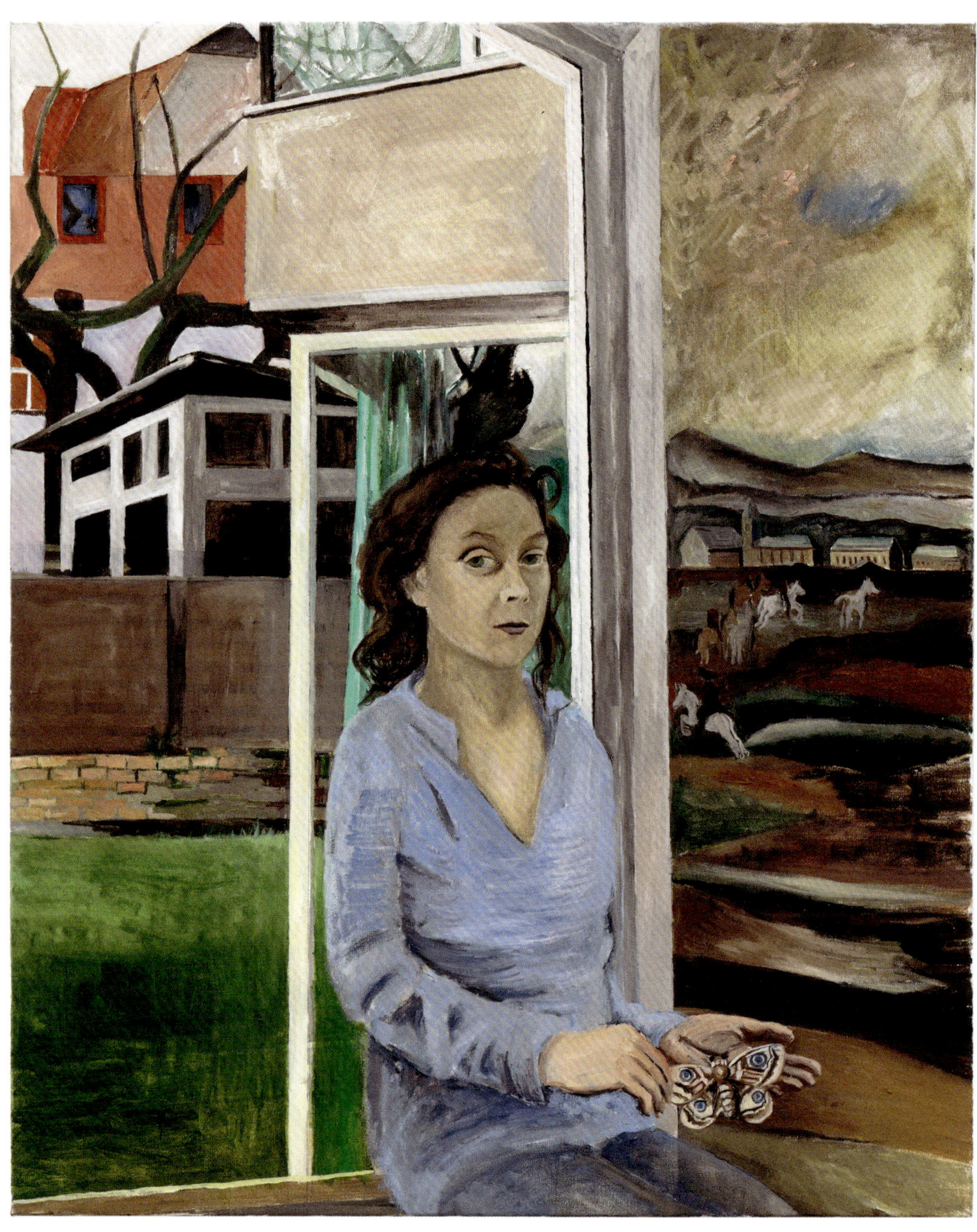

O.T. / Untitled, 2022
Öl auf Leinwand / Oil on canvas
100 × 80 cm

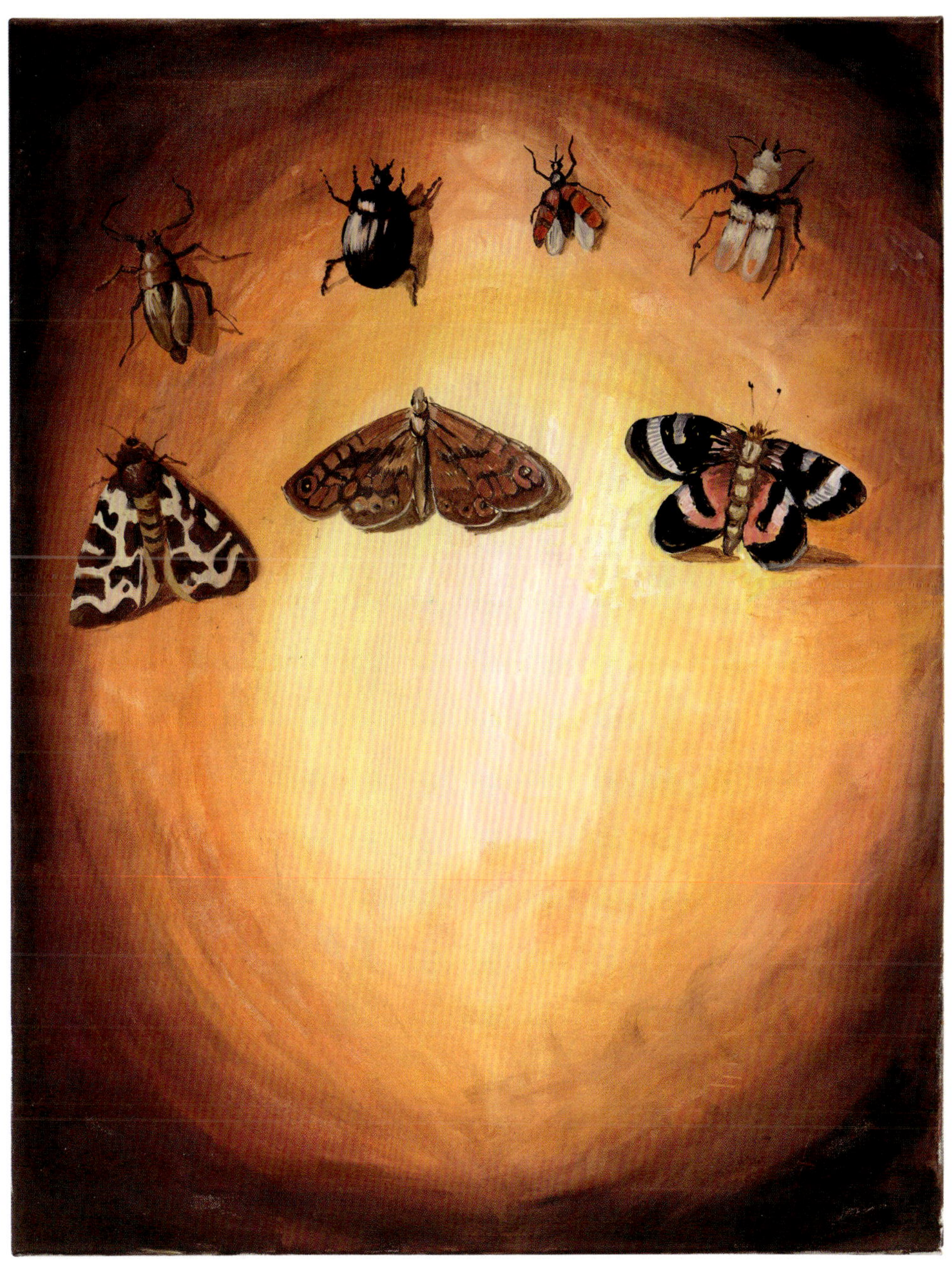

Schmetterlinge, kleine Auswahl
2022
Öl auf Leinwand / Oil on canvas
80 × 60 cm

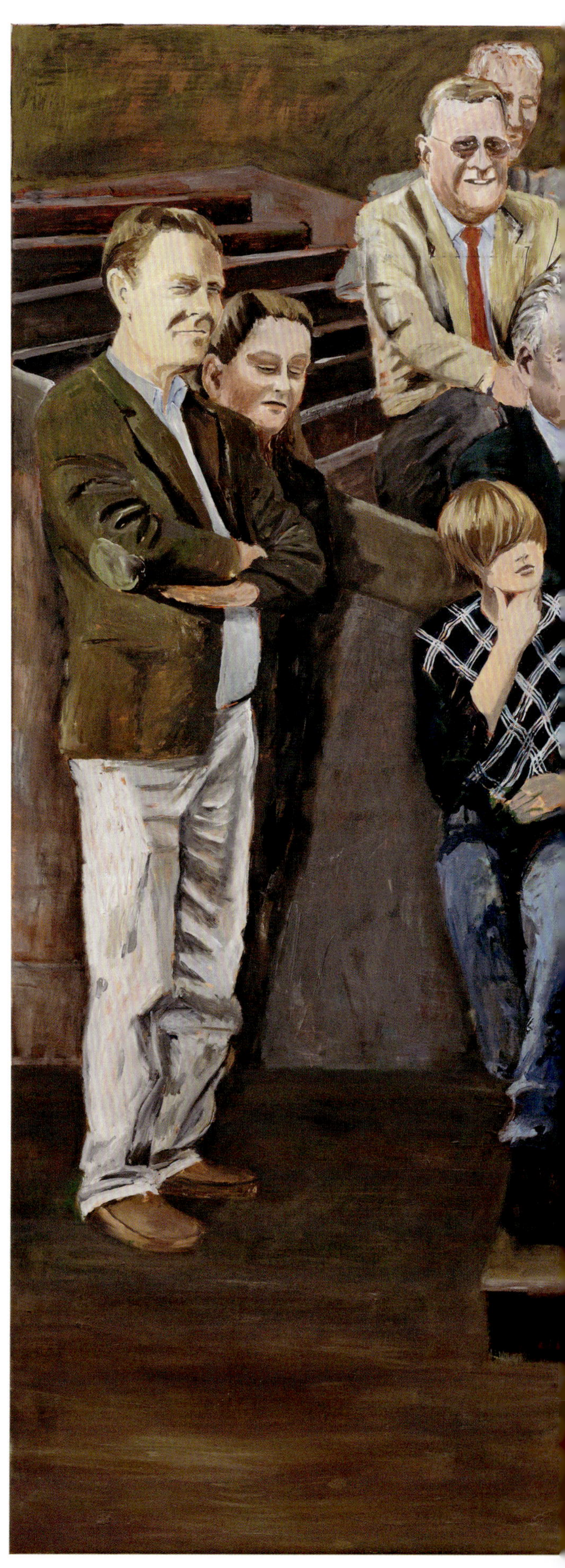

Verwandtschaft, groß, 2022
Öl auf Leinwand / Oil on canvas
190 × 220 cm

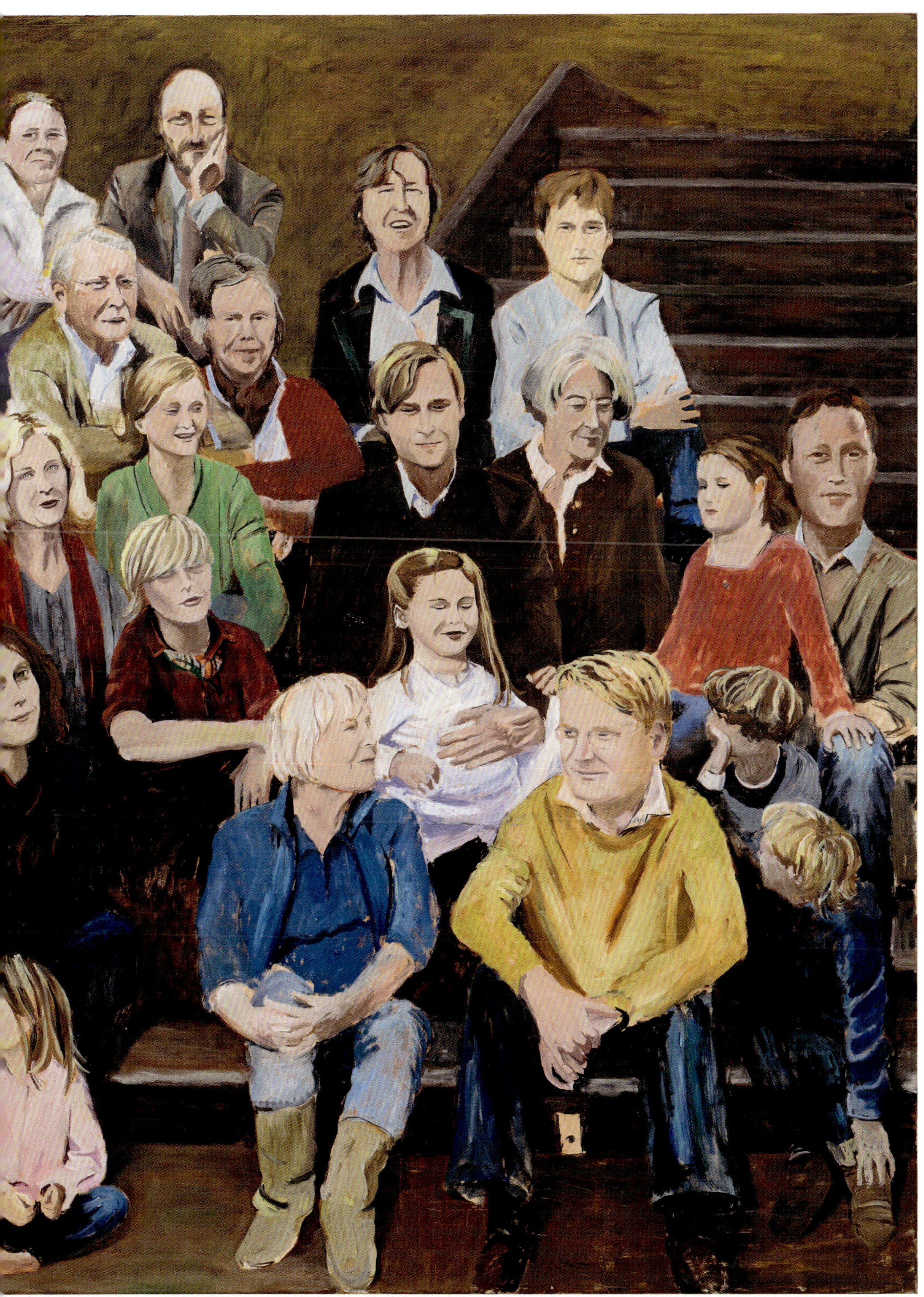

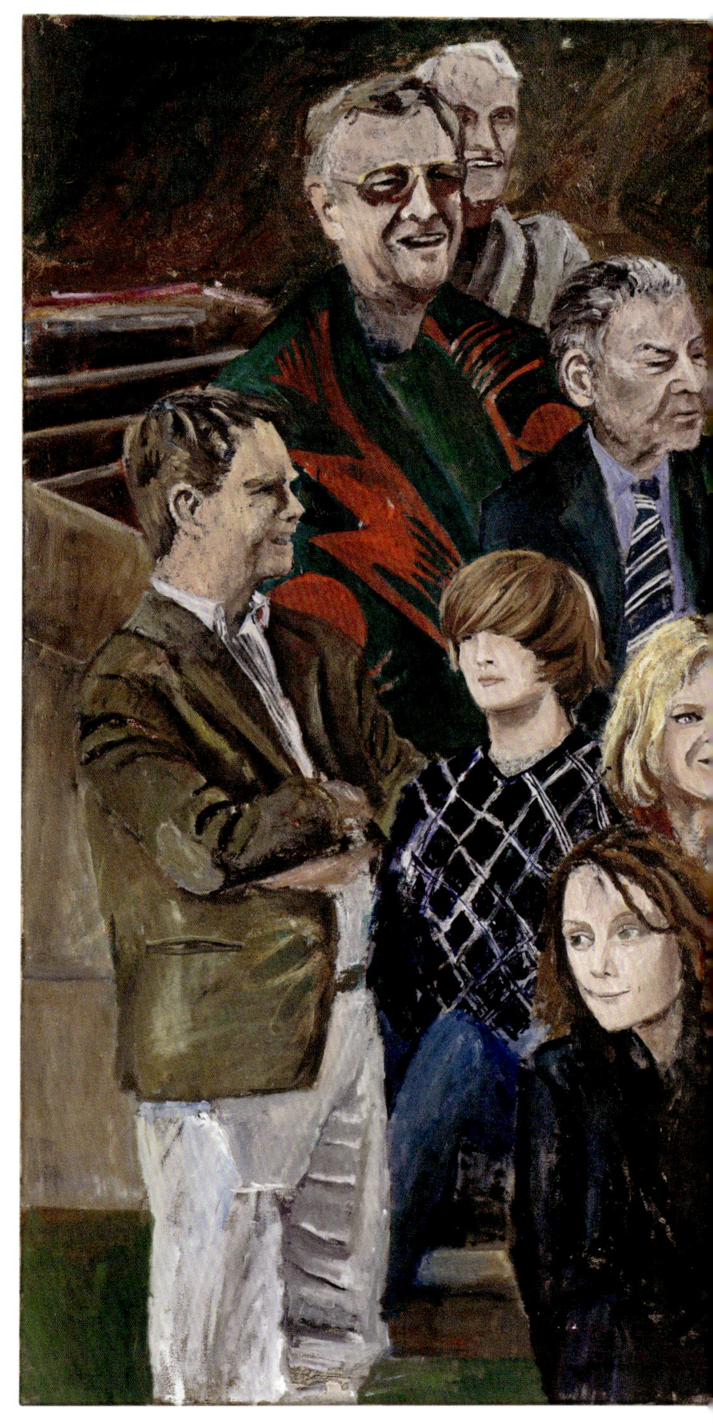

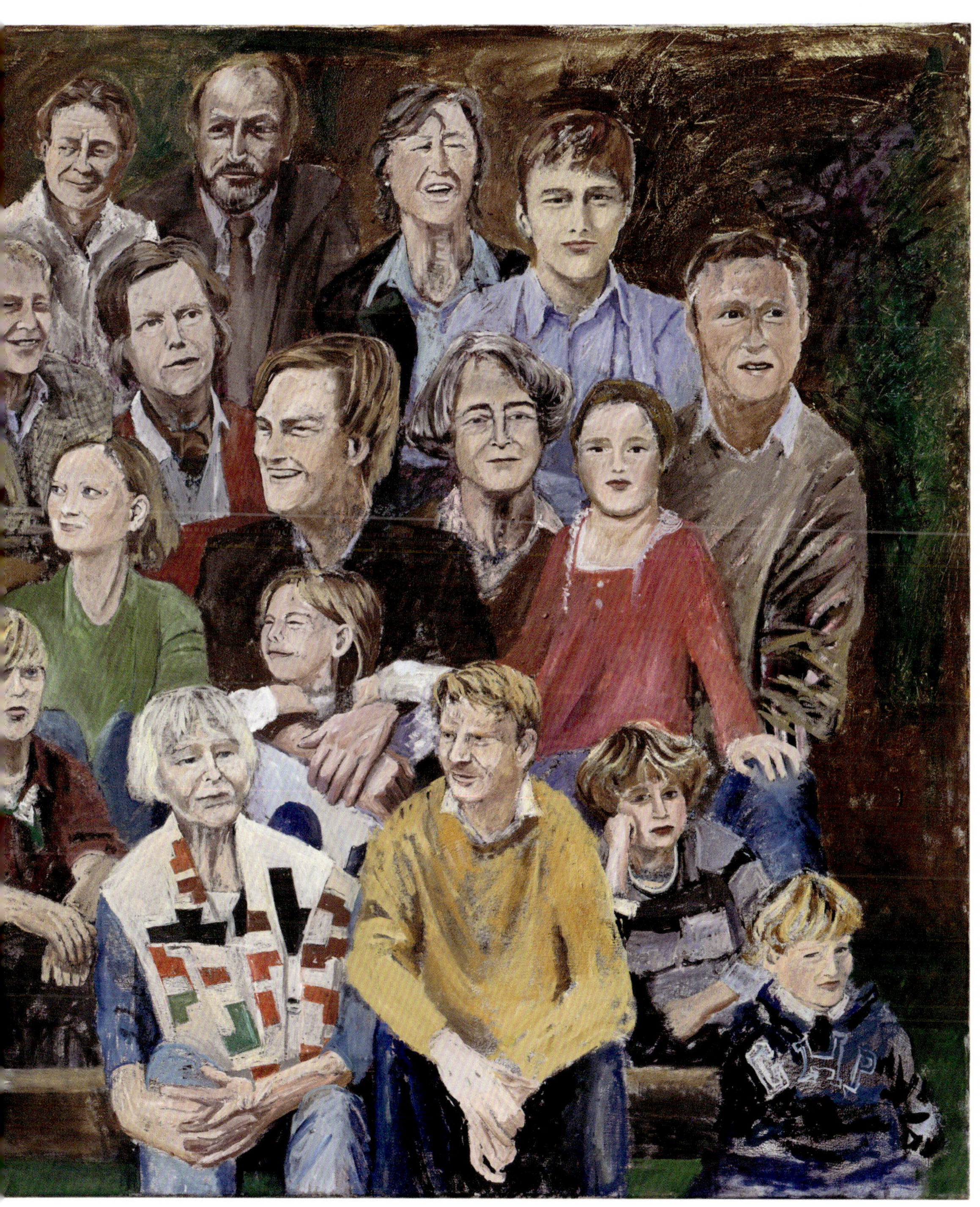

Verwandtschaft, klein, 2021
Öl auf Leinwand / Oil on canvas
140 × 200 cm

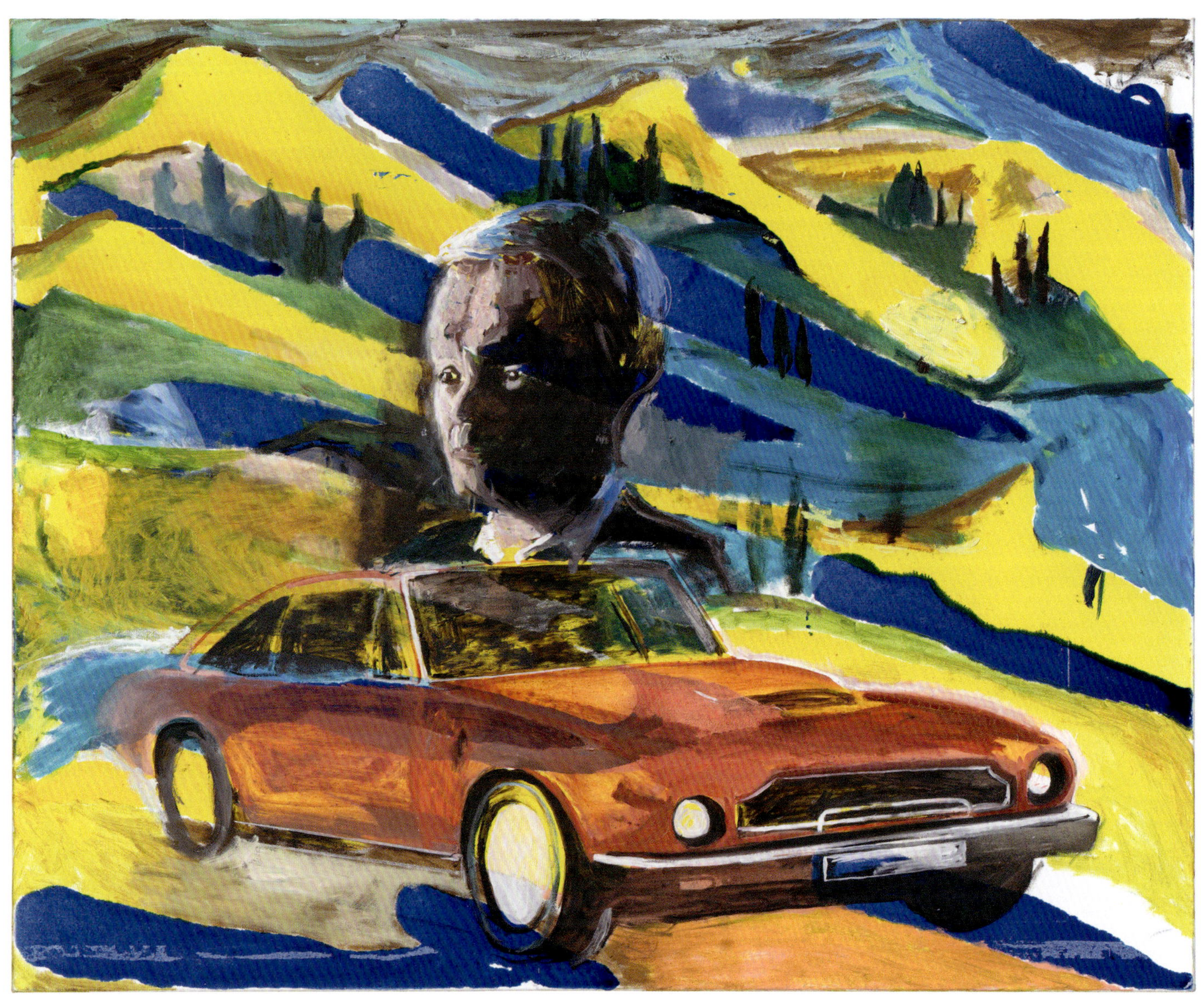

Aston Martin / Fischer Dieskau
2018–20
Öl auf Leinwand / Oil on canvas
100 × 120 cm

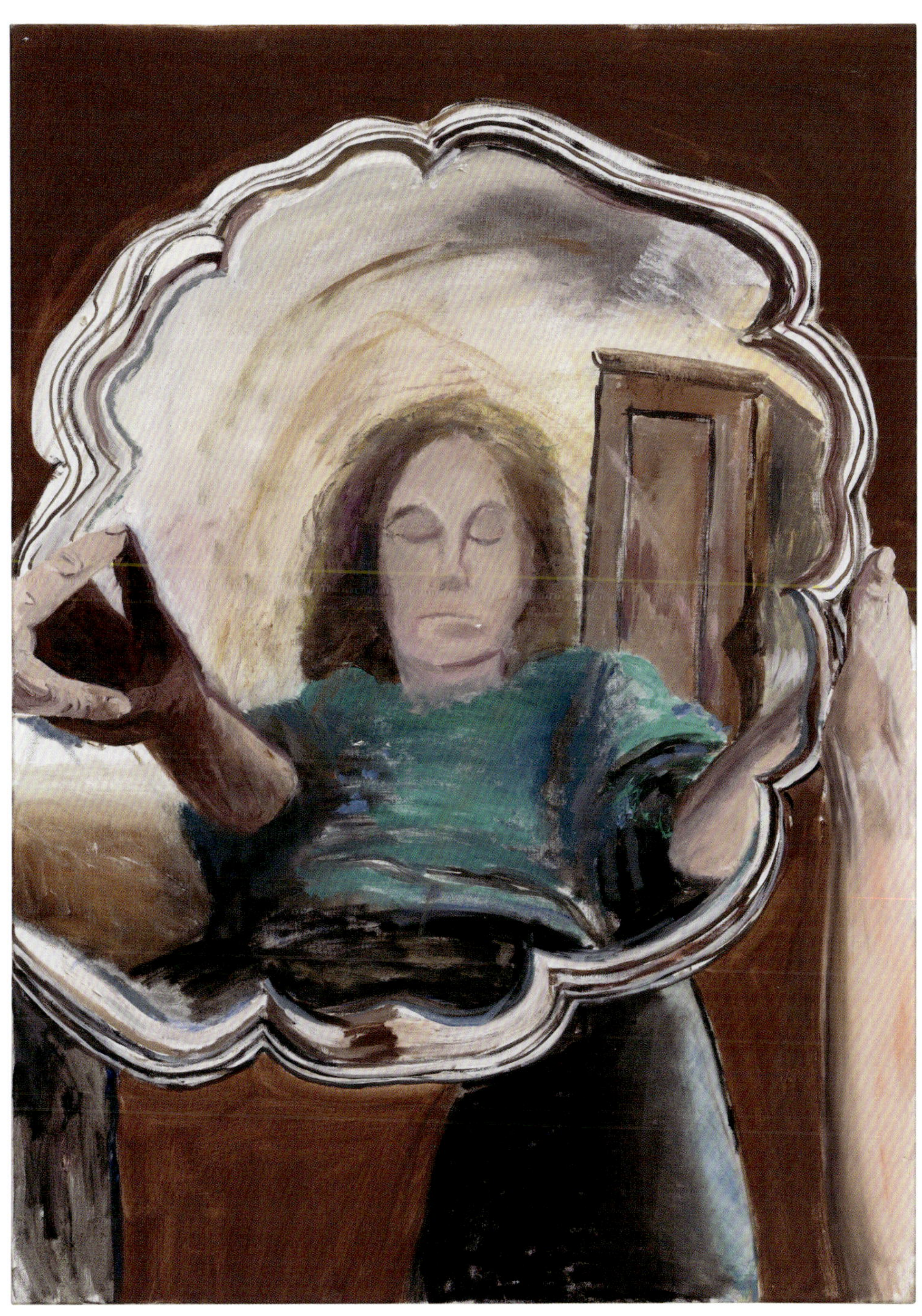

Selbst im Silbertablett, 2021
Öl auf Leinwand / Oil on canvas
100 × 70 cm

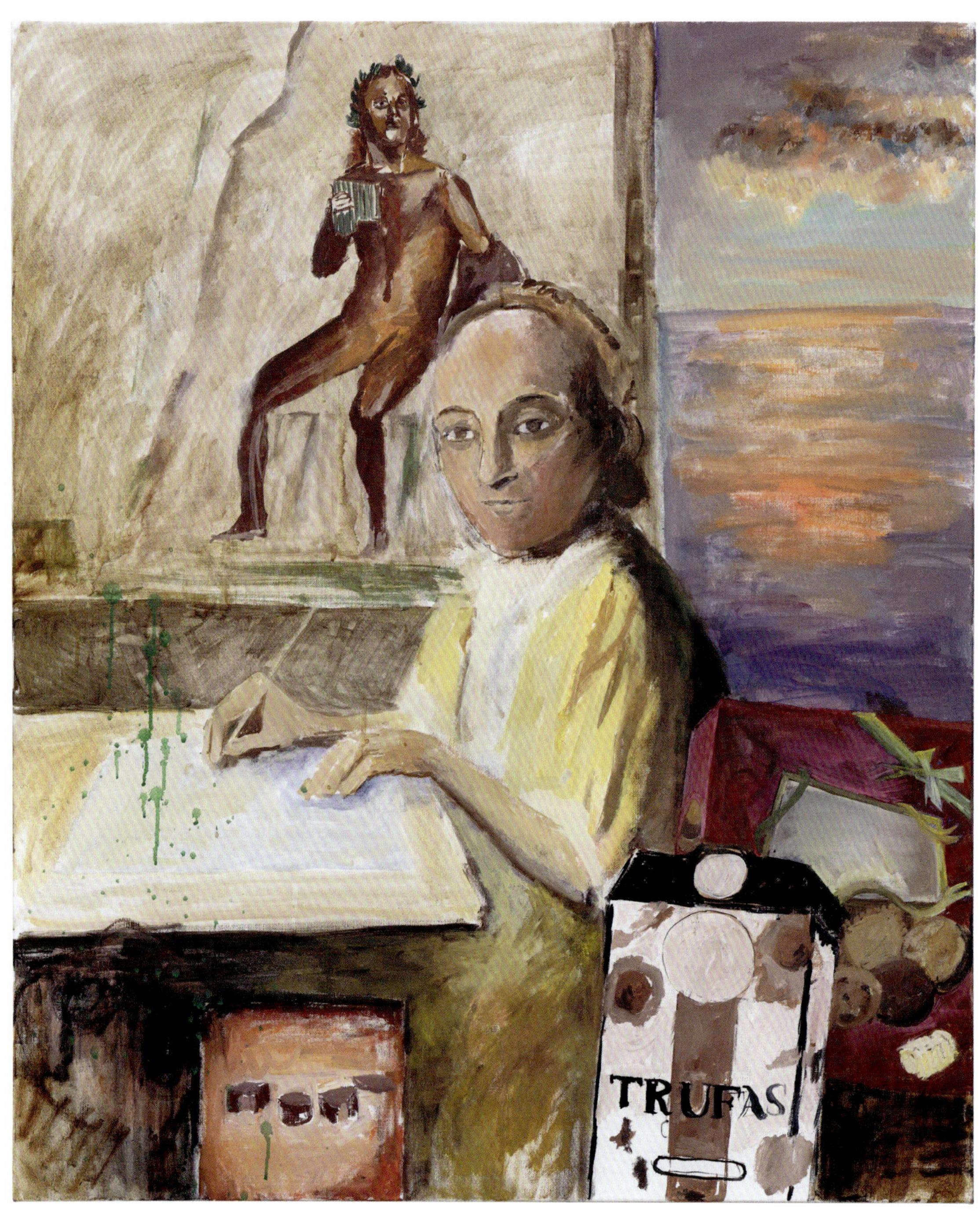

Mutter Vermeer, 2021
Öl auf Leinwand / Oil on canvas
100 × 80 cm

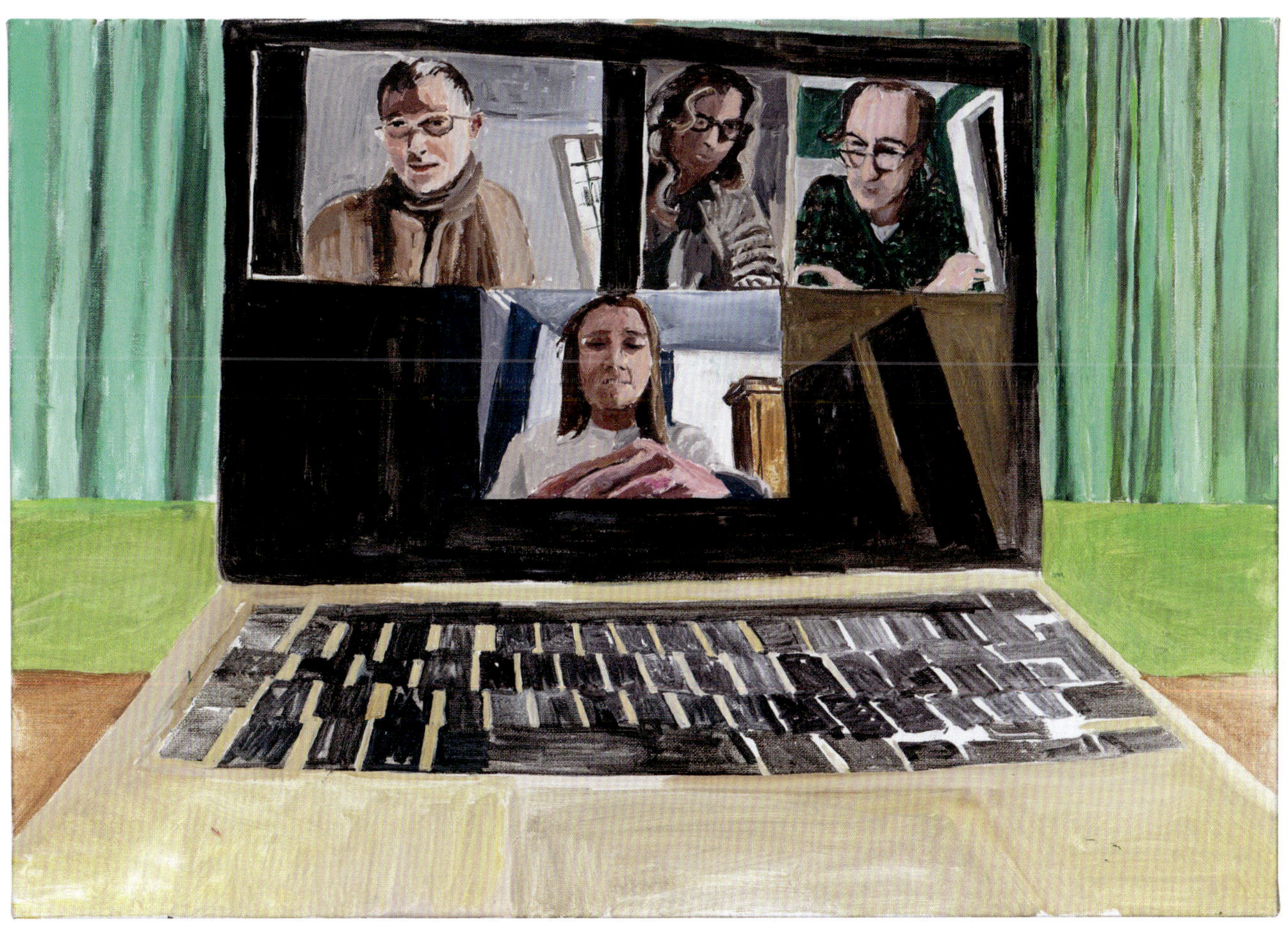

Lesegruppe, 2021
Öl auf Leinwand / Oil on canvas
50 × 70 cm

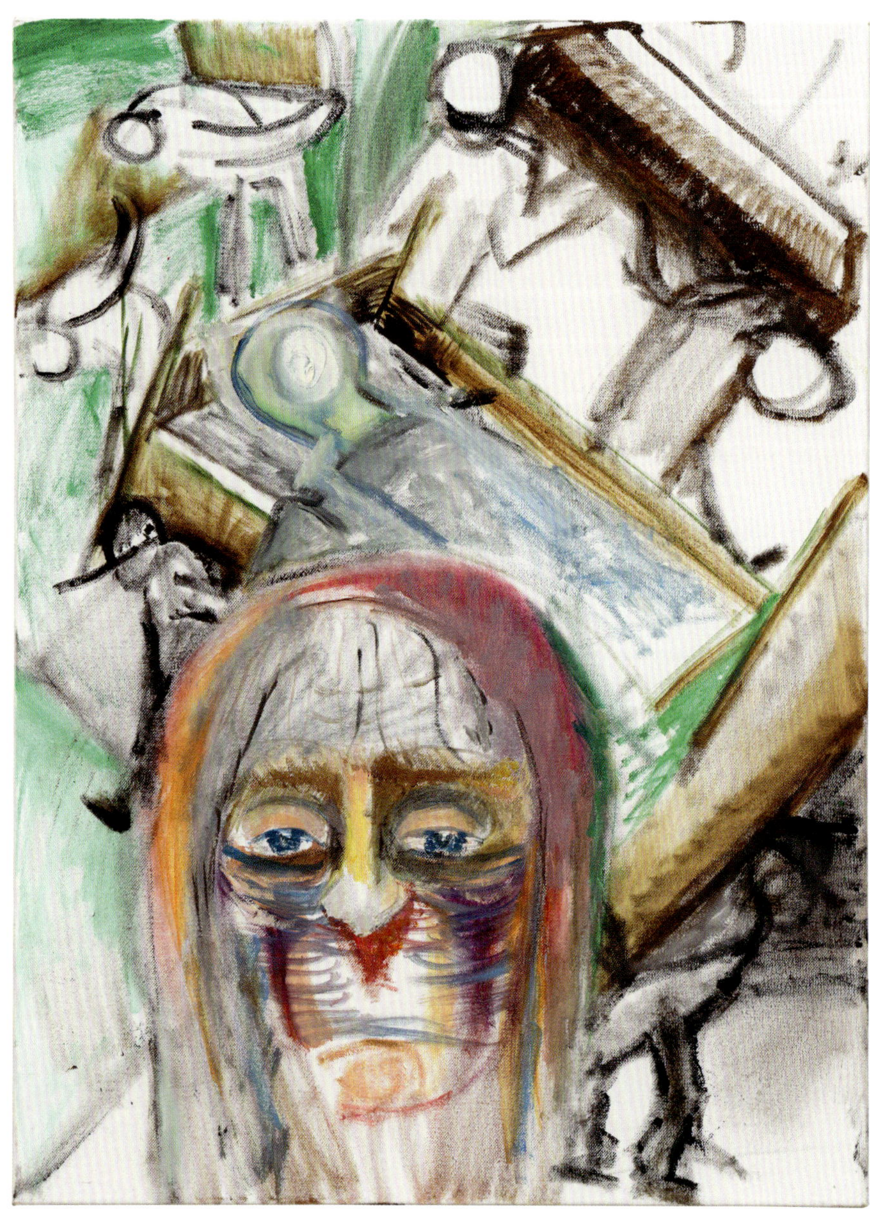

Trauernde, 2021
Öl auf Leinwand / Oil on canvas
70 × 50 cm

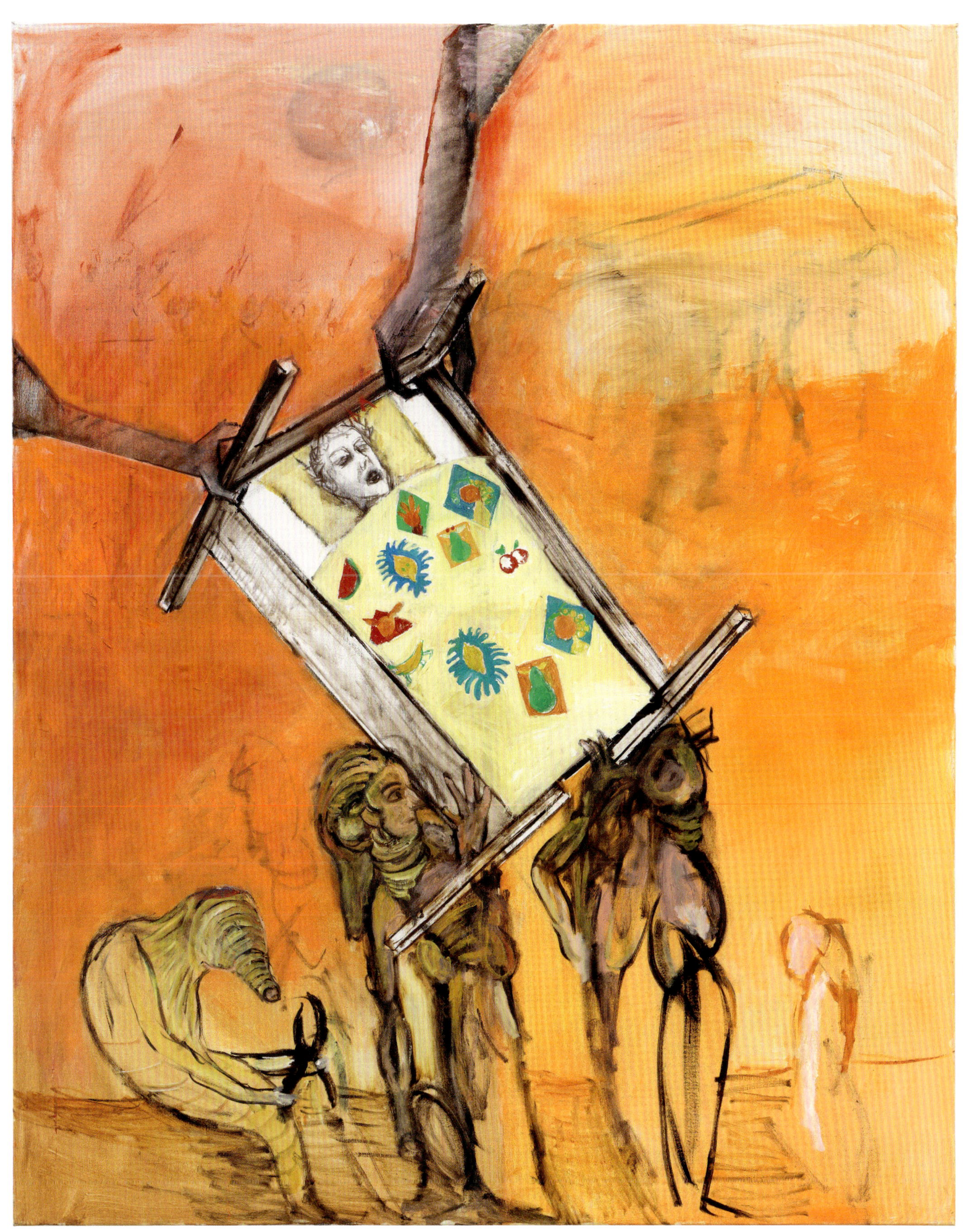

This is the end, 2021
Öl auf Leinwand / Oil on canvas
180 × 140 cm

Die Couch als Bild: Zur Romantik der Verdinglichung bei Amelie von Wulffen

Helmut Draxler

Bild'

Die Mutter beim Papst, eine Meute von Jagdhunden vor einem stattlichen Haus und eine Siamkatze, die, vor einer Maske sitzend, die Straße versperrt: die Themen dieser Bildwelt sind ebenso vielfältig wie die Methoden. Über eine verkohlte Landschaft hastet ein brennendes Kind; nicht nur steht das Dorf im Hintergrund in Flammen, die Leinwand selbst scheint dem Bersten nahe zu sein. Bloß die Flaschen im Vordergrund irritieren diese apokalyptische Schau ein wenig. Dann wiederum Eis am Stiel wie auf einer Werbetafel, ganz brav gemalt. Es gibt auch die pyramidal aufgetürmten Köpfe, die untere Reihe fast klassisch modelliert in frontaler Ansicht und im Halbprofil, darüber dann die zunehmend expressiveren Versionen, Ausdrucksparameter geisterhafter, ekstatischer oder pathischer Art zwischen Porträt, Zitat und Chiffre vor einer skizzenhaften Stadtlandschaft. Und immer wieder die Interieurs mit ihren Ein- und Ausblicken; da sitzen einmal die Bauern beim Mahl, ein andermal die Katzen oder anderes Getier mit am Tisch. Ernst oder höhnisch, maskenhaft oder visionär, individuell oder typisch? Das ist letztlich nicht zu entscheiden. Die Malerin selbst schreibt sich immer wieder in solche Szenarien ein, etwa als Kind, das sich vor dem Klavierspiel zu drücken scheint, als Geist oder auch als souveräne Künstlerin, die in die Posen der klassischen Selbstporträts schlüpft. Dann lässt sie Paul Celan wie aus dem Nichts auftauchen und waren da nicht einmal Alexander Solschenizyn und John Travolta mit im Spiel? Auf den bemalten Truhen sieht man Innenräume als äußere Bildebene, durch die das Licht eines Außenraums zu dringen scheint, das aus dem Inneren der Truhe stammen müsste. Darauf tummeln sich aus Muscheln, Zweigen, Hörnern und Papiermaché gebastelte Figürchen, Tiere und Pflanzen vor wiederum mit brauner Farbe beschmierten Wänden; lauter Tauschprozesse und Wechselwirkungen: das Bild wird zum Objekt, das Objekt zum Raum, der Raum zum Bild höherer Ordnung – Bild'.[1] Was wir in Amelie von Wulffens Ausstellungen der letzten Jahre sehen, das sind Fragmente eines imaginierten, doch keineswegs stabilisierten Zusammenhangs – eine Bild-Welt als Welt-Bild –, in dem Expression und Montage ebenso ineinandergreifen wie Referenz und Buchstäblichkeit. Es scheint hier keinen Ausbruch in ein *Anderes* des Bildes oder einen Ausblick auf ein Unendliches mehr zu geben, so doch ein unendlich Getriebenes. Die Welt als kontinuierlich sich entfaltender Bild-*Prozess* lässt sich jedoch nur behaupten, solange die einzelnen Elemente letztlich voneinander unterscheidbar bleiben und im Wahrnehmungsakt sich immer wieder von Neuem ein Fragmentarisches und Reflexives zwischen Bild, Objekt und Raum oder Bild und Erzählung drängt. Darin muss der von der Künstlerin initiierte frenetische Austausch malerischer Bild-Zeichen im Namen einer höheren Bild-Ordnung immer wieder auf die Differenz von Bildern, Objekten und Räumen zurückgeführt und die Totalisierung des Erscheinenden als reine Affekt-Ästhetik verhindert werden. Diese insistierende Differenz im Wahrnehmungsakt markiert ein Negatives als ein Außerhalb des Bildes, auf das hin die Bild-Welt in ihrer scheinbaren Totalität gerichtet bleibt, und das umgekehrt nur im Durchgang durch eine solche Ästhetik des affektiven Bild-Prozesses erfasst werden kann.

Subjektivitätsbedingung und politisches Unbewusstes

Doch was und wie erzählen Bilder überhaupt? Und wie erzählen sie, was sie erzählen, als Malerei? Lange Zeit schien Malerei nur noch legitim zu sein, wo sie sich dem Bild ebenso verweigerte wie der Erzählung. Heute hingegen erscheint Malerei gerade dort möglich

1 Karl Marx beschreibt den Zirkulationsprozess des Kapitals zwischen Geld und Ware als G – W – G' (sprich: G Strich).

zu sein, wo sie repräsentative Aspekte des Bildes ebenso aufnimmt wie elementare Formen von Erzählung. Bild wie Erzählung stellen mithin keineswegs selbstverständliche Ausgangspunkte einer malerischen Praxis dar, sondern Problemkonstellationen, durch die sich eine malerische Praxis hindurchbewegen muss, um ihren Anspruch als Kunst realisieren zu können. Doch wie bewegt man sich durch ein Problem hindurch? Bildhafte Form und narrative Struktur sind vor allem durch starke Konventionalität geprägt. Wiedererkennbarkeit und Nachvollziehbarkeit stellen im Sinne von Analogie und Ähnlichkeit die Voraussetzung dar, bildhaft erzählen zu können. Hier lagern sich die Sedimente des objektiven Geistes ab, das heißt jene Formen und Strukturen, aus denen sich Bild und Erzählung seit jeher gebildet haben. Doch der symbolische Zusammenhang dieser Formen und Strukturen ist verschwunden; gerade das kraft seiner Konventionalität Selbstverständliche versteht sich nicht mehr von selbst. Daraus hatten Modernismus wie Avantgarde den Schluss gezogen, dass weder Bild noch Erzählung mehr möglich sein sollten. Nur der Realismus träumte weiter von einer kommenden epischen, durch den bürgerlichen Roman vermittelten Totalität. Selbst in der Negation (als reiner Formalismus oder als Überschreitung) bzw. in der utopischen Projektion bleiben jedoch Momente des Bildes und der Erzählung erhalten. Noch das Ende des Mythos (in den Erzählungen vom Ende der Malerei, der Kunst oder der Geschichte) muss auf irgendeine Weise ge*bildet* oder erzählt werden.[2] Was bleibt, sind Bild-Formen und Erzähl-Strukturen, die als Reste oder Fragmente eines kollektiven Gedächtnisses den grundlegenden Verlust ihrer Selbstverständlichkeit und ihres sinnhaften Zusammenhangs immer schon voraussetzen.[3] Die Bewegung durch das Problem, das Bild wie Erzählung aufwerfen, führt somit notwendigerweise durch diese Reste und Fragmente und somit durch deren kategorischen Mangel an Sinn hindurch.

Für die Malerei als Kunst ist das Bild keine Selbstverständlichkeit mehr. Das „malerische Bild“ gibt es daher als Bild nur ohne eindeutigen Referenten und als Erzählung nur ohne Totalität.[4] Es kann seinen Sinn weder als reines Abbild noch als autonome Form, weder als geschlossene, narrative Einheit noch als völlig beliebige Zeichen- bzw. Signifikantenkette behaupten. Zwar bleibt der Unsinn, die leeren und zusammenhanglosen Zeichen, konstitutiv für das, was als Kunst möglich ist, doch muss dieser Unsinn in irgendeiner Weise bearbeitet werden und zwar so, dass er weder reiner Unsinn bleibt noch sich ins Sinnhafte schließt. In diesem Zwiespalt liegt die Funktion der Subjektivität begründet. Denn die Subjektivität behauptet und unterminiert gleichzeitig jeden Sinn. Ihr spezifischer Anspruch als *subjektiver Sinn* kann nur in Abgrenzung von anderen Ansprüchen artikuliert werden. Somit kommuniziert Subjektivität stets auch ein Unkommunizierbares und konstituiert gerade in dieser grundsätzlichen Fragwürdigkeit – im Akt der Abgrenzung von Anderen von diesen anerkannt werden zu wollen – die Möglichkeitsbedingung des malerischen bzw. des künstlerischen Bildes. Derart bleibt künstlerischer Sinn notwendigerweise Funktion eines objektiven Unsinns ebenso wie eines subjektiven Sinns.

Diese Subjektivitätsbedingungen des malerischen oder künstlerischen Bildes sind keineswegs als reine Ideologie zu verstehen, die man leicht loswerden könnte, um bei einer objektiveren Bestimmung zu landen. Das Subjektive ist *ein* Objektives von Malerei wie Kunst, neben deren materiellen Bedingungen bzw. formalen und genremäßigen Traditionen. Doch ist zweifellos auch darin ein „politisches Unbewusstes“ am Werk. Fredric Jameson hatte mit diesem Begriff die in allen Bildern und Erzählungen als sinnhaften Gebilden eingeschriebenen Strukturen von ökonomischen, sozialen und kulturellen Interessen beschrieben.[5] Das politische Unbewusste verleihe den von Konflikten durchzogenen Interessen den Schein einer Einheitlichkeit und sinnvollen Ganzheit. Vor diesem Hintergrund stellt sich die die Frage, ob ein politisches Unbewusstes auch dort noch auffindbar ist, wo der Schein längst zerbrochen ist, etwa in den fragmentierten, un*sinnigen* Formen und Motiven der Gegenwartskunst. Wäre es hierbei mehr im objektiven Unsinn der gegenwärtigen Kultur oder im höchst subjektiven Sinn einer künstlerischen Aneignung bzw. Behauptung zu verorten? Zweifellos gibt es

2 Gerade die abstrakteste Formulierung setzt ihre Positionierung innerhalb eines historischen Narrativs immer schon voraus. Zum Ende des Mythos als Mythos siehe: Hans Blumenberg, *Arbeit am Mythos*, Frankfurt am Main (Suhrkamp) 1984.

3 Die postmoderne Mobilisierung hat sich tatsächlich zumeist als nach diesem Ende und als Wiedergewinnung der Möglichkeiten des Bildes und der Erzählung verstanden. Darin ist sie kläglich gescheitert. Doch das Problem besteht weiterhin.

4 Unter einem „malerischen Bild“ verstehe ich weder ein Abbild noch eine rein formale Anordnungsweise von Bildelementen, sondern eine Art von Bildidee oder einen konzeptuellen Einsatz, wie sie die Malerei als Kunst begründet.

5 Fredric Jameson, *The Political Unconscious. Narrative as Socially Symbolic Act*, London, New York (Routledge) 1981.

hier Zwischenräume sowohl zwischen den objektiv-kulturellen Bedingungen und den subjektiv-künstlerischen Einsätzen als auch zwischen dem symptomatischen Ausdruck und der reflektierten, analytischen Bearbeitung. Das malerische Bild ist konstitutiv stets beides. Es reproduziert seine eigene Konventionalität in der Durchquerung des Objektiven durch ein Subjektives oder eines Materiellen durch ein Symbolisches, wobei sich seine besondere Medialität erst ausbildet. Ein politisches Unbewusstes zeigt sich an ihm stets analytisch und symptomhaft zugleich; darin kann das Analytische selbst zum Symptom werden. Immer vorausgesetzt, dass die Subjektivität nicht Ausgangspunkt einer Täuschung bzw. Verschleierung, sondern selbst Effekt seiner Bedingungen ist.

Zwischen Erfahrung und Erwartung

Wie kann jedoch eine bestimmte Praxis innerhalb dieser allgemeinen Bedingungen von Gegenwartskunst unterschieden werden? Was macht den spezifischen subjektiven und künstlerischen Einsatz aus, der die objektiven Bedingungen nicht unterhöhlt, sondern erst eigentlich zur Erscheinung bringt und somit ein politisches Unbewusstes gleichzeitig artikuliert und analysiert? Und wie kann ein solcher Einsatz beurteilt, bewertet und in seinen kulturellen und politischen Implikationen aus einer jeweils anderen Subjektposition heraus interpretiert werden? Entscheidend für diese Fragen scheint mir zu sein, dass Subjektivität stets nur als ebenso soziale wie kulturelle Positionierung zu haben ist. Sie kann mithin weder vernachlässigt bzw. als subjektiv verfügbar (im Sinn einer „sozialen Konstruktion") verstanden noch objektiv als Identität fixiert werden. Vielmehr sind gerade die Überlagerungen unterschiedlicher Positionierungen konstitutiv für den Erscheinungsspielraum der Subjektivität als Voraussetzung einer jeden künstlerischen oder auch interpretativen Praxis. Das heißt, es kann hier keinen Automatismus des Umschlags vom Subjektiven ins Objektive oder vom Unbewussten zum Bewussten, vom Politischen ins Künstlerische oder vom Gemeinten ins Verstandene geben. Vielmehr müssen soziale und kulturelle Positionierungen stets angenommen und in ihren Implikationen ausgelotet werden, auf Seiten der Produktion ebenso wie auf Seiten der Rezeption. Im punktuellen Aufeinandertreffen von wechselseitigen Erfahrungen und Erwartungen wird jede Eindeutigkeit von künstlerischer Absicht oder rezeptiver Interpretation verfehlt und doch wird beides erst in dieser konstitutiven Verfehlung möglich.[6] Das malerische bzw. künstlerische Bild navigiert im Raum zwischen Erfahrung und Erwartung in Form seiner je eigenen, spezifischen Konventionalitäten, die das Bildhafte und das Erzählerische stets gleichzeitig aufrufen und abwickeln.

Dementsprechend wäre es verkürzt, in Amelie von Wulffens Arbeit bloß symptomhaft bzw. ideologisch das politische Imaginäre einer bestimmten Klasse oder dominanten nationalen Kultur sehen zu wollen. Zwar trägt die Künstlerin das Adelsprädikat im Namen und zeigt in ihren Arbeiten immer wieder die enge Verflechtung der familiären Geschichte mit derjenigen von „nationaler" oder allgemein politischer Relevanz. Doch gibt es hier keine Totalität, keine mythisch-illusionäre Geschlossenheit und kein Abbild einer irgendwie konsistenten, heilen und heimischen Welt, sondern bloß eine Durchquerung persönlicher, familialer, politischer, kunstgeschichtlicher, sub- oder popkultureller Momente und Situationen. In den besonderen Formen dieser Durchquerung greifen inhaltliche Referenzen und malerisch-künstlerische Methodik ineinander, wobei man von einer höchst ambivalenten Methodik, einer methodischen Anti-Methodik, ausgehen muss, die sich jedem strikt methodischen Zugriff im Sinne einer eindeutigen Lesbarkeit von Absicht und Inhalt entzieht. Nur so kann das politische Unbewusste gleichsam an sich selbst – als Ideologie wie als Subjektivität – bearbeitet werden; mithin wird es nicht aus der kritischen Distanz adressiert, sondern aus der eigenen Involviertheit und Formierung heraus. Wir haben hier kein grandioses Subjekt vor uns, das in der eigenen Kritikalität seine symbolische Formierung abschüttelt, sondern eines, das seine Formierung in der Ideologie und aus ihr heraus entwickelt. Man könnte von einer Art systemischer „Provinzialisierung" einer Kultur sprechen,[7] in der die Paradigmen der eigenen Subjektivität nicht zum Standard für Andere werden, sondern die Formierungsprozesse selbst der Rezeption im Wechselspiel von Erfahrung und Erwartung angeboten werden.

6 Zum Zusammenspiel von Erfahrung und Erwartung siehe: Reinhart Koselleck, *Vergangene Zukunft. Zur Semantik geschichtlicher Zeiten*, Frankfurt am Main (Suhrkamp) 1984.

7 Im Sinne von Dipesh Chakrabarty, *Europa als Provinz. Perspektiven postkolonialer Geschichts*schreibung, Frankfurt am Main (Campus) 2010.

Grundlegend in Amelie von Wulffens Werk sind die Spannungen zwischen inneren und äußeren Räumen, utopischen und katastrophischen Horizonten, Elementen des Unheimlichen und des Humors. Das malerische Bild und die innerbildlichen ebenso wie die zwischenbildlichen Erzählzusammenhänge rufen solche Spannungsbögen auf; sie durchqueren diese immer wieder bis hin zu einem Punkt des Umschlags von einem Pol zum anderen. Das singuläre Bild oder Bild-Objekt steht hierbei konstitutiv im Zusammenhang mit anderen Bildern, Objekten und installativen Konstellationen. Die Pluralität des Bildes ist konstitutiv für diesen Ansatz, allerdings nicht im Sinne der Verschmelzung eines tatsächlichen „singulär plural seins“,[8] sondern in einer Art von kontrapunktischer Ordnung. Jedes Bild steht für sich selbst und verlangt doch stets eine Art von Gegenstück, eingebunden in einen rhythmischen Zusammenhang mit anderen Bildern, Objekten oder räumlichen Settings. Dementsprechend ist die Ausstellung selbst mehr und mehr zu einem entscheidenden Medium der Künstlerin geworden. Die jeweilige Ausstellung versammelt mithin nicht einfach eine Auswahl an Werken; sie schafft vielmehr Konstellationen eines zugespitzt subjektiven Sinns. Hierbei können dieselben Bilder in unterschiedlichen Arrangements vollkommen anders erfahren und verstanden werden.

Das analytische Symptom

Den Ausgangspunkt für dieses methodische Vorgehen stellen zweifellos die in die Malerei integrierten Collagen mit Fotografien architektonischer Räume aus den 1990er-Jahren dar. Seit den frühen 2000er-Jahren wird dieses Verfahren in den realen Ausstellungsraum übertragen, anfangs noch als Hintergrund der Bilder im Sinne dekorativer Wandmalerei, zunehmend jedoch als eine innere Dimension der Malerei selbst, die sich des Raums ihres eigenen Ausgestellt-Seins bemächtigt. Dargestellte und reale Räume interagieren, tauschen ihren inneren und äußeren Charakter; die Malerei fungiert hierbei nicht als reine Überschreitung ihrer selbst; sie übernimmt vielmehr die Überschreitung als eine der Malerei immer schon eingeschriebene Möglichkeit in den Dienst einer Durchquerung unterschiedlich repräsentierter Räume, wobei das architektonische Exterieur zum Interieur der Malerei und das Interieur des Ausstellungsraums zum Exterieur von Bildern und Objekten werden kann. Auch die Objekte stehen als bemalte Möbel anfangs noch im Zusammenhang eines fiktiv-funktionalen Milieus der Bilder. Zunehmend verdichtet sich an ihnen jedoch das psychohistorische Problem der Verdinglichung der Bildwelt, denn deren figuratives Personal tritt aus den Bildern, objektiviert sich in vielfacher Gestalt und 'bevölkert' den Ausstellungsraum, wie exemplarisch an der Ausstellung in den KW 2021 zu sehen war. Objekte und Räume sind nun nicht einfach mehr bemalt; sie können selbst bildhaft werden und das Bildhafte des malerischen Bildes objektiviert sich in ihnen im Sinne einer „synthetischen“ Bildwelt.[9] Hierbei entsprechen die Verräumlichung und die Verdinglichung des malerischen Bildes einander und artikulieren dessen besondere Potenzialität. Das malerische Bild verliert – als autonom verstandenes Einzelbild – zuallererst seine obsessive Zuständigkeit für die bildhafte Darstellung, die Erzählung und den subjektiven Ausdruck; es entmächtigt sich selbst, um sich im Raum der Ausstellung als einem Ereignis von Malerei wiederum zu ermächtigen. Hierbei verselbständigen sich die objekthaften und räumlichen Konventionen der Malerei (das Tableau, die perspektivische Raumdarstellung, die Montage etc.) ebenso wie die fragmentarischen Erzählformen, die sich comichaften Charakteren, fotografischen Dokumentationen aus dem Familienarchiv oder kunsthistorischen Formeln verdanken. Sie verbinden sich als besonderes *Bild einer Ausstellung* gerade in ihrer grundsätzlichen Getrenntheit.[10] Darüber hinaus prallen unterschiedliche stilistische Kodierungen aufeinander – impressionistische und expressionistische, realistische und surrealistische –, wobei gerade das traditionell als extrem subjektiv verstandene Expressiv-Gestische als Chiffre für die integrative Funktion der Malerei fungiert und den frenetischen Zeichentausch, den jede Ausstellung vornimmt, gleichsam allegorisiert.

Bänke, Truhen, Schränke und Stühle, gelegentlich ein Klavier, bilden jene heimlich-unheimlichen Settings, die in bild- oder objekthafter Form das spukende Universum eines ebenso realen wie fiktiven Personals zwischen Kinderbuch und Fantasy, Autofiktion und

8 Siehe: Jean-Luc Nancy, *singulär plural sein*, Berlin (diaphanes) 2004; sowie: David Ganz, Felix Thürlemann (Hg.), *Das Bild im Plural: Mehrteilige Bildformen zwischen Mittelalter und Gegenwart*, Berlin (Reimer) 2010.

9 Zum Begriff eines „synthetischen Bildes“ siehe vom Vf.: *Die Wahrheit der Niederländischen Malerei. Eine Archäologie der Gegenwartskunst*, Paderborn (Brill / Fink) 2021.

10 Deleuze nennt dieses Vorgehen eine „disjunktive Synthese“. Siehe: Gilles Deleuze, *Differenz und Wiederholung*, München (Fink) 1992

Horror beherbergen. Sie strukturieren und verstellen gleichzeitig den Raum. Derart verstören sie jede ästhetische Grenze und die Ausstellung wird zum ebenso bildhaften wie mentalen Raum, der keine wie auch immer geartete, distanzierte ästhetische Erfahrung zulässt, sondern diese selbst stets unmittelbar affiziert und ins symbolische Universum seines Kunstanspruchs miteinbezieht. Während sich in der Bildwelt die Körpergrenzen ins Monströse hin auflösen und eine *entkörperlichte*, exkrementale Materialität sich in die ebenso referenzielle wie gestische Bildsprache einschreibt, *verkörpern* sich die Bilder zu massiven, raumbildenden Objekten. Es gibt hier weder identitäre Bestimmung noch reine Überschreitung. Konstitutiv ist vielmehr der Austausch zwischen den Kategorien von Bild, Objekt und Raum ebenso wie von Körper, Affekt und Erfahrung. Darin liegt das romantische Erbe dieser Kunst. Denn die Romantik stellt nicht einfach den Gegensatz zur Verdinglichung dar, der uns in einen ebenso ursprünglichen wie unbegrenzten Horizont des Möglichen versetzt, sondern deren eigentliche Konsequenz. In der Verlebendigung der Ding-Welt verdinglicht sich die Welt auf eine Weise, in der die Affizierung, die Heimsuchung des Bewusstseins durch Bilder, dieses immer schon materialisiert und verkörpert. Doch gerade der *Schauer* angesichts der Totalität einer derart fragmentierten Welt verlangt nach Reflexion. In der Romantik drängt das politische Unbewusste an die Oberfläche einer visuellen, sprachlichen oder objekthaften Kodierung, ohne daran einfach ablesbar zu werden. Wie der Traum oder der Witz sind diese Kodierungen Symptom und Erkenntnis zugleich. Auf Seiten der künstlerischen Produktion kann eine Aneignung dieser romantischen Tradition nur gelingen, wenn die vollkommene Identität der verdinglichten Bild-Welt und der verlebendigten Ding-Welt immer wieder unterbrochen oder aufgeschoben wird, etwa im Modus der Fiktionalisierung bzw. zeitlichen Begrenzung einer Ausstellung und insbesondere im Zusammenhang des erst in der Folge der Ausstellungen und der bisherigen Gesamtheit der Werke sich manifestierenden Kunstanspruchs. Auch auf Seiten der Rezeption verlangt die massive Affizierung durch die Bild-Dinge ein Moment der Reflexion, um der radikalen Endlichkeit reiner Bildhaftigkeit bzw. den damit implizierten Tauschverhältnissen eine Markierung am Un-Endlichen, Nicht-Bildhaften oder generell Negativen abringen zu können. Es ist vor allem der Anspruch an bzw. als Kunst im Wechselspiel von produktiven und rezeptiven Einsätzen, von Erfahrung und Erwartung, der sich als Einschnitt des Negativen in die Fülle rein affizierender Wechselwirkungen verstehen lässt, ohne sich hierbei jedoch selbst positiv als Kunst stabilisieren zu lassen. Denn immer wieder muss auf Seiten der künstlerischen Produktion der Anspruch an Kunst von Bild und Erzählung an die Abgründe der Banalität des Bildes, der Erzählung oder des Kunstgewerblichen herangeführt werden, um sich selbst in der Schwebe und somit die eigene Möglichkeitsbedingung aufrecht zu erhalten. *Die* Kunst muss sich am Unkünstlerischen gleichsam aufladen, um der Allmacht der verdinglichten Bildwelten noch entgegentreten zu können.

In jenen beiden Bildobjekten in Form einer Couch, die in der Berner Ausstellung vor jenem exemplarischen Bild standen, das den Großvater der Künstlerin gemeinsam mit Martin Heidegger und Martin Buber am Küchentisch zeigt (*Kummer in Altreute*, 2016, Seite 154), verdichtet sich die symptomatische Analyse dieses künstlerischen Ansatzes. Vorstellbar wird hier eine Partizipation der Betrachtenden am Ausstellungsgeschehen und eine Teilhabe am familiären psychohistorischen Abgrund. Die Möglichkeit einer Art von psychoanalytischer Kur der im Bild angedeuteten, zutiefst missglückten „Vergangenheitsbewältigung“ wird zwar in der besonderen Bild-Objekt-Konstellation aufgerufen, gleichzeitig jedoch in seiner Unmöglichkeit bestätigt.[11] Denn die Couch ist selbst Bild und als solches Vorstellung, Wunsch oder Projektion. Als Teil eines *Environments* aus Fragmenten bleibt sie gleichzeitig anspielungsreich und bedeutungsleer. Im malerischen Bild fixiert sich beides und die familiäre Geschichte der Künstlerin wird so zur zwar geteilten, darin jedoch verdinglichten, verräumlichten und verfremdeten Geschichte, mithin zum *analytischen Symptom*, dessen Bearbeitung eine Form von ästhetischer Erfahrung einfordert, die mit dem je eigenen politischen Unbewussten rechnet. Auch die politische Romantik lässt sich von hier aus nicht einfach als „Grand Hotel Abgrund“ (Lukács) des faschistischen Imaginären beschwören, sondern als Arbeit am Symbolischen

11 Zur „Vergangenheitsbewältigung“ Martin Heideggers mit Paul Celan und Martin Buber siehe: Hans-Peter Kunisch, Todtnauberg. *Die Geschichte von Paul Celan, Martin Heidegger und ihrer unmöglichen Begegnung*, München (dtv) 2020.

der Übertragungsbeziehungen und seinen spezifischen Widerständen, wie sie das Medium einer Ausstellung als Konfrontation unterschiedlicher Subjektivierungsweisen zwischen Projektion und Introjektion möglich macht. Der transzendentalpoetische Einsatz Amelie von Wulffens lässt sich mithin weder auf eine ethno-politische Herkunftslegende noch auf eine Zukunftsfantasie im Sinne einer Öffnung oder subjektiven Befreiung ins Unendliche einengen.[12] Vielmehr geht es um ein intersubjektives Komplott, bei dem die schiere Unendlichkeit der malerischen Wechselwirkungen zur Bedingung der Möglichkeit von vielfältigen endlichen Bestimmungen subjektiver, familialer, kultureller und gesellschaftlicher Art wird. Diese Bestimmungen fungieren nicht bloß als Einschnitte in den Horizont des Möglichen; sie eröffnen einen Erfahrungsraum qua Begrenzung und Negierung. Darin affizieren sich die Betrachtenden weniger mit ihren eigenen Möglichkeiten als mit der Notwendigkeit, sich selbst zu verhalten, sich in ihrer je eigenen Negativität zu mobilisieren. Der Möglichkeit einer solchen Mobilisierung entspricht wiederum die Unmöglichkeit, sich der Geschichte vollkommen zu entziehen.

12 Unter Transzendentalpoesie verstehen Friedrich Schlegel und Novalis das durch die Reflexion vermittelte und poetisch bearbeitete Verhältnis zwischen dem Realen und dem Idealen, dem Fragmentarischen und der Totalität oder dem Endlichen und dem Unendlichen.

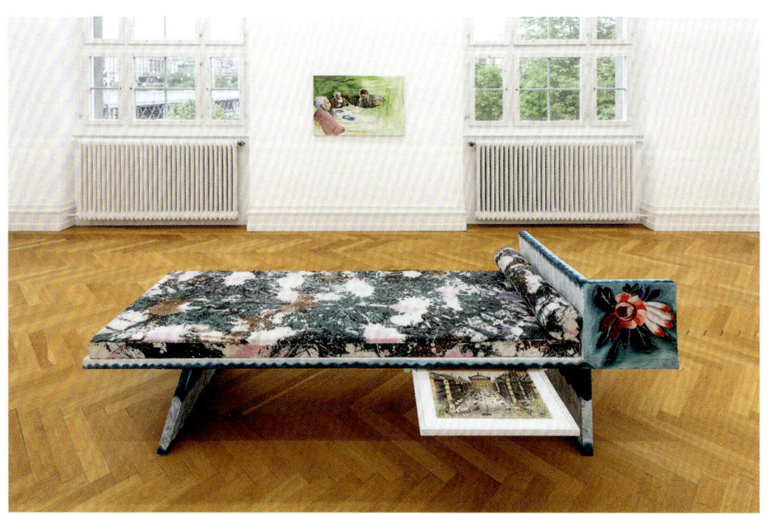

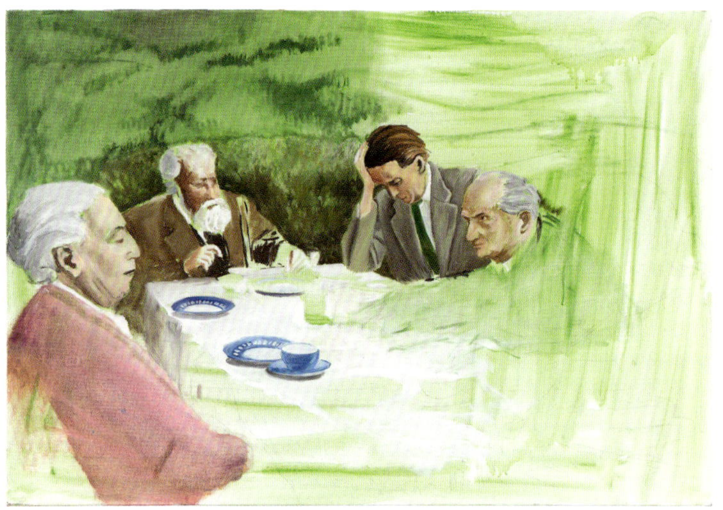

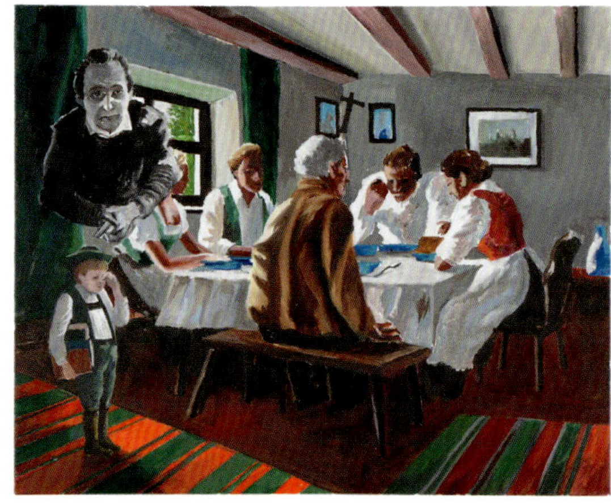

Kunsthalle Bern, 2019
Installationsansicht / Installation view

Kummer in Altreute, 2016
Öl auf Leinwand / Oil on canvas
70 × 100 cm

Celan, 2016
Öl auf Leinwand / Oil on canvas
50 × 60 cm

The Couch as Image: On the Romanticism of Reification in the Work of Amelie von Wulffen

Helmut Draxler

Image'

The artist's mother with the Pope, a pack of hunting dogs in front of a stately home and a Siamese cat which, seated in front of a mask, blocks the road: the subjects of this pictorial world are as diverse as its methods. A burning child scurries through a charred landscape; not only the village in the background is in flames, but the canvas itself seems to be on the brink of exploding. Only the bottles in the foreground somewhat subvert this apocalyptic scene. Then there is a popsicle, painted with the meticulousness of an advertising poster. You can also find human heads piled up in a pyramid, the lowest row almost classically modelled in full face and half profile, and there are increasingly expressive versions above, painted to look like a cross between a portrait, a quotation and a cipher, with expressions ranging from the ghostly to the ecstatic to the anguished; behind them is a loosely painted cityscape. And again and again the interiors of rooms, with views into and out of them; in one of these, farmers are sitting down to dinner, in another, cats or some strange animals are gathered together around a table. Are these images earnest or mocking, mask-like or visionary, individual or typical? Ultimately there is no way of deciding. Occasionally the painter inscribes herself into these scenarios, for example, as a child apparently shirking her piano practice, as a ghost, or as a virtuosic artist assuming the poses of classical self-portraiture. Then she has Paul Celan show up seemingly out of nowhere, and didn't Aleksandr Solzhenitsyn and John Travolta also make an appearance somewhere? On painted chests, inner landscapes appear as external picture planes, seemingly permeated by an exterior light that can only be coming from inside the chest. They teem with seashells, sprigs of blossom, horns of plenty and little papier-mâché figures, animals and plants in front of walls that are, by contrast, daubed with brown paint. Everywhere one looks, there is exchange and interaction: the image becomes an object, the object a space, the space an image of a higher order – an image'.[1] What can be seen in Amelie von Wulffen's exhibitions of the last few years are fragments of an imagined yet utterly unstable interrelationship – an image world as a world image – where both expression and montage and the referential and the literal intertwine. Here there seems to no longer be any means of escaping the image into *another* realm, or any prospect of the infinite; rather, everything is subject to an endless compulsion. The world as a continuously unfolding image *process* can only be asserted, however, as long as the individual elements remain ultimately distinguishable from one another, and in the act of perception a fragmentary and reflexive moment always pushes itself anew between image, object and space, or image and narrative. In this process, the frenetic interchange of painterly image symbols initiated by the artist in the name of a higher visual order must constantly be traced back to the difference between images, objects and spaces, and the totalisation of the phenomenal world as a pure aesthetics of affect must be averted. This insistent differentiation in the act of perception designates the negative as something outside the image, towards which the image world in its apparent totality is directed, and this in turn can only be grasped by working through just such an aesthetics of affective image process.

1 Karl Marx describes the circulation of capital between money and commodities as M – C – M' (i.e. M prime).

Conditions of Subjectivity and the Political Unconscious

And yet, what is it that images narrate? And how do they narrate what they narrate as painting? For a long time, painting only seemed to be legitimate as long as it rejected both image and narrative. Today, by contrast, painting seems to be possible precisely where it takes up both representational aspects of the image and elementary forms of narrative. Thus, image and narrative do not represent the self-evident starting points of a painterly practice, but rather specific problem constellations which that practice must navigate in order to be able to realise its claim as art. And yet, how can such a problem be navigated? Both visual form and narrative structure are notably characterised by powerful conventions. A precondition to being able to narrate visually is that one's work be recognisable and comprehensible, which itself involves recourse to semblance and analogy. It is here that the sediments of objective spirit are deposited, that is, those forms and structures from which images and narratives have always been constructed. Yet the symbolic context of these forms and structures has disappeared: what was self-evident by virtue of its conventionality is no longer so. It is this that led both Modernism and the avant-garde to conclude that neither images nor narratives were possible any longer. Only Realism still dreamt of an epic totality to come, mediated by the bourgeois novel. However, even in the negation of image and narrative (whether as pure formalism or as an act of transcendence) or in utopian projections beyond them, elements of both are preserved. Even the end of myth (in narratives about the end of painting, of art or of history) must in some form or another be *composed* or narrated.[2] What remains are image forms and narrative structures that always already presuppose their fundamental loss of self-evidence and the context that gave them meaning.[3] The process of working through this problem, which is posed both by the image and the narrative, must necessarily lead through these remnants and fragments, and consequently through their categorical lack of meaning.

For painting as an art, there is nothing about the image that is self-evident any more. This means that the 'painterly image' exists only as an image with no unambiguous referent, and as a narrative without a totality.[4] It can claim meaning neither as a pure reproduction, nor as an autonomous form, neither as a cohesive closed narrative, nor as a completely arbitrary chain of symbols or signifiers. Although nonsense, the empty and referent-less symbol remains constitutive of what is possible as art. This nonsense must be worked upon, and in such a manner that it neither remains pure nonsense nor implies determinate meaning. The function of subjectivity is grounded in this dichotomy. For subjectivity simultaneously asserts and undermines all meaning. Its specific claim to *subjective meaning* can only be articulated in isolation from of all other claims. As a result, subjectivity always communicates something that is incommunicable, and constitutes precisely in this fundamental ambiguity – its wishing to be recognised by others in its act of distinguishing itself from them – the conditions of possibility of the painterly or artistic image. Thus, artistic meaning necessarily remains the function of both an objective nonsense and a subjective meaning.

These conditions of subjectivity of the painterly or artistic image are in no way to be understood as pure ideology, something that could be easily disposed of in order to gain a more objective view of things. The subjective is *one* of the objective elements of painting as an art, along with material conditions or traditions of genre or form. Yet there is undoubtedly also a 'political unconscious' at work in it. Fredric Jameson used this concept to describe the structures of economic, social and cultural interests that are inscribed into all images and narratives as systems of meaning.[5] According to him, the political unconscious lends the semblance of unity and integrity of meaning to interests permeated by conflicts. In these circumstances, the question arises of whether a political unconscious can still be uncovered when this semblance has long since been shattered, as in the fragmented, *meaning*less forms and motifs of contemporary art. Would it be located in the objective nonsense of contemporary

2 Even the most abstract formulation always presupposes its own positioning within a historical narrative. On the end of the myth as myth, see Hans Blumenberg, *Arbeit am Mythos* (Frankfurt am Main: Suhrkamp, 1984).

3 The postmodern mobilisation did in fact understand itself as a recovery of the possibilities of the image and the narrative following this end. As such, it miserably failed. But the problem persists.

4 By 'painterly image', I mean neither a reproduction nor a purely formal manner of organising pictorial elements, but a kind of pictorial idea or a conceptual approach that grounds painting as art.

5 Fredric Jameson, *The Political Unconscious: Narrative as a Socially Symbolic Act* (London / New York: Routledge, 1981).

culture, or in the highly subjective meaning of an artistic appropriation or claim? No doubt there are areas of overlap, both between the objective cultural conditions and subjective artistic approaches, and between the symptomatic expression and the reflective, analytical treatment of this material. The painterly image is always constitutively both. It reproduces its own conventions by using the subjective to traverse the objective, or the symbolic to permeate the material, in which process it first develops its own particular mediality. A political unconscious manifests itself in it both analytically and symptomatically, in which the analytical itself can become a symptom. Always assuming that subjectivity is not the origin of a delusion or a deception but is itself the effect of its conditions.

Between Experience and Expectation

How, though, can one particular practice be distinguished from another within these general conditions of contemporary art? What constitutes the specific subjective and artistic approach that does not undermine objective conditions, but actually makes them manifest – and in so doing both articulates and analyses a political unconscious? And how, from a different subject position, can such an approach be assessed, evaluated and its cultural and political implications interpreted? It seems to me that crucial to answering these questions is the fact that subjectivity is always to be grasped as a social as much as it is a cultural positioning. It can therefore neither be ignored – or understood as a subjective determination (in the sense of a 'social construction') – nor objectively fixed as an identity. Rather, it is precisely in the superimposition of different positionings that subjectivity's range of possible appearances is constituted, itself a precondition to any artistic or even interpretative practice. This means that there can be no spontaneous switching from the subjective to the objective or from the unconscious to the conscious, from the political to the artistic or from what is meant to what is understood. Instead, social and cultural positionings must always be assumed and their implications worked out, from the point of view of both production and reception. In the punctual encounter between reciprocal experiences and expectations, any clarity of artistic intention or receptive interpretation is absent, and yet both only become possible within this constitutive void.[6] The painterly or artistic image navigates the space between experience and expectation in the form of conventions specific to it alone, which always simultaneously invoke and cancel elements of the pictorial and the narrative.

Accordingly, it would be simplistic to see von Wulffen's work as merely symptomatic or ideological, as the political imaginary of a particular class or dominant national culture. It is true that the artist has an aristocratic 'von' in her name, and repeatedly shows in her work how her family history is closely intertwined with events of 'national' or general political significance. Yet there is no totality here, no mythical or illusory unity, and no image of a world that is in any way coherent, whole or familiar, merely a navigation of personal, family, political, art historical, sub- or pop-cultural moments and situations. In the particular forms of this navigation, content-related references become intertwined with painterly and artistic methods. This involves starting from an extremely ambivalent method, a methodical anti-method, in which every approach that is strictly methodological, every approach whose intention and contents can be read unambiguously, is dispensed with. It is only in this manner that the political unconscious itself can be approached, as both ideology and subjectivity; it is therefore not addressed from a critical distance, but from the artist's own involvement in it and formation by it. We are not dealing here with a sovereign subject, which casts off its own symbolic formation in an act of self-critique, but rather one that develops its formation both within ideology and out of it. One might speak of a kind of systemic 'provincialisation' of a culture,[7] where the paradigms of one's own subjectivity no longer set a standard for others, but where instead the viewer is offered the formation processes of subjectivity themselves, which alternate between experience and expectation.

6 On the interrelation of experience and expectation, see Reinhart Koselleck, *Vergangene Zukunft. Zur Semantik geschichtlicher Zeiten* (Frankfurt am Main: Suhrkamp, 1984).

7 In the sense of Dipesh Chakrabarty s *Provincializing Europe: Postcolonial Thought and Historical Difference* (Princeton, NJ: Princeton University Press, 2000).

Fundamental to von Wulffen's work are the tensions between inner and outer spaces, utopian and catastrophic horizons, uncanny and humorous elements. These tensions are invoked by the painterly image, the image in the mind's eye and the narratives that connect the two; they pass between the two repeatedly, moving from one pole to the other. Here the singular image or image-object stands in a constitutive relation to other images, objects and constellations formed by the installations. The plurality of the image is constitutive of this approach, albeit not in the sense of an actual merging together of a 'being singular plural',[8] but in a kind of contrapuntal order. Every image stands for itself, and yet constantly demands a kind of counterpart, incorporated into a rhythmic relationship with other images, objects or spatial settings. As a result, the exhibition itself has increasingly become a crucial medium for the artist. Thus each exhibition does not merely gather together a selection of works; rather, it creates constellations with an emphatically subjective meaning. The same images in different arrangements can be experienced and understood in completely different ways.

The Analytical Symptom

No doubt the starting point for this methodological approach is von Wulffen's works of the 1990s, in which she integrated collages and photographs of architectural spaces into paintings. In the early 2000s, the artist began to transfer this process to the actual exhibition space itself, initially in the form of decorative wall painting that formed a background to the pictures, but increasingly as an inner dimension of the paintings themselves, which came to appropriate the exhibition space around them. Real and represented spaces interact with each other, exchanging their internal and external characters. Here painting does not simply seek to transcend itself, rather, it treats transcendence as a possibility that is always already inscribed into painting, and which as such can be used to work through differently represented spaces. In this process, the architectural exterior can become the interior of painting, and the interior of the exhibition space can be transformed into the exterior of images and objects. Initially the objects, as painted pieces of furniture, form part of the paintings' fictional and functional surroundings. However, the psycho-historical problem of the reification of the image world increasingly becomes concentrated in them, as the figures of that world step out of the pictures, become objectified in various different ways, and – as was notably the case at KW in 2021 – 'populate' the exhibition space. Objects and spaces are now no longer simply painted; they can themselves become pictorial, and the pictorial nature of the painterly image is objectified in them in the form of a 'synthetic' image world.[9] Here the spatialisation and the reification of the painterly image correspond to each other, and articulate its special potentiality. Once understood as a single, autonomous image, the painterly image primarily loses its obsessive concern with pictorial representation, narrative and subjective expression; it surrenders its own power in order to draw strength within the exhibition space again, and in so doing, it becomes the site of a painterly event. Here the object-oriented and spatial conventions of painting assume an independent existence (tableau, perspectival representation of space, montage, etc.), as do fragmentary narrative forms derived from comic book characters, family photographs or art historical precedents. It is precisely in their fundamental disconnectedness that they relate to each other as particular *exhibition images.*[10] In addition, different stylistic codings – impressionist and expressionist, realist and surrealist – collide with each other, in the course of which expressive and gestural elements, traditionally understood as extremely subjective, act as ciphers for the integrative function of painting, allegorising, as it were, the frenetic exchange of symbols that every exhibition undertakes.

Benches, chests, wardrobes and chairs, occasionally a piano, form settings that are at once welcoming and disturbing, and which are inhabited in either image or object form by a ghostly universe of characters both real and fictional, drawn from children's stories and fantasy, fictionalised autobiography and horror. They

8 See Jean-Luc Nancy, *Being Singular Plural* (Stanford, CA: Stanford University Press, 2000); also David Ganz and Felix Thürlemann, eds., *Das Bild im Plural: Mehrteilige Bildformen zwischen Mittelalter und Gegenwart* (Berlin: Reimer, 2010).

9 On the concept of a synthetic image, see Helmut Draxler, *Die Wahrheit der Niederländischen Malerei. Eine Archäologie der Gegenwartskunst* (Paderborn: Brill / Fink 2021).

10 Deleuze calls this process a 'disjunctive synthesis'. See Gilles Deleuze, *Difference and Repetition* (London: Continuum, 2004).

simultaneously structure and distort the space. In so doing, they disrupt every aesthetic boundary, turning the exhibition into a space that is as intellectual as it is pictorial, one that permits no distanced aesthetic experience of any kind, but instead constantly impinges upon this experience, incorporating it into the symbolic universe of its artistic claim. While the edges of physical bodies in this image world dissolve, making them monstrous, and inscribing a *disembodied,* excremental materiality into a visual language that is as referential as it is gestural, the images themselves are *embodied* as massive, space-structuring objects. Here there is no clear determination of identities, nor is there any pure transcendence. Rather, it is constituted by the interchange between the categories of image, object and space, and of body, affect and experience. Therein lies the Romantic heritage of this art. For Romanticism does not simply represent the opposite of reification, opening before us a horizon of the possible that is both primal and unbounded; rather, it is reification's actual corollary. Animating the world of things reifies the real world, and in such a manner that affect, the affliction of consciousness by images, always already materialises and embodies that consciousness. Yet precisely the *shudder* felt when faced with the totality of such a fragmented world demands reflection. In Romanticism, the political unconscious forces itself to the surface of a visual, linguistic or objectual coding, but does not become straightforwardly legible from it. Like dreams or jokes, these codings are both symptoms and forms of recognition. In terms of artistic production, the appropriation of this Romantic tradition can only succeed if the complete identity of the reified image world and the animated object world is repeatedly interrupted or suspended. This can be achieved either by means of an exhibition's fictionalising mode or its temporary nature, but especially in the context of the claim upon art manifest in the exhibition series and totality of works. In terms of aesthetic reception, the powerful effects generated by the image-objects require a moment of reflection, in order to be able to extract some indication of the in-finite, the non-pictorial or the generally negative from the radical finitude of the purely pictorial exchange relations. It is principally the claim on or as art in the interplay of productive and receptive approaches, of experience and expectation, that can be understood as an incision of the negative into the plethora of purely affective reciprocal effects, without, in so doing, positively stabilising itself as art. For in terms of artistic production, the image or the narrative's claim on art must repeatedly be confronted by the abyss of the banality of the image, the narrative or the handicraft in order for it and its own conditions of possibility to keep their balance. In order to confront the omnipotence of the reified image world, art (rather than the arts) must, as it were, replenish itself from the reservoir of the not-art.

In those two pictorial objects in the form of a couch, which – in the Bern exhibition – stood in front of that exemplary picture showing the artist's grandfather together with Martin Heidegger and Martin Buber at the kitchen table (*Kummer in Altreute*, 2016, page 154), the symptomatic analysis of this artistic approach is condensed. Here it becomes imaginable for the viewer to participate in the unfolding of the exhibition, and bear witness to the family's psycho-historical abyss. Admittedly this particular constellation of image and object suggests the possibility of a kind of psychoanalytic cure from the failed 'coming to terms with the past' alluded to by the image, while at the same time confirming its impossibility.[11] For the couch is itself an image, and as such a representation, a wish fulfilment, or a projection. As part of an *environment* of fragments, it remains simultaneously allusive and empty of meaning. Both are fixed in the painterly image, and the artist's family history thus becomes a history that is shared, but also reified, spatialised and alienated – that is, an *analytical symptom,* whose treatment involves a form of aesthetic experience that reckons with its own political unconscious. From here, political Romanticism cannot simply be evoked as a Lukácsian 'Grand Hotel Abyss' of the fascist imaginary, but rather as a struggle with the symbolic content of relations of transference and

11 On Martin Heidegger's "coping with the past" with Paul Celan and Martin Buber, see: Hans-Peter Kunisch, *Todtnauberg. Die Geschichte von Paul Celan, Martin Heidegger und ihrer unmöglichen Begegnung* (Munich: dtv, 2020).

the forms of resistance specific to it. It makes it possible for the medium of the exhibition to be generated by a confrontation of different modes of subjectivation between projection and introjection. Von Wulffen's transcendental-poetic approach can therefore neither be pigeonholed as an ethno-political origin legend, nor as a fantasy of the future, in the sense of an opening or subjective liberation into the infinite.[12] Rather it becomes an intersubjective conspiracy, in which the sheer infinity of painterly interactions becomes a condition of possibility of a variety of finite determinations of a subjective, familial, cultural and social nature. These determinations do not merely act as incisions into the horizon of the possible; as a limit and negation, they open up a space of experience. In it, viewers are less affected by their own possibilities than they are by the necessity of acting, of mobilising themselves within their own negativity. The possibility of such a mobilisation corresponds in turn to the impossibility of entirely escaping history.

12 Friedrich Schlegel and Novalis understood transcendental poetry to be a relationship between the real and the ideal, the fragment and the totality, the finite and the infinite: that is, mediated by reflection and worked up into poetry.

Der Verkauf der Bilder blieb auch weiterhin eine Befriedigung für den Wolfsmann[1]

Tonio Kröner

Ein Gesicht wie sieben Tage Regenwetter, ein Haufen Elend trotz Regenbogenfarben. Das zentrale Gesicht in Amelie von Wulffens *Regensburg* (2018–20, Seite 71) ist in bunten Linien und Flächen in die Abstraktion verzerrt. Wie bei Edvard Munch dehnt sich der im Gesicht verdichtete emotionale Zustand melodramatisch auf die Welt des Gemäldes aus. Auch wenn in *Regensburg* Angst, Trauer und Tod aufgerufen werden, scheint der uns entgegenblickende emotionale Aufruhr jedoch, weniger Munch-haft, Tristesse zu sein, die Tristesse alltäglicher Identitäts- und Existenzkrisen.
Ein grün-braun-grauer Farbbrei umhüllt das Gesicht. Dabei verfestigt sich die Farbe einerseits zu einem Mantel, der den Kopf zur Halbfigur komplettiert. Andererseits formt sie sich zur Darstellung zweier PKW. Das angeschnitten gemalte Typenschild eines Volkswagen Passat lässt erkennen, dass wir uns in der Bundesrepublik der 1970er-Jahre befinden. Die scharfen Konturlinien und das leere Scheinwerfer-Auge der Autos kontrastieren mit dem Gesicht. Sie bringen es zum Leuchten und unterstreichen seine mit der Welt verwischte braun-grüne Silhouette. Trotz ihrer vergleichsweise stabilen Konturen bleiben die Wagen dem Gesicht jedoch ähnlich. Sie sind ebenfalls brüchig gemalt, der Farbauftrag verflacht sie zur abstrakten Malerei und lässt die grundierte Leinwand durchscheinen. Der Mantel hingegen wirkt auch ohne Konturlinie massiv. In seiner grünfarbigen Lodenanmutung gibt er dem Kopf einen Körper und dem Bild Stabilität. Er ist Panzer gegenüber den Umwelteinflüssen und struktureller Sockel für die expressive Malerei des Gesichts.

In *Ohne Titel* (2003, Seite 166) sehen wir tatsächlich bemalte Gesichter. Die großformatige Fotografie zeigt von Wulffens Gesicht dreimal in einer Mehrfachbelichtung. Ihre Haut ist, ähnlich dem gemalten Gesicht in *Regensburg*, mit farbigen Flächen bemalt. Diese sind in der Fotografie jedoch ornamentaler, weniger expressiv. Bis auf die Augenpartie folgen sie nicht den Konturen des Gesichts, sie legen sich über dieses und lassen es zugunsten der Bemalung zurücktreten. Die Fotos wurden vor einer ebenfalls ornamentalen Wandmalerei der Künstlerin aufgenommen, so dass sich die gemalten Flächen auf den Gesichtern mit dem Hintergrund verschränken. Indem von Wulffen ihr Gesicht mit einem abstrakt ornamentalen Bild bemalt und es mit einer ihrer Wandmalereien vermischt, verschiebt sie ihren Ausdruck in eine Malerei der Verzierung, des überbordenden Ornaments. Ihr Gesicht und die Malerei darauf werden ein weiteres Motiv im Strom der Muster ihrer Kunst und der Welt.
Die Präsenz des Ornaments ist folgenreich. Über die Degradierung von Mimik und Malerei zum dekorativen Objekt öffnet sich in der Fotografie die Dualität von Figur und Grund zu einer Form der Äquivalenz. Dieses Zusammenführen von getrennten Teilen bestimmt ebenfalls von Wulffens zeitgleich entstandene Malerei-Collagen; von 1998 bis 2010 sind ihre Bilder auf Papier ausgeführt und oft mit Fotografien beklebt.
In *Ohne Titel* (2006, Seite 166) sind auf einem mal opaker, mal lasierender rot bemalten Papier fünf Fotografien feinster Glaswaren geklebt. Die fragilen, exzentrisch geformten und mit delikaten Mustern versehenen Objekte gleichen den bemalten Gesichtern der Mehrfachbelichtung. Sie sind vor schwarzem Hintergrund fotografiert und mit schwarzer Farbe ummalt. Die malerischen Markierungen treten in Kontakt mit den Gläsern und verbinden sie mit dem Bild. Und wie als Kehrseite des

1 Muriel Gardiner, „Der Wolfsmann wird älter“, in: dies. (Hg.), *Der Wolfsmann vom Wolfsmann*, Frankfurt am Main (S. Fischer) 1972, S. 397.
Der folgende Essay hat seinen Ausgangspunkt in einem Vortrag zu Amelie von Wulffens Überblicksausstellung im KW Institute for Contemporary Art, Berlin, im April 2021, eingeladen von Anna Gritz und der Künstlerin.

Abgeschlossenen breiten sie sich als formloser Schmutzfilm über das ganze Format aus. Das Bild findet im Ornament der Gläser und der dekorativen Farbflächen eine Entsprechung seiner Elemente und fasst sie in einem neuen Objekt zusammen, dem Gemälde.
Die Fotografien der Gläser können als äquivalent zu den fotografischen Selbstportraits gesehen werden. Von Wulffen setzt beide als Ornament ähnlich ins Werk. So entspricht der Ausdruck des eigenen Gesichts dem eines Objekts und verliert seine klare Kontur. Der Ausdruck löst sich in diesem Geflecht der Ornamente nicht auf, noch pocht er auf die Stabilität einer Identität; diese zwischen Repräsentation und Abstraktion gleitenden inkonsistenten Bilder beginnen vereinzelt tatsächlich die Form von unklaren Objekten anzunehmen. Von Wulffens geschreinerte Liegen dienen als Träger für ornamentale Malerei, sind aber zugleich Sockel für mit gemusterten Stoffen bezogene Polster und Rahmen für in Schubladen liegende Zeichnungen.

Diese meisterinnenhaft inkonsistenten Bilder bekommen ab 2011 ein Gegenüber: Cartoons mit Alltagsgegenständen und Obststücken als Protagonistinnen. Im Gegensatz zu den Collage-Malereien sind die Cartoons in reinen Farben, klaren Konturen und nachvollziehbaren Bildräumen gezeichnet. Die Tusche- und Aquarellzeichnungen nehmen keine Rücksicht auf den menschlichen Maßstab, wie es die Liegen und Pinselstriche, Formate und Motive der Collagen taten. Und insbesondere zeigen sie keine Menschen, nur anthropomorphe Dinge. Es scheint, als ob erst das Aufgeben der menschlichen Komponente zugunsten von belebten Dingen konsistente, abgeschlossene Figuren, Bildräume und Erzählungen ermöglicht. Die Blätter erinnern an die Kinderbuchillustrationen von Ernst Kreidolf und Sibylle von Olfers. Deren Bilder strahlten im ausgehenden 19. und dem beginnenden 20. Jahrhundert Geborgenheit aus. Die freundliche Welt der Blumen, Käfer und der anthropomorphen Dinge hat aber auch ihre unheimliche Seite.
Der Preis für die geschlossene Silhouette der Cartoons von Wulffens ist eine andere Abstraktion: dass man eben eine Banane, ein Pinsel oder ein Weinglas in einer Cartoon-Welt ist. Dort ist alles abstrakt, alles aus dem gleichen Material. Die Äquivalenz des Ornaments greift voll durch, das Selbst kann sich ungebremst vom Pinsel auf ein Weinglas verschieben und ein Konflikt kann sich sowohl in der Relation von Kartoffeln zu Tomaten als auch von Weißwurst zu Brezel verdichten. Die bleibende Inkonsistenz in der Entsprechung zwischen den Glaswaren, den Selbstportraits und dem Pinselstrich der Collagen ist in den Cartoons vereinheitlicht. Die anthropomorphen Dinge locken in den Kaninchenbau der Traumwelt. Es ist die Arbeit des Traums, disparates Material zu einer Einheit zusammenzusetzen.[2] Wie der Traum machen die Cartoons durch Verdichtung und Verschiebung das Inkonsistente konsistent. Und in dieser einheitlichen Form ist ihr menschenleerer Raum das Gegenüber des inkonsistenten, menschelnden Areals der Collage-Malereien.
Zwei Weingläser schalten durch Fernsehkanäle. Das eine ascht ab und schaut verächtlich zur Betrachterin aus dem Bild, während das Andere mit der Fernbedienung in der Hand gleichgültig den Fernseher betrachtet. Es läuft gerade Fußball, gespielt von Menschen! Es gibt also doch Menschen in von Wulffens Cartoon-Welt? Als Fernsehprogramm? Und weil im Fernsehen echt nur Schwachsinn läuft, sind wir Betrachter:innen, als menschliches Gegenüber des Weinglases, auch nur eines verächtlichen Blickes würdig?

Ähnlich abfällig wurden die Besucher:innen in von Wulffens Überblicksausstellung in den Berliner Kunstwerken gemustert. Der Blick gehört einem lebensgroßen Objekt aus Hasendraht und Papiermaché (*Ohne Titel*, 2020, Seite 107). Die braunfleckig bemalte Figur steht an einem Baumstumpf; sie hat zwei Arme, keine Beine und einen Kopf mit angedeutetem Mund, Nase, Ohren und pupillenlosen grünen Augen. Während die Farbe dem Baumstumpf eine Rindentextur verleiht, lässt sie die Figur als Kotwurst in Menschengestalt erscheinen. Sie sieht aus wie das großgewordene Kotkind des Wolfsmannes.

2 Vgl. Jean Laplanche / Jean-Bertrand Pontalis, *Vokabular der Psychoanalyse*, Frankfurt am Main (Suhrkamp) 1972, S. 519.

Der Wolfsmann ist eines der Paradepferde der freudschen Psychoanalyse. Aus seinem Fall entwickelte Sigmund Freud die Relevanz der kindlichen Neurose für die psychischen Störungen des Erwachsenen. Freuds Analyse folgend entwickelte der Wolfsmann, der seinen Namen einem Wolfstraum verdankt, die Fantasie, sich selbst als Kotkind neu zu gebären. Sein Stuhlgang ist das Kind, als welches er zum zweiten Mal zu einem glücklicheren Leben geboren wird. Das Kotkind ist zugleich auch ein Geschenk an die Eltern, im Falle des Wolfsmannes an den Vater. Der Kot ist in der Psychoanalyse der erste wertvolle Stoff, den das Kind produzieren und herschenken kann. Das Geschenk bedeutet jedoch Verzicht auf die autoerogene Stimulation der Darmwände durch den Kot und ist somit Vorbild der Kastration. Diese psychische Dynamik verschiebt sich im Laufe des Lebens auf das Geld, den anderen wertvollen Stoff, von dem verlangt wird, ihn von libidinösen Einflüssen frei zu halten und rational zu regeln.[3]

Und so steht das großgewordene Kotkind, als vollplastische Cartoon-Traum-Figur, in von Wulffens Ausstellung an einem abgeschnittenen Baum (!) inmitten eines Flohmarkts. Scheinbar bietet es auf bemalten Holzkisten stehende Kleinfiguren – assembliert aus Muscheln, den Skeletten anderer Meereslebewesen, getrockneten Wurzeln, Ton und beschädigten Gegenständen – zum Verkauf an. Ebenso scheint es die dicht um es herum hängenden Leinwand- und Tafelbilder, unter anderem *Regensburg*, feilzubieten.

Die Inszenierung erinnert an die Cartoon-Bilder, eine Kotwurst verkauft Rosinen an Kartoffeln und Rotweingläser. Sie ist aber auch Fortführung der Ausstellungsinszenierungen von Wulffens mit ornamentalen Wandmalereien. Die einzelnen, in ihren Formaten begrenzten Werke mussten sich in ihren Ausstellungen immer wieder gegenüber einer raumgreifenden Gestaltung behaupten. So ist auch das Kotkind als abgeschlossene Figur zu betrachten und weitet sich zugleich als Verkäuferin der Kleinplastiken und Gemälde in die Gesamtinstallation aus, verschwimmt mit ihr und tritt mit ihr in Kontakt. Es hat die Wände mit brauner Farbe beschmiert und auch die meisten Gemälde haben einen braunen Grundton oder Spuren brauner Farbe. Jedes Gemälde und jede Plastik ist dienendes Teil einer nicht in Gänze darstellbaren Welt und scheint aus demselben libidinösen Material gemacht: brauner Farbe, Kot, Geld. Jedes Element ist aber zugleich individueller Star, eine für sich stehende Einheit in der Verkaufsinszenierung.

Diese Widersprüchlichkeit, Teil der inkonsistenten Welt und abgeschlossenes Objekt zugleich zu sein, hat sich in von Wulffens Werk in den letzten sechs Jahren insbesondere in Leinwand- und Tafelbildern manifestiert. In *Am Kühlen Tisch*, einem 2014 erstmals erschienenen Comic von Wulffens, legt ihr gezeichnetes Alter Ego in einem Gespräch Francisco de Goya dar, dass die bürgerliche Tafelmalerei Zerstückelung der Welt ist. Sie zerlegt die Welt und die Wahrnehmung der Betrachter:innen in Teile und ist selbst nur Ausschnitt.[4] Dieser Ausschnitt der inkonsistenten Welt hat aber eine geschlossene Form. Von Wulffen zeigt, dass diese geschlossene Form der Malerei, wenn auch traditionell präferiert, nicht ausschließlich objektiv und rational sein muss. In ihrem Werk ist sie insbesondere die Abgeschlossenheit der Cartoons und Träume. Der zersplitterte Ausdruck der Collage-Gemälde hat durch die Cartoon-Zeichnungen hindurch in ihren Tafelbildern eine semi-stabile Form gefunden. Dabei wurde er monströs, das fließende Ornament weicht klaustrophobischen, holzvertäfelten Bauernstuben und das Personal der Cartoons teilt sich in idealisierte Menschen und Monster.

So präsentiert eines von sieben in grobem Rosa gemalten Schweinekindern in *Musische Mutter* (2019, Seite 81) einer menschlichen Frau auf einem Teller mehrere kleine braune Häufchen. Die „Pralinen" sind mit einem Fähnchen dekoriert, auf dem „Für Mama" steht. Die titelgebende Figur der musischen Mutter ist an Jan Vermeers *Lautenspielerin am Fenster* (1664) angelehnt und im Kontrast zum krustigen Rosa der Ferkel lasierend in beige-rötlichem Inkarnat gemalt. Das schenken wollende anthropomorphe Schweinchen bietet seine liebevoll dekorierte, wertvolle Substanz der menschlichen Mutter als Zeichen der Liebe und der Bitte um dieselbe an. Das archaische Geschenk scheint aber die Brücke zur Mutter und ihrer Form des Ausdrucks von Gefühlen via Kulturleistung nicht

3 Vgl. Sigmund Freud, „Aus der Geschichte der infantilen Neurose", in: Alexander Mitscherlich / Angela Richards / James Strachey (Hg.), *Sigmund Freud Studienausgabe*. Band VIII. *Zwei Kinderneurosen*, Frankfurt am Main (S. Fischer) 1969, S. 188, 196, 212–14.

4 Vgl. Amelie von Wulffen, „Am kühlen Tisch", in: Anna Gritz (Hg.), *Amelie von Wulffen. Alle Comics 2011–2020*, Köln (Verlag der Buchhandlung Walther und Franz König) 2020, S. 150.

schlagen zu können. Die krustigen Ferkel und die humanistisch menschliche Mutter teilen sich denselben unklaren, durch einen in dicken, braunen Flächen gemalten Rahmen zusammengehaltenen Bildraum. Aber sie bleiben getrennt. Das Vermeer-Zitat steht in einer Reihe mit Menschen-Darstellungen von Stars (das wiederkehrende Gesicht John Travoltas z.B. in *Der Nackte im Park*, 2011–18, Seite 47), von Jugendlichen aus einem Aufklärungsmagazin (*Petting 1+2*, 2017, Seite 12) und den von Fotos abgemalten Familienmitgliedern der Künstlerin (*Wer hätte das gedacht?*, 2020, Seite 69). Und wie die anthropomorphen Schweine stehen in von Wulffens Gemälden diesen Idealen von Humanität monströse Katzen, Fabelwesen, deformierte Menschen und Kothaufen gegenüber.

Das Schweinchen mit den „Pralinen" trägt einen bunten Mantel, der in seiner malerischen Gestaltung und seinen Farben an das Gesicht in *Regensburg* erinnert. Wenn wir sowohl das Ferkel als auch das Gesicht als verschobene Selbstportraits der Künstlerin betrachten, stellt sich von Wulffen hier auf die Seite des Kotkindes, der Abstrakten, Außenseiter, Grobverklebten, Brüchigen und Beschädigten. In *Ohne Titel* (2020, Seite 91) wirft sie sich rumpelstilzchenhaft ein Lodencape über. Es ist aus demselben Stoff wie der Mantel in *Regensburg*, das dem Bild in der Komposition gleicht und ihm in den KW gegenüber hing. Jetzt mit einem fein modulierten Antlitz – wie es auch *Musische Mutter*, der ehemalige Papst Benedikt XVI. in *Bayerische Kindheiten* (2020, Seite 68) oder *Michael Ende und die Dissidenten* (2019, Seite 82) tragen – rückt sie auf die Seite der Menschen. Die Künstlerin wandelt in ihren Bildern zwischen den Welten.
Das Cape scheint einem alten weißen Mann zu gehören, der es vermutlich nicht mehr braucht. Er liegt tot, oder zumindest fest schlafend, in seinem Bett. Und auch die zentralperspektivische Holzkammer, mit der Aussicht auf eine Bergkette, die sowohl Fenster als auch Landschaftsgemälde sein kann, ist der Raum des Mannes. Loden, Bauernstube und Bergpanorama sind synonym mit dem deutsch-bürgerlichen Erbe von Braun-Malerei und Kunsthandwerk, das von Wulffen antritt. Sie steht mit festem Blick raum- und formatfüllend im Zentrum der Komposition. Durch ihre spezifische Form des Selbstportraits zersetzt sie dieses Erbe als Motiv und künstlerische Praxis. In der Monstrosität alltäglicher Identitäts- und Existenzkrisen bringt sie die großen Themen – den nicht abgegoltenen Terror des Nationalsozialismus und die menschengemachte Klimakatastrophe – mit ins Bild und auf die Bühne. Sie öffnet ihr Erbe gegenüber dem Unverdauten der individuellen Erfahrung und objektiven Beschreibung.
So verschiebt sich der Fokus in *Ohne Titel* (2020) vom Gesicht der Künstlerin auf das Lodencape. Es ist der eigentliche Protagonist im Bild. Seine krustige Kontur verschwimmt mit Holzvertäfelung und Landschaft, seine Binnenstruktur ist verschmiert und die monströsen Pinselstrichfinger der Künstlerin scheinen geisterhaft durch es hindurch. Die schrecklich schöne Beziehung zwischen stabilem Mantel und ambivalentem Gesicht in *Regensburg* kehrt sich um. Und es ist nicht mehr klar, wem Inkonsistenz und wem Abgeschlossenheit zuzusprechen sind. Aus diesem Psychoraum heraus greift das Kotkind in seine Wechselgeld-Bauchtasche und blickt uns prüfend an, ob wir nur gucken oder auch etwas kaufen.

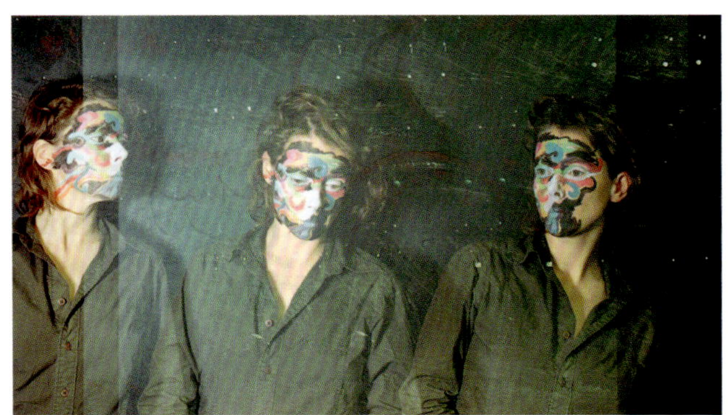

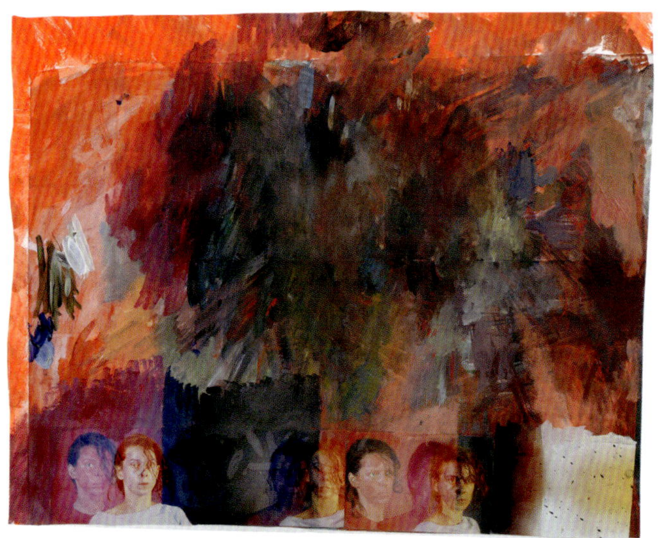

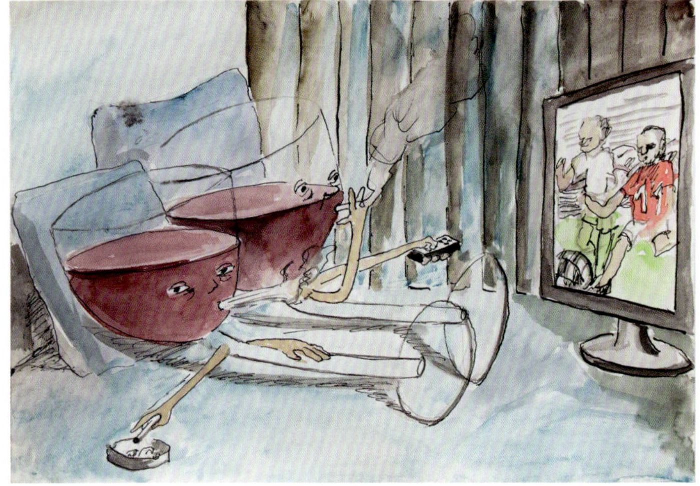

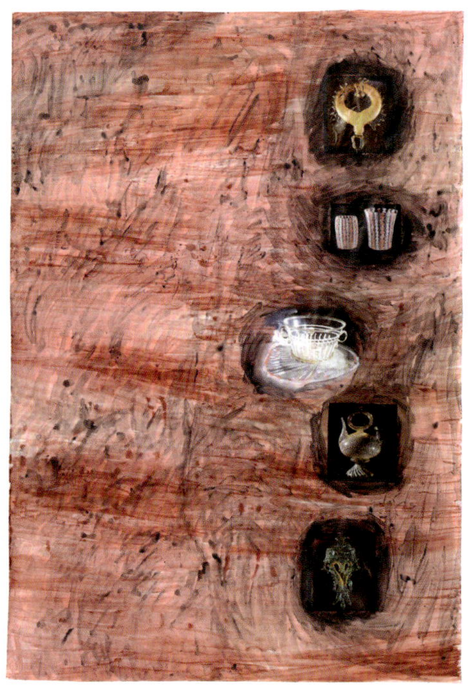

O.T. / Untitled, 2003
Fotografie (Mehrfachbelichtung) / Photograph (multiple exposure)
100 × 176 cm, Auflage / Edition 3+1

O.T. / Untitled, 2006
Acryl, Aquarell, Fotografien auf Papier / Acrylic, watercolour, photographs on paper, 80 × 82 cm

O.T. / Untitled, 2011
Aquarell, Tusche auf Papier / Watercolour, Indian ink on paper
21 × 30 cm

O.T. / Untitled, 2006
Acryl, Drucke auf Papier / Acrylic, prints on paper, 224 × 150 cm

The sale of the pictures has continued to be a satisfaction to the Wolf-Man[1]

Tonio Kröner

In spite of the colours of a rainbow, her face is like a wet weekend, a picture of misery. In a series of colourful lines and segments, the face at the centre of Amelie von Wulffen's *Regensburg* (2018–20, page 71) distorts into abstraction. As in the case of Edvard Munch's famous painting, the subject's emotional state, concentrated in the face, extends melodramatically into the world of the painting. Even though fear, grief and death are invoked in *Regensburg*, the emotional turmoil we encounter seems to be less Munch and more an enduring *tristesse* – the inveterate sadness of everyday crises of identity and existence. A green-brown-grey mush of paint envelops the face. On the one hand, the colour solidifies into a coat, which, together with the head, makes up a half-length figure. On the other hand, it coalesces into a figuration of two cars. The Volkswagen Passat's nameplate, painted in section, is a hint to the possible time and place, namely the Federal Republic of Germany in the 1970s. The featureless headlight eye and the crisp outlines of the cars contrast with the face. They make it glow and highlight its brown-green silhouette blurred with the world. However, despite their comparatively stable shapes, the cars resemble the face. They are also painted patchily; the application of paint flattens them into abstract painting and allows glimpses of the primed canvas beneath. The coat, on the other hand, appears voluminous and weighty even without an outline. Its darkish green tone, suggesting loden cloth, provides the head with a body and lends the painting stability. It is a form of armour against prevailing environmental influences and a structural plinth for the expressive painting of the face.

In *Untitled* (2003, page 166), we actually see painted faces. The large-format, multiple exposure photograph shows von Wulffen's face in three aspects. Her skin is painted with coloured areas and patterns, similar to the painted face in *Regensburg*. However, these sections are more ornamental in the photograph, less expressive. Except for the area around the eyes, they do not follow the shape of the face; they are superimposed on it and allow it to recede in favour of the painting. The photographs were taken in front of an equally ornamental mural by the artist, with the effect that the painted areas on the faces fuse with the background.

By painting her face with abstract ornamental shapes and blending it with one of her murals, von Wulffen transfers her mode of expression into a painting as decoration, as exuberant ornamentation. Her face and the painting on it become another motif in the maelstrom of patterns in her art and in the world. The presence of ornament is momentous. Through the deconstruction of facial expression and painting into a decorative object, the duality of figure and ground shifts to a form of equivalence in the photograph. This coalition of disparate parts also defines von Wulffen's painting collages, which she made at the same time; from 1998 to 2010, these paintings were executed on paper and often adorned with pasted photographs.

In *Untitled* (2006, page 166), five photographs of fine glassware were pasted onto a sheet of paper painted with a sometimes opaque, sometimes streaky, glazed red wash. The fragile, eccentrically shaped objects with delicate markings resemble the painted faces of the multiple exposures. They were photographed against a black background and then surrounded with patchy black paint. The painterly marks overlap the glassware objects and diffuse into the overall composition, linking them to it. And as if as the obverse of completion, the colour covers the entire format like an amorphous

1 Muriel Gardiner, 'The Wolf-Man Grows Older', *The Wolf-Man and Sigmund Freud* (Harmondsworth: Penguin Books, 1973), p. 377. The following essay, at the behest of Anna Gritz and the artist herself, derives from a lecture on Amelie von Wulffen's survey show held at the KW Institute for Contemporary Art, Berlin, in April 2021.

film of dirt. The composition finds a correspondence of its constitutive elements in the ornamentation of the glassware and the decorative coloured areas and combines them into a new object, the painting itself.
The photographs of the glassware can be seen as an equivalent to the photographic self-portraits. Von Wulffen creates both as ornaments in a similar way. Thus, the expression of her own face corresponds to that of an object and loses its defined contours. Expression does not dissolve in this network of ornaments, nor does it insist on the stability of an identity. These inconsistent images, oscillating between figuration and abstraction, actually begin – in individual cases – to take on the form of undefined objects. Von Wulffen's carpentered loungers serve as supports for ornamental paintings, but at the same time, act as pedestals for the upholstery covered with patterned fabrics and frames for drawings lying in drawers.

From 2011 onwards, these masterfully inconsistent paintings are given a counterpoint: a series of cartoons with everyday objects and pieces of fruit as protagonists. In contrast to the painting collages, the cartoons are drawn in pure colours, clear outlines and comprehensible pictorial settings. The ink and watercolour drawings take no account of human scale, as did the loungers and brushstrokes, formats and motifs of the collages. And in particular, they do not show people, only anthropomorphised entities. It seems that only the abandonment of the human component in favour of animate things renders possible consistent, cogently self-contained figures, pictorial spaces and narratives. The cartoons recall Ernst Kreidolf's and Sibylle von Olfers's illustrations for children's books. Their illustrations radiated an amiable sense of security in the late nineteenth and early twentieth centuries. But this benign world of flowers, insects and anthropomorphic beings was also endowed with a weird, uncanny undercurrent.
The composite, enclosed silhouette of Wulffen's cartoons is at the cost of another abstraction: the fact that one is but a banana, a paintbrush or a wine glass in a cartoon world. Everything is abstract there, everything is made of the same material. The equivalence of the ornament takes full effect, the Self can shift unheeded from a paintbrush to a wine glass and a dispute can congeal both in the relation of potatoes to tomatoes and of white sausage to a pretzel. The sustained inconsistency in the correspondence between the glassware, the self-portraits and the brushstrokes of the painting collages coalesces in the cartoons. These anthropomorphised entities lure us down the rabbit hole of the oneiric. It is the nature of dream-work to combine disparate content into a single unity.[2] In a similar way to dreams, the cartoons render the inconsistent consistent through concentration and transference. And in this unified form, their humanless space stands vis-à-vis the inconsistent, humanising areal of the painting collages.
Two reclining wine glasses are channel-hopping in front of the TV. One of them is casually flicking cigarette ash into an ashtray and looking contemptuously at the viewer from out of the cartoon, while the other is desultorily watching the telly, puffing away on a cigarette with the remote control in its hand. Football is on, played by humans! So people do actually feature in von Wulffen's cartoon world after all? As a telly programme? And because there's only proper rubbish on TV, are we viewers of the cartoon – as the humans opposite the wine glass – even worthy of a contemptuous sideways glance?

Visitors to von Wulffen's survey show at Berlin's KW Institute for Contemporary Art were likewise assayed in a similarly derogatory fashion. The gaze belongs to a life-size object made of chicken wire and papier-mâché (*Untitled*, 2020, page 107). The brown-painted figure stands next to a tree stump; it has two arms, no legs and a head with a suggested mouth, nose, ears and pupil-less green eyes. While the paint lends the adjacent tree stump a bark-like texture, it turns the figure next to it into a faecal sausage in human form. It looks every bit like the Wolf-Man's grown-up 'faecal child'. The Wolf-Man is one of the showpieces of Freudian psychoanalysis. On the basis of

2 Cf. Jean Laplanche and Jean-Bertrand Pontalis, *The Language of Psychoanalysis* translated by Donald Nicholson-Smith (London: The Hogarth Press, 1973), p. 125.

this case, Sigmund Freud developed his theory of the relevance of infantile neurosis for later adult mental disorders. According to Freud's analysis, the Wolf-Man, who owes his name to a dream about a wolf ('wolf's dream'), developed the fantasy of giving birth to himself as a faecal child. The stool he passes in a seminal moment of his childhood becomes a new child, in the form and substance of which he is reborn into a happier life. The faecal child is also a gift to the parents, in the case of the Wolf-Man, a present to his father. In the frame of psychoanalysis, excrement is the first valuable substance that a child can produce and give away: as Freud famously put it, it is the child's first gift. The gift, however, means renouncing the autoerogenic stimulation of the intestinal tract by faecal matter and is, thus, the model for castration. This psychic dynamic shifts in the course of life to money, the other valuable substance, which is required to be kept free of libidinous influences and regulated rationally.[3]
And so the grown-up faecal child, as a wholly three-dimensional cartoon oneiric figure, is standing there in von Wulffen's exhibition next to a felled tree (!) in the middle of a flea market. The figure is seemingly selling various figurines displayed on painted, wooden, plinth-like boxes of variable dimensions – shells, the skeletons of other sea creatures, dried roots, clay and damaged objects. At the same time, the figure also seems to be peddling the canvases and panel paintings hanging in the vicinity, including *Regensburg*.
The staging recalls the humour of the cartoons – a faecal sausage selling sultanas to potatoes and glasses of red wine. But it is also a continuation of Wulffen's exhibition stagings with ornamental murals. Her individual works, limited in their formats, have always had to assert themselves in their respective exhibition contexts against an expansive overall exhibition design. Thus, the faecal child can also be seen as a self-contained figure and, simultaneously – as the vendor of the small sculptures and paintings – spreads into the overall installation, merging and connecting with it. It has smeared the walls with (shit) brown paint and most of the paintings evince brown undertones or traces of brown. Each painting and sculpture is an instrumental part of a world that cannot be represented in its entirety and seems to be made of the same libidinous material: brown paint, excrement, money. But each element is, at the same time, an individual star, a self-contained unit in the staging of the sale.
The contradictoriness of being part of an inconsistent world and simultaneously a self-contained object has manifested itself in von Wulffen's work over the last six years, especially in her canvases and panel paintings. In *Am Kühlen Tisch*, a comic by von Wulffen first published in 2014, her drawn alter ego – in conversation with Francisco de Goya – suggests that bourgeois panel painting is a dismemberment of the world. It dissects the world and the perception of the viewer into pieces and is itself only a section.[4] This section of the inconsistent world, however, has a closed form. Von Wulffen shows that this closed form of painting, although traditionally preferred, does not have to be exclusively objective and rational. In her work, it is, in particular, the encapsulated realm of cartoons and dreams. The fragmented expression of the painting collages via the cartoons arrived at a semi-stable form in her panel paintings. In the process, it became monstrous, the flowing ornament giving way to claustrophobic, rustic wood-panelled farmhouses and the cartoons's diverse cast dividing itself up into idealised humans and monsters.

For example, one of seven piglet children painted in crude, bright pink in *Musische Mutter* (2019, page 81) presents several small brown piles on a plate to a human woman. The 'chocolates' are decorated with a little banner that reads 'Für Mama' (For Mama). The eponymous figure of the artistic mother recalls Jan Vermeer's *Lute Player at the Window* (1664) and is painted in delicate beige-reddish flesh tones in contrast to the almost Day-Glo pink of the piglets. The anthropomorphised piglet offers its lovingly decorated, precious substance to its human mother as a sign of love and requests reciprocation. However, the archaic gift seems unable to bridge the gap between it and the mother with her way of expressing feelings via cultural accomplishment. The crude piglets and the humanistic, human mother share the

3 Cf. Sigmund Freud, 'From the History of an Infantile Neurosis' (1918), *The Standard Edition of the Complete Psychological Works of Sigmund Freud*, vol. XVII (1917–1919), pp. 1–124, here p. 72, p. 81f, p. 102ff.
4 Cf. Amelie von Wulffen, 'Am kühlen Tisch', in Anna Gritz, ed., *Amelie von Wulffen. Alle Comics 2011–2020* (Cologne: Verlag der Buchhandlung Walther und Franz König, 2020), p.150.

same undefined visual space held together by a framework painted in thick brown planes suggesting walls. But they remain separate. The Vermeer allusion aligns itself with a series of other human depictions of celebrities, such as the recurring face of John Travolta in *Der Nackte im Park* (2011–18, page 47), teenagers from a sex education magazine (*Petting* 1+2, 2017, page 12) and the artist's family members painted from photographs *Wer hätte das gedacht* (2020, page 69). And like the anthropomorphised pigs, these ideals of humanity are juxtaposed in von Wulffen's paintings with monstrous cats, mythical creatures, deformed humans and piles of excrement.

The piglet proffering the 'chocolates' is wearing a technicolour dreamcoat, recalling the luminous face in *Regensburg*, both tonally and in its design. If we consider both the piglet and the face as shifted self-portraits of the artist, von Wulffen sides here with the faecal child, the abstract, the outsider, the crudely pasted, the fragmented and the damaged. In *Untitled* (2020, page 91), she dons a loden cape in the manner of Rumpelstiltskin. It is made of the self-same fabric as the coat in *Regensburg*, which resembles the painting in its composition and was hung opposite it at KW. In this instance with a finely modulated countenance, similar to *Musische Mutter*, the former Pope Benedict XVI in *Bayerische Kindheiten* (2020, page 68) or *Michael Ende und die Dissidenten* (2019, page 82), she sides with people. The artist walks between worlds in her paintings. The voluminous cape seems to belong to an elderly white man who presumably no longer needs it. He is lying in his cot, either dead or asleep. The frontal view of the tenebrous timber-clad chamber, with its view of a mountain range on the rear wall – suggesting either a window or a landscape painting – is also the man's bedroom. Loden garments, the farmhouse parlour and mountain panorama motifs are synonymous with the brown hued legacy of Germano-bourgeois painting and handicraft that von Wulffen has inherited. She stands with splayed legs in the centre of the composition, her fixed gaze filling the room and the format. Through her specific mode of self-portrait, she deconstructs this legacy, both as a motif and as artistic practice. She introduces the big themes – unresolved Nazi terror and disastrous anthropogenic climate change – into the scene and onto the stage via the monstrosity of everyday crises of identity and existence. She opens up her heritage to the undigested detritus of individual experience and objective description.
Thus, in *Untitled* (2020), the focus shifts from the artist's face to the loden cape. It is the actual protagonist in the painting. Its crumpled folds are one with the contours of the wood panelling and landscape, its internal structure is smudged and the artist's monstrous skeletal fingers shine spectrally through it. The momentarily beautiful yet terrifying relationship between the both solid, stolid coat (and all that it implies) and the ambivalent face in *Regensburg* is reversed. And it is no longer apparent what can be attributed to inconsistency or patchiness and what to roundedness, to a composite whole. From out of this psycho-scenario, the faecal child fumbles in its bum bag for loose change and eyes us up, checking whether we are just browsing or actually buying something.

Impressum / Imprint

Dieser Katalog umfasst folgende Ausstellungen der Künstlerin Amelie von Wulffen / This catalog presents the following solo shows by artist Amelie von Wulffen:

Hey Damsels, do you want Foxes?
Reena Spaulings Fine Art, New York
9.3.– 22.4.2018

*Mädchen hinter Gittern / Raggazze dietro le Sbarr*e
Gió Marconi, Mailand / Milan
15.11.2018 – 31.1.2019

Amelie von Wulffen
Kunsthalle Bern
Kuratiert von / Curated by Valérie Knoll
25.5.– 14.7.2019

Amelie von Wulffen
KW Institute for Contemporary Art, Berlin
Kuratiert von / Curated by Anna Gritz
17.3.– 24.5.2021

Attention, les enfants
Etablissement d'en face, Brüssel / Brussels
2.4.– 15.5.2022

Galerie Meyer Kainer, Wien / Vienna
7.4.– 21.5.2022

Herausgeber:innen / Editors
Kunsthalle Bern, Etablissement d'en face, Brüssel / Brussels und / and Amelie von Wulffen

Verlag / Publisher
Verlag der Buchhandlung Walther und Franz König, Köln / Cologne

Gestaltung / Design
Petra Hollenbach

Autor:innen / Authors
Helmut Draxler, Valérie Knoll, Tonio Kröner

Druck und Bindung / Print and binding
Druckhaus Sportflieger, Berlin

Lithographie / lithography
prints professional, Berlin

Koordination / Coordination
Julia Künzi

Übersetzung / Translation
Nathaniel McBride (Texte von / Texts by Helmut Draxler, Valérie Knoll), Timothy Connell (Text von / by Tonio Kröner)

Lektorat und Korrektorat / Copy editing and proofreading
Sylee Gore, Julia Künzi, Karin Prätorius

Bildnachweise / Image credits

Patrick Armstrong: Cover, S. / pp. 98, 101–103, 104 unten / below, 107–109, 112, 119 oben / above, 120–122, 127 unten / below, 128, 129, 134, 135.
Gunter Lepkowski: S. / pp. 10–23, 34–51, 57, 58, 64, 65, 68–72, 76–83, 130–133,136–147.
Gunnar Meier: S. / pp. 54–56, 59–61.
Frank Sperling: S. / pp. 62, 63, 73, 75, 94–97, 99, 100, 104 oben / above, 105, 106, 110, 111, 113–118, 119 unten / below, 123–126,127 oben / above.

Sammlungen / Collections und / and courtesies

S. / p. 6 *Booty dance march in the mountains*, Privatsammlung / Private collection, Los Angeles
Werewolf girl going for drinks, Jill Mulleady
The lowest point of my childhood, Privatsammlung / Private collection, London
S. / p. 12 *Petting 1+2*, Sammlung Sundblad Family / Sundblad Family Collection
S. / p. 13 *Toxic cottage*, Sammlung / Collection Kasper König
S. / p. 14 *Hey damsels, do you want foxes?*, courtesy Barbara Weiss, Berlin
S. / p. 15 *The shiny escort*, courtesy Fitzpatrick Gallery, Paris
S. / p. 16 *Pedigree*, Privatsammlung / Private collection
S. / p. 17 *Some churchy types*, courtesy die Künstlerin / the artist
S. / p. 18 *The flight of the hunter*, courtesy Galerie Barbara Weiss, Berlin
S. / p. 19 *Marienthalhorst*, Privatsammlung / Private collection
S. / p. 20 *Siblings with benefits*, courtesy Galerie Barbara Weiss, Berlin
S. / p. 21 *Please, please give us some juice*, courtesy Fitzpatrick Gallery, Paris
S. / p. 22 *These children are extremely guilty*, Privatsammlung / Private collection
S. / p. 23 *I am a global citizen and a bonvivant*, courtesy Galerie Barbara Weiss, Berlin
S. / p. 36 *Kinder, Hunde, Silber*, Privatsammlung / Private collection, Weilheim
S. / p. 38–41 *Mädchen hinter Gittern*, Kunstsammlung des Landes Tirol / Collection of the state of Tirol
S. / p. 42 *Grand Selection*, courtesy Gió Marconi, Mailand / Milan
S. / p. 43 *Hast Du schon House of Cards gesehen?*, Stiftung Kunsthalle Bern
S. / p. 44 *Jung und eingesperrt*, Privatsammlung / Private collection, Köln / Cologne
S. / p. 45 *Süddeutsche Befürchtung*, courtesy Gió Marconi, Mailand / Milan
S. / p. 46 *Mare e Monti*, courtesy Gió Marconi, Mailand / Milan
S. / p. 47 *Der Nackte im Park*, courtesy Gió Marconi, Mailand / Milan
S. / p. 48 *Wo die Dämmerung grün ist*, Privatsammlung / Private collection
S. / p. 49 *Im Todestrakt*, Kunstsammlung des Landes Tirol / Collection of the state of Tirol
S. / p. 50 *Wetterkanal*, courtesy Gió Marconi, Mailand / Milan
S. / p. 52 *Fantasio und seine Freunde*, courtesy Fitzpatrick Gallery, Paris
S. / pp. 54–56 *Der verkannte Bimpfi (the misjudged Bimpfi)*, courtesy Galerie Barbara Weiss, Berlin
S. / p. 57 *O.T. / Untitled*, Privatsammlung / Private collection
S. / p. 58 *O.T. / Untitled*, courtesy Galerie Meyer Kainer, Wien / Vienna
S. / p. 59 *O.T. / Untitled*, Sammlung MAK, Museum für angewandte Kunst, Wien / Vienna
S. / p. 60 *O.T. / Untitled*, courtesy die Künstlerin / the artist
S. / p. 61 *Stühle / Chairs,* zweiter Stuhl von rechts / second chair from right, Sammlung / Collection Oskar Weiss
S. / pp. 62–63 *O.T. / Untitled*, Privatsammlung / Private collection
S. / p. 64 *Selbstporträt mit Schwester*, courtesy die Künstlerin / the artist
S. / p. 65 *O.T. / Untitled*, courtesy Galerie Meyer Kainer, Wien / Vienna
S. / p. 68 *Bayerische Kindheiten*, courtesy Galerie Barbara Weiss, Berlin
S. / p. 69 *Wer hätte das gedacht?*, courtesy Galerie Barbara Weiss, Berlin
S. / p. 70 *O.T. / Untitled*, courtesy Galerie Barbara Weiss, Berlin und / and Galerie Meyer Kainer, Wien / Vienna
S. / p. 71 *Regensburg*, Privatsammlung / Private Collection

S. / p. 72 *Selbst als Huftier*, courtesy Galerie Barbara Weiss, Berlin und / and Galerie Meyer Kainer, Wien / Vienna
S. / p. 73 *Bernsteinzimmer* und / and *Biene Maja*, courtesy Galerie Barbara Weiss, Berlin und / and Galerie Meyer Kainer, Wien / Vienna
S. / p. 74 *Bimpfi*, Privatsammlung / Private collection, Berlin
S. / p. 75 *O.T. / Untitled*, courtesy die Künstlerin / the artist
S. / p. 76 *Das Tinchen*, courtesy Galerie Barbara Weiss, Berlin
S. / p. 77 *Modriger Sommer*, courtesy Galerie Barbara Weiss, Berlin und / and Galerie Meyer Kainer, Wien / Vienna
S. / p. 78 *Selbst, sehr super*, courtesy Galerie Barbara Weiss, Berlin und / and Galerie Meyer Kainer, Wien / Vienna
S. / p. 79 *Treehugger*, courtesy Galerie Barbara Weiss, Berlin
S. / p. 80 *Reiter*, courtesy Galerie Barbara Weiss, Berlin
S. / p. 81 *Musische Mutter*, courtesy die Künstlerin / the artist
S. / p. 82 *Michael Ende und die Dissidenten*, Privatsammlung / Private collection
S. / p. 83 *Schwestern im Schrank*, Valeria and Gregorio Napoleone Collection, London
S. / p. 84–85 *O.T. / Untitled (M.P.)*, Sammlung / Collection Manfred Pernice
S. / p. 86 *Jugend und Sex*, courtesy Galerie Barbara Weiss, Berlin
S. / p. 87 *Großmutters Aufklärungskunde*, courtesy Galerie Barbara Weiss, Berlin
S. / p. 88 *Einige Bürger*, courtesy Galerie Barbara Weiss, Berlin
S. / p. 89 *Muschelfigur im Studio*, Sammlung / Collection Manfred Pernice
S. / p. 90 *Dreimal die Wäscherin*, courtesy Galerie Barbara Weiss, Berlin
S. / p. 91 *O.T. / Untitled*, courtesy Galerie Barbara Weiss, Berlin und / and Galerie Meyer Kainer, Wien / Vienna
S. / p. 92 *Selbst im Lodencape*, courtesy Galerie Barbara Weiss, Berlin
S. / p. 93 *O.T. / Untitled*, courtesy Galerie Barbara Weiss, Berlin und / and Galerie Meyer Kainer, Wien / Vienna
S. / p. 94–129 Installationsansichten KW Institute for Contemporary Art / Installation views KW Institute for Contemporary Art, courtesy die Künstlerin / the artist und / and Galerie Barbara Weiss, Berlin
S. / p. 132–135 Studioansichten / Studio views, courtesy Fitzpatrick Gallery, Paris
S. / p. 136 *O.T. / Untitled*, courtesy Galerie Meier Kainer, Wien / Vienna
S. / p. 137 *Schmetterling, kleine Auswahl*, courtesy Fitzpatrick Gallery, Paris
S. / pp. 138–139 *Verwandtschaft, groß*, courtesy Galerie Meier Kainer, Wien / Vienna
S. / pp. 140–141 *Verwandtschaft klein*, courtesy Fitzpatrick Gallery, Paris
S. / p. 142 *Aston Martin / Fischer Dieskau*, courtesy Fitzpatrick Gallery, Paris
S. / p. 143 *Selbst im Silbertablett*, courtesy Galerie Meier Kainer, Wien / Vienna
S. / p. 144 *Mutter Vermeer*, courtesy Galerie Barbara Weiss, Berlin
S. / p. 145 *Lesegruppe*, courtesy Fitzpatrick Gallery, Paris
S. / p. 146 *Trauernde*, courtesy Fitzpatrick Gallery, Paris
S. / p. 147 *This is the end*, courtesy Galerie Meier Kainer, Wien / Vienna
S. / p. 154 *Sofa*, courtesy die Künstlerin / the artist
Kummer in Altreute, Privatsammlung / Private collection Weilheim
Celan, Privatsammlung / Private collection
S. / p. 166 *O.T. / Untitled*, Privatsammlungen Köln und Berlin / Private collections Cologne and Berlin
O.T. / Untitled, courtesy die Künstlerin / the artist
O.T. / Untitled, Baloise Group Collection
O.T. / Untitled, Privatsammlung / Private collection

Dank / Acknowledgements

Die Künstlerin bedankt sich bei / The artist would like to specially thank:
Fitzpatrick Gallery, Galerie Meyer Kainer, Galerie Gió Marconi, Galerie Barbara Weiss; Patrick Armstrong, Monika Baer, Kathrin Bentele, Helmut Draxler, Anna Gritz, Daniel Herleth, Valérie Knoll, Tonio Kröner, Julia Künzi, Christopher Müller, Petra Hollenbach, Megan Francis Sullivan, Billy Rennekamp, Margot Vanheusden, Claudia von Storch, Geraldine Tedder, Bärbel Trautwein, Etienne Wynants und ganz besonders / and especially Jonas Lipps.

ISBN 978-3-7533-0230-0
Gedruckt in Deutschland / Printed in Germany

Die Deutsche Nationalbibliothek verzeichnet diese Publikation in der Deutschen Nationalbibliografie. / The Deutsche Nationalbibliothek lists this publication in the Deutsche Nationalbibliografie.

Erstmals erschienen bei / First published by
Verlag der Buchhandlung Walther und Franz König, Ehrenstraße 4, D-50672 Köln

Vertrieb / Distribution

Europe
Buchhandlung Walther König
Ehrenstraße 4
D - 50672 Köln
Tel: +49 (0) 221 / 20 59 6 53
verlag@buchhandlung-walther-koenig.de

UK & Ireland
Cornerhouse Publications Ltd. - HOME
2 Tony Wilson Place
UK – Manchester M15 4FN
Tel: +44 (0) 161 212 3466
publications@cornerhouse.org

Outside Europe
D.A.P. / Distributed Art Publishers, Inc.
75 Broad Street, Suite 630
USA - New York, NY 10004
Tel: +1 (0) 212 627 1999
orders@dapinc.com

Die Publikation wurde grosszügig unterstützt von / The publication was kindly supported by:
Galerie Barbara Weiss, Berlin, Etablissement d'en face, Brüssel / Brussels, Fitzpatrick Gallery, Paris, Gió Marconi Gallery, Mailand / Milan, Galerie Meyer Kainer, Wien / Vienna, Kultur Stadt Bern und / and Stiftung Kunstfonds.

STIFTUNG **KUNSTFONDS**

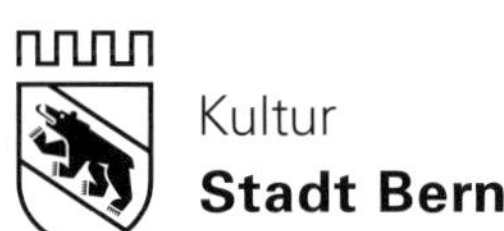